KB135743

엘라스틱서치를 활용한

벡터 검색 실무 가이드

자연어 처리와 생성형 AI, RAG를 위한
대규모 벡터 데이터베이스

엘라스틱서치를 활용한
벡터 검색 실무 가이드

**자연어 처리와 생성형 AI, RAG를 위한
대규모 벡터 데이터베이스**

지은이 바할딘 아자르미, 제프 베스탈

옮긴이 한우선, 백승민, 유태황

펴낸이 박찬규 엮은이 전이주, 최용 디자인 북누리 표지디자인 Arowa & Arowana

펴낸곳 위키북스 전화 031-955-3658, 3659 팩스 031-955-3660
주소 경기도 파주시 문발로 115, 311호 (파주출판도시, 세종출판벤처타운)

가격 28,000 페이지 276 책규격 175 x 235mm

초판 발행 2024년 06월 26일
ISBN 979-11-5839-522-3 (93000)

등록번호 제406-2006-000036호 등록일자 2006년 05월 19일
홈페이지 wikibook.co.kr 전자우편 wikibook@wikibook.co.kr

이 책의 내용에 대한 추가 지원과 문의는 위키북스 출판사 홈페이지 wikibook.co.kr이나
이메일 wikibook@wikibook.co.kr을 이용해 주세요.

엘라스틱서치를 활용한

벡터 검색 실무 가이드

바할딘 아자르미, 제프 베스탈 지음 / 한우선, 백승민, 유태황 옮김

자연어 처리와 생성형 AI, RAG를 위한 대규모 벡터 데이터베이스

위키북스

우리와 함께 배우고 성장하고자 하는 호기심 많은 분께

이 책은 우리가 함께 걸어가는 길입니다. 우리는 이 책을 통해 지식을 공유할 뿐만 아니라 우리의 이해를 더욱 깊게 하고, 엘라스틱과 엔지니어링 세계에서의 탐구 정신을 기리고자 합니다. 단계마다 우리에게 영감을 주는 놀라운 노력을 보여준 엘라스틱 엔지니어링 팀에게 감사드립니다.

바할딘 아자르미와 제프 베스탈

추천사

기술은 최신 트렌드를 따르는 것보다 실제 문제 해결에 초점을 맞추어야 합니다. 이 책이 엘라스틱을 활용한 벡터 검색에 집중하는 이유가 바로 여기에 있습니다. 이는 실제 세계의 해결책과 의미 있는 진전에 관한 것으로, 데이터와의 상호작용 방식을 혁신하는 플랫폼을 만든다는 엘라스틱의 미션과 일치합니다.

아파치 루씬(Apache Lucene)은 엘라스틱서치의 핵심으로, 단순한 검색 엔진에서 시작해 복잡한 문제를 해결하는 중요한 도구로 발전하며 이러한 사명을 실현해 왔습니다. 이러한 발전은 엘라스틱이 실용적이고 영향력 있는 솔루션 개발을 위해 노력해 온 결과입니다. 엘라스틱은 벡터 검색을 통합해 기능을 추가하는 것이 아니라, 사용자가 데이터를 더 효과적이고 의미 있게 검색하고 활용할 수 있도록 개선하고 있습니다.

벡터 검색은 사용자의 요구를 깊이 이해하고 관련성 높은 정보와 유용한 인사이트를 제시하여 사용자 경험을 탁월하게 해줍니다. 엘라스틱이 벡터 검색을 통합하는 것은 단순한 기술적 단계를 넘어 가능성을 넓히는 변화입니다. 이를 통해 엘라스틱은 사용자에게 더 직관적이고 반응이 빠른 검색 기능을 선보일 수 있게 됩니다.

이 책은 엘라스틱을 통한 벡터 검색의 실제 사례를 깊이 있게 다루며, 검색 기술에 대한 폭넓은 철학을 담고 있습니다. 생성형 AI와 대규모 언어 모델의 시대에서 검색 기술의 중요성을 강조하며 '어떻게'를 넘어 '왜' 검색이 중요한지 설명합니다. 그리고 검색의 혁신적인 가능성에 대한 우리의 신념과 고객의 기대를 넘어서기 위한 노력과 헌신을 보여줍니다.

이 책을 읽으면서 유용한 정보와 영감을 얻기를 바랍니다. 그리고 현재의 도전 과제를 해결하고 미래의 기회를 발견하는 데 이 책이 길잡이와 안내서가 되기를 희망합니다.

샤이 배논

엘라스틱 설립자

저자 소개

바할딘 아자르미(Bahaaldine Azarmi): 엘라스틱의 글로벌 고객 엔지니어링 부사장으로 기업이 데이터 아키텍처, 분산 시스템, 머신러닝, 생성형 AI를 잘 활용하게 안내합니다. 클라우드 사용에 중심을 둔 고객 엔지니어링 팀을 이끌고 AI 분야에서 숙련된 커뮤니티를 구축하고 영감을 주려고 지식을 공유하는 데 열정을 쏟고 있습니다.

오렐리아, 준, 콜린-하퍼, 새멘다에게

제프 베스탈(Jeff Vestal): 금융 거래 회사에서 10년 이상의 경력을 쌓으며 얻은 풍부한 배경지식과 엘라스틱서치에 대한 폭넓은 경험을 갖추고 있습니다. 운영 능력, 엔지니어링 기술, 머신 러닝 전문 지식이라는 독특한 조합을 가지고 있습니다. 엘라스틱서치의 수석 고객 엔터프라이즈 아키텍트로 일하면서 엘라스틱서치의 고급 검색 기능, 머신러닝 기능, 생성형 AI 통합을 활용해 사용자가 복잡한 데이터 문제를 실행할 수 있는 인사이트로 전환할 수 있도록 능숙하게 안내하는 혁신적인 솔루션을 만드는 데 탁월한 역량을 발휘합니다.

콜린, 슬론, 모린에게

머리말

안녕하세요. 엘라스틱과 함께하는 벡터 검색의 역동적인 세계에 오신 것을 환영합니다. 벡터 기반 검색 기술의 정확성과 강력함은 데이터 분석과 검색의 경계를 재정의합니다. 빠르게 진화하는 이 환경에서 엘라스틱은 다양한 영역에서 대규모 데이터 세트와 상호 작용하고 이해하는 방식을 변화시키는 중추적인 플랫폼으로 자리 잡았습니다. 이 책에서는 최근 머신러닝의 핵심이자 엘라스틱서치 내에서 검색 기능에 혁명을 일으킨 벡터와 임베딩을 살펴봅니다. 벡터 개념에 대한 기본적인 소개부터 사이버 보안과 대화형 AI의 고급 응용에 이르기까지 각 장은 여러분을 이 흥미로운 세계로 한 걸음 더 깊이 들어가게 해줍니다.

이 책을 통해 기술에 대한 이해를 넘어 이 기술이 미치는 광범위한 영향을 인식할 수 있습니다. 벡터가 이미지 검색의 정밀도와 관련성을 어떻게 향상하는지 알아보고, 민감한 데이터 보호와 시스템 모니터링을 간소화하고 수준을 향상하는 가관측성과 관련한 벡터의 중요성을 살펴봅니다. 이 책의 핵심은 이론적 배경과 함께 이러한 개념을 실제 환경에 적용하는 것입니다. 각 장은 엘라스틱서치의 성능 조정, 복잡한 모델 관리, 검색 증강 생성과 같은 고급 기능의 통합 등 엘라스틱 벡터 검색의 잠재력을 최대한 활용하는 방법을 포괄적으로 다룹니다.

풍부한 경험과 실제 적용 사례를 바탕으로 한 이 책은 단순한 기술 가이드가 아니라 데이터 검색과 분석의 미래를 내다볼 수 있는 창입니다. 데이터와 기술의 환경이 계속 진화하는 가운데, 이 책에서 공유하는 인사이트와 지식은 검색과 데이터 분석 분야에서 앞서 나가려는 모든 사람에게 귀중한 도움이 될 것입니다.

이 책을 통해 엘라스틱의 기능을 알아보고 벡터 검색이 데이터 처리 방식을 어떻게 바꾸고 있는지 배울 수 있습니다. 이 책은 여러분과 같은 데이터 전문가를 위해 쓰였으며, 이 흥미로운 분야에서 기술을 향상할 수 있는 명확하고 유용한 정보를 제공합니다.

대상 독자

이 책은 엘라스틱을 활용한 벡터 검색을 배우는 데 관심 있는 다음과 같은 독자에게 적합합니다.

- 데이터 과학자 및 분석가: 벡터 검색 기술을 이해하고 복잡한 데이터 세트에 적용하려는 분에게 유용합니다. 이 책은 세밀한 데이터 분석과 검색 기능을 위해 벡터를 활용하는 방법에 대한 실질적인 인사이트를 선사합니다.
- 엘라스틱서치 개발자: 이미 엘라스틱서치를 사용하는 전문가는 이 책을 통해 현재 기술을 향상하는 고급 기법을 배울 수 있습니다. 기본 개념부터 사이버 보안, 그리고 챗봇 개선과 같은 고급 응용까지 모든 내용을 다루며 포괄적인 학습 경로를 제시합니다.
- IT 및 데이터 관리 전문가: 데이터를 관리하고 보호하는 책임이 있는 전문가에게 이 책은 민감 정보 제거, 데이터 검색 시스템 최적화 등 벡터 검색을 활용하는 데 필요한 핵심 지식을 전달합니다.
- 기술 애호가 및 학생: 최신 검색 기술과 다양한 분야에서의 응용에 관심이 있는 분에게 이 책은 귀중한 자료가 됩니다. 벡터 검색의 세계를 명확하고 접근하기 쉬운 방식으로 소개하며 실제 응용 사례를 제시합니다.

이 책을 통해 독자는 이론적 지식과 함께 엘라스틱서치에서 벡터 검색을 구현하고 혁신하는 실용적인 기술을 습득할 수 있으며, 개인적이고 전문적인 데이터 관리 능력을 향상할 수 있습니다.

이 책에서 다루는 내용

1장 '벡터와 임베딩 소개'에서는 머신러닝과 관련된 임베딩의 기본을 다룹니다.

2장 '엘라스틱에서 벡터 검색 시작하기'에서는 전통적인 키워드 기반 검색에서 고급 벡터 검색에 이르기까지 검색의 진화를 살펴봅니다.

3장 '엘라스틱에서의 모델 관리와 벡터 고려 사항'에서는 엘라스틱서치의 임베딩 모델 관리, 허깅 페이스 플랫폼, 엘라스틱의 Eland 라이브러리 및 통합 전략을 살펴봅니다.

4장 '성능 튜닝 – 데이터를 통한 확인'에서는 머신러닝 모델 배포 튜닝과 노드 용량 추정을 활용해 엘라스틱서치에서 벡터 검색 성능을 최적화하는 방법을 살펴봅니다. 또한, Rally를 사용한 부하 테스트와 kNN 검색 응답 시간 문제 해결도 다룹니다.

5장 '이미지 검색'에서는 이미지 유사도 검색과 이미지 검색의 중요성을 탐구합니다.

6장 '엘라스틱서치를 활용한 개인 식별 정보 제거'에서는 데이터 프라이버시와 엘라스틱서치에서 PII 제거 파이프라인을 구축하고 맞춤 설정하는 방법을 다룹니다.

7장 '벡터 기반 차세대 가관측성'에서는 로그 분석, 지표 분석, 애플리케이션 성능 모니터링에 중점을 두고 엘라스틱 플랫폼에서 가관측성과 벡터를 통합하는 방법을 자세히 설명합니다.

8장 '벡터와 임베딩이 사이버 보안 강화에 미치는 영향'에서는 사이버 보안 분야의 시맨틱 검색에서 ELSER의 역할을 살펴봅니다. ELSER가 텍스트 분석과 피싱 탐지에서 어떤 기능을 하는지 설명합니다.

9장 '엘라스틱을 통한 검색 증강 생성'에서는 어휘, 벡터, 문맥 검색을 혼합한 엘라스틱의 검색 증강 생성(RAG)을 자세히 설명합니다.

10장 '챗GPT용 엘라스틱 플러그인 구축하기'에서는 최신 정보 검색을 위한 동적 맥락 계층(DCL)을 생성해 엘라스틱서치와 Embedchain으로 챗GPT의 콘텍스트 인식을 개선하는 방법을 다룹니다.

이 책을 최대한 활용하려면

이 책을 충분히 활용하려면 기본적으로 엘라스틱서치 작업, 파이썬 프로그래밍, 검색 개념을 이해하고 있어야 합니다. 이런 기본 지식을 바탕으로 책에서 다루는 고급 기술과 응용 방법을 더욱 효과적으로 이해할 수 있습니다.

책에서 다루는 소프트웨어/하드웨어	운영체제 요구사항
엘라스틱서치 8.11+	Windows, macOS 또는 Linux
파이썬 3.9+	
주피터 노트북	

예제 코드 파일 다운로드

이 책의 예제 코드 파일은 깃허브 저장소에서 다운로드할 수 있습니다. 코드에 대한 수정이 있다면 깃허브 저장소에 업데이트됩니다.

- `https://github.com/wikibook/vector-search`

서식

이 책에는 다양한 서식을 사용합니다.

코드: 텍스트 내에서 코드 단어, 데이터베이스 테이블 이름, 폴더 이름, 파일명, 파일 확장자, 경로명, 가상 URL, 사용자 입력, 그리고 트위터 핸들이 특정 폰트로 표시됩니다. 다음은 예시입니다. "기본 파이프라인은 허깅페이스의 `dslim/bert-base-NER` 모델을 사용합니다."

코드 블록은 다음과 같이 표시합니다.

```
{
    '_source': {
        'redacted': '<LOC> 전화번호는 <PHONE> 이고, 주민등록번호는
<SSN>입니다.',
        'status': '비활성화'
    }
}
```

굵게: 새로운 용어, 중요한 단어 또는 화면에 표시되는 단어를 나타냅니다. 예를 들어 메뉴나 대화 상자의 단어는 **굵게** 표시됩니다. 다음은 예시입니다. "이 라이브러리는 공식 엘라스틱서치 파이썬 클라이언트를 기반으로 구축됐으며 **판다스 API**를 엘라스틱서치로 확장합니다."

Note

이렇게 표시합니다.

경고

이렇게 표시합니다.

역자 서문

챗GPT로 촉발된 생성형 AI는 다양한 분야에서 혁신을 일으키며 일하는 방식을 변화시키고 있습니다. 생성형 AI의 핵심인 대형 언어 모델(LLM)은 놀라울 정도로 빠르게 발전하고 있지만, 환각 현상과 기업 내부 지식 답변의 어려움이라는 한계가 있습니다. 이를 보완하기 위한 기술 중 하나인 검색 증강 생성(RAG)은 최근 큰 주목을 받고 있습니다. RAG를 위해서는 벡터 임베딩과 벡터 검색이 필수이며, 이를 통해 사용자 질의와 맥락에 기반한 자료를 검색할 수 있습니다.

생성형 AI 프로젝트를 진행하면서 시맨틱 벡터 검색 자료를 찾고 팀원들과 밤낮으로 연구하고 테스트하던 시절이 있었습니다. 이 분야에 정리된 책이 있으면 좋겠다고 생각하던 차에 아마존에서 《Vector Search for Practitioners with Elastic》이라는 서적이 출간된 것을 보았습니다. 책을 주문해 정독해 보니 그동안 어렵게 찾아 공부했던 내용을 포함해 벡터 검색에 대한 기본부터 실무에 활용할 사항들이 정리되어 있어서 많은 도움이 되었습니다. 이에 시맨틱 벡터 검색 시스템을 구축하려는 프로젝트 현장에 도움이 되기를 바라는 마음에 팀원들과 번역서를 내게 되었습니다.

《엘라스틱서치를 활용한 벡터 검색 실무 가이드》는 벡터와 임베딩의 기본 개념부터 고급 벡터 검색, 다양한 적용 사례, 성능 최적화까지 실무에 꼭 필요한 내용을 담고 있습니다. 저자인 바할딘 아자르미와 제프 베스탈이 제시한 복잡한 개념과 사용 예제를 한국어로 명확하게 전달하기 위해 노력했으며, 원서의 내용과 편집 오류를 모두 보완했습니다. 또한, 번역 중 엘라스틱서치 버전 업데이트와 파이썬 라이브러리 버전 업에 따른 소스 코드 변경 사항을 검토해 본문과 깃허브 저장소에 반영했습니다. 추가로, 번역 중 챗GPT 플러그인 서비스가 종료되어 10장의 DCL 내용을 실습할 수 없게 되었지만, 독자들을 위해 '일래스틱 가이드 GPT 만들기' 부록을 제공했습니다.

이 책을 통해 벡터 검색을 깊이 이해하고, 실제 프로젝트에서 벡터 검색을 구현하고 최적화하는 데 필요한 지식을 얻기를 기대합니다. 또한 성공적인 생성형 AI 시스템 구축으로 고객 경험을 강화하는 데 조금이나마 도움이 되길 바랍니다.

삼성SDS 한우선

1부 / 벡터 검색의 기본

1부

벡터 검색의 기본

이 섹션에서는 엘라스틱을 활용한 벡터 검색의 기본 요소를 알아봅니다. 벡터와 임베딩에 대한 소개로 시작해, 데이터 표현과 검색에서 벡터가 어떤 역할을 하는지 이해하는 데 필요한 기초 지식을 제공합니다. 고급 벡터 검색 기술의 토대가 되는 기본 개념과 방법론을 파악하는 데 필수적이며 초보자와 경험 있는 실무자 모두에게 적합하도록 구성되어 있습니다.

이 파트는 다음과 같은 장으로 구성됩니다.

- 1장. 벡터와 임베딩 소개
- 2장. 엘라스틱에서 벡터 검색 시작하기

01

벡터와 임베딩 소개

첫 번째 장에서는 임베딩 또는 벡터의 매력적인 세계와 다양한 영역에 걸친 폭넓은 응용에 대해 살펴볼 것입니다. 복잡한 데이터를 표현하고, 강력한 **머신러닝**(machine learning; ML) 모델이 데이터를 분석하고 처리할 수 있도록 도와주는 임베딩의 개념을 소개합니다. 또한, 임베딩 생성에 있어 지도 학습과 비지도 학습의 역할과 벡터가 해결해야 할 과제를 살펴봅니다. 또한 다양한 분야에서 벡터 표현이 광범위하게 활용되고 있음을 보여주는 예시를 살펴보고, 허깅 페이스와 다양한 백엔드 고려 사항을 포함해 벡터 검색 작업 시 개발자 경험을 향상하는 도구와 플랫폼의 생태계에 관해서도 소개합니다.

이 장을 자세히 살펴보면 빠르게 발전하는 시장 환경과 벡터 검색 구현을 용이하게 해주는 플랫폼에 대해 알 수 있습니다. 또한 개체명 인식, 감성 분석, 텍스트 분류, 질의응답, 텍스트 요약과 같은 다양한 사용 사례와 애플리케이션 영역도 살펴봅니다. 마지막으로, 엘라스틱이 엘라스틱서치에 벡터를 통합함으로써 검색과 사이버 보안 분야의 애플리케이션을 통해 어떤 역할을 하고 있는지 살펴봅니다. 이 장을 통해 벡터 표현의 기초와 그 응용에 대해 확실히 이해한다면 다음 장에서 엘라스틱서치로 벡터 검색을 실제 구현하는 측면을 더욱 심층적으로 살펴볼 수 있을 것입니다.

이 장에서는 다음 주제를 다룹니다.

- 지도 학습과 비지도 학습 비교
- 사용 사례 및 적용 분야
- 이 분야에서 엘라스틱은 어떤 역할을 하고 있나요?
- 이 책이 여러분에게 어떤 도움이 될까요?

벡터 검색에서 지도 학습과 비지도 학습의 역할 살펴보기

지도 학습은 라벨링 된 데이터를 사용해 모델이 입력 데이터의 특성과 출력 라벨 사이를 매핑하는 머신러닝의 한 방법입니다. 학습 과정에서 모델은 매개변수를 조정하여 라벨링된 데이터와 예측한 데이터 간의 오차를 최소화합니다. 지도 학습은 이미지 분류, 음성 인식, **자연어 처리(natural language processing; NLP)**와 같은 다양한 애플리케이션에서 광범위하게 활용됩니다. 모델 학습을 위해 선별된 라벨링된 데이터 세트를 확보하는 것이 주요한 도전 과제입니다.

반면에 비지도 학습은 라벨링된 데이터를 사용하지 않고 입력 데이터에서 패턴과 구조를 발견합니다. 이 학습 방식은 군집화(clustering), 차원 축소(dimension reduction), 밀도 추정(density estimation)과 같은 기술을 활용하여 데이터 내에서 유사점과 차이점을 찾고 내재된 구조를 식별하는 데 중점을 둡니다. 비지도 학습은 주로 이상 징후 감지, 데이터 압축, 특성 추출 등의 작업에 활용됩니다.

벡터 검색과 자연어 처리 분야에서 지도 학습은 인접한 단어를 기반으로 특정 단어의 문맥을 예측하거나 미리 정의된 카테고리로 문서를 분류하도록 모델을 훈련해 단어나 문장 임베딩을 생성하는 데 활용합니다. 이 방법은 텍스트의 시맨틱과 구문적 관계를 잘 포착해 자연어 처리 작업에 유용한 임베딩을 만들어 냅니다. 반면에 비지도 학습은 동시에 출현하는 단어 정보와 같은 텍스트 데이터의 패턴과 유사성을 식별하여 임베딩을 생성하는 데 활용될 수 있습니다. Word2vec 및 GloVe와 같은 모델은 비지도 학습을 활용하여 벡터 검색 및 기타 자연어 처리 애플리케이션에 사용할 수 있는 고밀도 벡터를 생성합니다.

임베딩/벡터란 무엇인가요?

임베딩과 벡터는 복잡한 데이터를 숫자로 변환함으로써 벡터 검색 및 자연어 처리 작업에서 중요한 역할을 수행합니다. 단어, 구문, 문서, 이미지, 비디오, 사운드 등을 연속된 벡터 공간에 수학적으로 표현하면 요소 간의 시맨틱과 구문적 관계를 파악하여 머신러닝 알고리즘으로 효과적으로 처리하고 분석할 수 있습니다. 이러한 벡터 표현은 감성 분석, 텍스트 번역, 텍스트 분류, 이미지 인식, 객체 감지, 이미지 검색 등 다양한 분야에 활용됩니다. 다음 다이어그램은 데이터 수집, 머신러닝 프로세스의 적용 및 활용 영역에 대한 전반적인 과정을 보여줍니다.

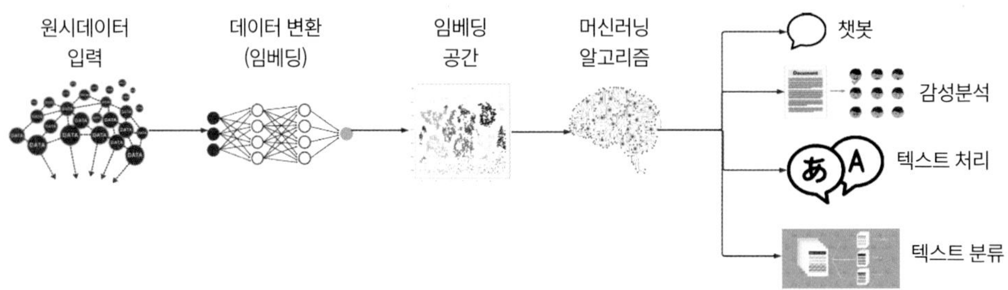

그림 1.1 머신러닝 파이프라인

자연어 처리에서 단어, 문장, 문서 임베딩은 텍스트 정보의 벡터 표현으로써 알고리즘이 텍스트를 더욱 효과적으로 처리하고 이해할 수 있게 해줍니다. 컴퓨터 비전 애플리케이션의 경우에는 이미지를 고차원 벡터로 표현할 수 있으며, 각 픽셀값은 특정 차원에 해당합니다. 소셜 네트워크, 생물학적 시스템, 추천 시스템과 같은 다른 영역에서도 벡터 표현의 이점을 활용할 수 있습니다. 예를 들어, 소셜 네트워크 사용자와 그들 간의 관계는 네트워크의 구조와 역동성을 표현하는 그래프 임베딩으로 인코딩할 수 있습니다. 추천 시스템에서는 사용자와 아이템을 모두 벡터로 표현하여 유사도와 선호도를 계산할 수 있습니다.

이 세계를 벡터로 표현할 수 있는 능력은 다양한 영역에서 가치 있는 인사이트와 예측을 제공할 수 있는 강력한 머신러닝 모델 및 애플리케이션 개발을 가능하게 합니다.

벡터는 어떤 문제를 해결하는 데 사용하나요?

BM25는 확률적 정보 검색 이론에 기반하여 널리 사용되는 텍스트 검색 알고리즘입니다. 이 알고리즘은 용어의 빈도에 따라 문서의 순위를 매기며, 용어 빈도(TF), 역문서 빈도(IDF), 문서 길이 정규화 등과 같은 요소를 고려합니다. BM25는 기존 검색 애플리케이션에서 어느 정도 효과적이었지만 몇 가지 한계점이 있습니다. 예를 들어, BM25는 정확한 용어 일치에 크게 의존하기 때문에 동의어, 철자 오류 또는 미묘한 시맨틱 변화를 처리할 때 관련성이 떨어지는 결과를 초래할 수 있습니다. 또한 BM25는 단어 간의 문맥 관계를 파악하지 못하기 때문에 구문이나 문장의 의미를 이해하는 데 효과적이지 못합니다.

벡터 검색에는 완전 일치 검색과 **근사 최근접 이웃**(approximate nearest neighbor; ANN) 검색이 있습니다. 이는 최신 임베딩 모델에서 생성된 고차원 벡터를 활용하여 BM25의 한계를 일부 해결합니다. 여기서 벡터는 단어, 구문 또는 전체 문서 사이의 시맨틱과 맥락적 관계를 표현합니다. 벡터 검색에서는 사용자 질의와 문서 벡터가 얼마나 유사한지를 확인하여 정확한 용어 일치를 넘어 관련성을 판단합니다. 그 결과 벡터 검색은 동의어, 철자 오류 또는 다른 구문이 포함된 질의에 대해 더 관련성 높은 결과를 반환할 수 있습니다. 완전 일치 벡터 검색은 가장 유사한 벡터를 반환하는 반면, 근사 최근접 이웃(ANN) 벡터 검색은 정확도와 속도 사이의 절충을 통해 확장성이 뛰어난 접근 방식을 제공합니다. 벡터 검색은 내재한 의미와 맥락에 집중함으로써 자연어의 복잡성을 더 잘 이해하고 이에 대응할 수 있는 보다 섬세한 접근 방식을 제공합니다.

다음은 벡터 검색을 적용한 몇 가지 예시입니다.

- **이커머스 제품 검색**: 고객이 검색어에 다른 용어를 사용하거나 철자가 틀린 경우에도 관련 제품을 찾을 수 있어 더욱 효과적인 쇼핑 경험을 제공합니다.
- **문서 검색**: 사용자는 검색어에 사용된 정확한 단어가 문서에 나타나지 않더라도 유사한 내용, 문맥 또는 주제를 가진 문서를 찾을 수 있어 검색 엔진과 지식 관리 시스템의 효율성을 높일 수 있습니다.
- **질의응답 시스템**: 벡터 검색은 사용자 질의를 대규모 데이터 세트에서 관련성 높은 답변과 일치시킴으로써 챗봇이나 AI 기반 고객 지원 시스템에서 더 정확하고 맥락에 맞는 답변을 제공할 수 있습니다.
- **이미지 인식 및 검색**: 이미지를 고차원 벡터로 표현하여 이미지 인식과 검색을 간단하게 만들어 줍니다. 벡터 검색은 대규모 데이터 세트에서 시각적으로 유사한 이미지를 찾을 수 있기 때문에 유사 이미지 검색(reverse image search), 이미지 중복 감지, 이미지 추천 시스템과 같은 애플리케이션에서 활용될 수 있습니다.
- **음악 추천**: 오디오를 벡터로 표현하면, 벡터 검색을 통해 유사한 특징이나 스타일을 가진 음악을 식별할 수 있습니다. 이를 통해 사용자는 자신의 선호도와 청취 습관에 기반하여 새로운 음악을 발견할 수 있습니다.

- **보안과 사용자 및 엔티티 행동 분석**(Security and User and Entity Behavior Analytics; **UEBA**): 보안 및 SecOps 분야에서 벡터 검색은 UEBA에 활용될 수 있어 네트워크 트래픽, 로그, 사용자 활동 등 대규모 데이터 세트에서 패턴과 관계를 식별하는 데 사용됩니다. 사용자를 벡터로 표현하고 벡터 검색을 활용하면 분석가들은 숨겨진 관계를 효율적으로 발견하고 잠재적인 위협, 이상 징후 또는 악성 활동을 탐지할 수 있습니다. 전통적인 검색 방법으로는 식별하기 어려운 것들을 찾아내 조직의 전반적인 보안 수준을 높일 수 있습니다.

이제 벡터 검색 프로젝트 개발을 위해 다양한 방법을 고려할 때 알아야 할 주요 구성 요소와 개발자 환경에 대해 살펴보겠습니다.

개발자 환경

개발자가 벡터 검색 프로젝트에 가장 적합한 벡터 모델을 선택하는 것은 프로젝트 초기에 매우 중요합니다. 사전 학습된 BERT 모델이나 자체 학습한 모델 등 어떤 모델을 선택할지는 프로젝트의 특정 요구사항과 제약 조건에 따라 달라집니다. 개발자는 데이터 세트의 크기와 특성, 예상되는 검색 성능, 모델을 훈련하고 미세 조정하는 데 사용할 수 있는 자원과 같은 요소를 고려해야 합니다. 다양한 모델에 대한 철저한 평가를 수행하여 선택한 모델이 **k-최근접 이웃**(**k-nearest neighbors; kNN**) 검색과 함께 사용될 때 적절한 결과를 제공하는지 확인해야 합니다. kNN에서 'k'는 알고리즘이 예측을 수행할 때 고려하는 특징 공간 내의 가장 가까운 이웃의 수를 나타냅니다. 이는 검색 또는 분류 과정을 세분화하기 위한 사용자 정의 매개변수로 제공됩니다.

적절한 벡터 모델을 선택한 후에, 개발자는 이를 엘라스틱서치와 같은 벡터 데이터베이스로 로드해야 합니다. 여기에는 선택한 모델과 함께 작동하도록 데이터베이스를 구성하고 모델을 저장 및 배포할 수 있도록 필요한 설정과 매개변수를 지정하는 작업이 포함됩니다. 다음 다이어그램은 모델 저장소(허깅 페이스)에서 모델을 가져와 벡터 데이터베이스로 로드하는 워크플로를 보여줍니다.

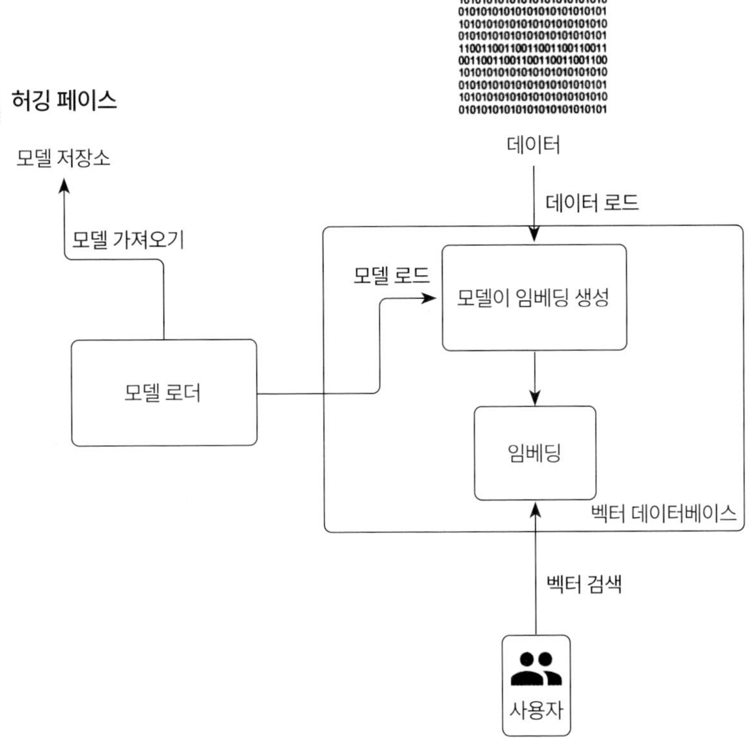

그림 1.2 벡터 데이터베이스에 모델 로드하기

또한, 이 다이어그램은 벡터 데이터베이스의 로드된 모델이 데이터 세트의 데이터와 사용자가 실행한 벡터 검색 질의문을 임베딩하는 과정을 보여줍니다.

벡터 저장을 위한 데이터베이스를 준비하려면 벡터를 저장하고 질의하는 방법을 정의하는 적절한 매핑과 설정이 포함된 인덱스를 생성해야 합니다. 엘라스틱서치에서는 필드를 `dense_vector` 유형으로 설정하여 벡터를 저장합니다. 개발자는 데이터베이스가 벡터 검색 작업을 효율적으로 처리할 수 있도록 사용 사례와 관련된 벡터 차원, 유사도 측정 종류 및 기타 매개변수를 지정해야 합니다.

이전 다이어그램에서 볼 수 있듯이 데이터베이스 구성이 완료되면 개발자는 수집되는 새 데이터 또는 기존 데이터에 모델을 적용하여 데이터 세트에 대한 벡터를 생성할 수 있습니다. 이 과정에는 텍스트 데이터를 모델에 통과시켜 단어와 구문 간의 시맨틱과 구문적 관계를 포착하는 밀집 벡터(dense vector)를 얻는 작업이 포함됩니다.

또한 개발자는 새로운 질의에 대한 벡터를 생성하기 위한 시스템이나 프로세스를 준비해야 합니다. 일반적으로 이 과정에는 사용자 질의를 입력으로 받아 동일한 벡터 모델을 사용하여 벡터를 생성하는 API 또는 서비스를 만드는 작업이 포함됩니다. 그런 다음 생성된 벡터를 사용해 데이터베이스에서 kNN 또는 완전 일치 검색을 수행하여 가장 관련성이 높은 결과를 검색할 수 있습니다. 엘라스틱서치에서는 사용자가 `_infer` 엔드포인트로 문자열을 전송하여 적절한 모델을 지정하고 응답의 일부로 벡터를 돌려받을 수 있습니다.

모델을 배포하고 벡터를 생성한 후에는 벡터 검색 시스템이 예상 쿼리 부하를 처리할 수 있는지 확인하기 위한 부하 테스트가 필요합니다. RAM 및 CPU 스레드와 같은 벡터 검색 시스템의 자원을 고려해야 합니다. 개발자는 실제 사용자 트래픽과 질의 패턴을 시뮬레이션하여 다양한 조건에서 시스템 성능을 평가해야 합니다. 이를 통해 잠재적인 병목 현상과 최적화가 필요한 영역을 파악함으로써 시스템의 성능과 응답성을 유지할 수 있습니다.

검색 결과의 관련성을 테스트하는 것은 벡터 검색 시스템이 최종 사용자의 요구를 충족하는지 확인하는 데 있어 매우 중요합니다. 개발자는 도메인 전문가 또는 사용자와 긴밀하게 협력하여 검색 결과의 품질을 평가하고 필요에 따라 모델 또는 검색 매개변수를 세밀하게 조정해야 합니다. 이러한 반복적인 프로세스는 벡터 검색 시스템의 전반적인 효율성 향상에 도움이 됩니다.

벡터 검색 시스템이 운영 단계에 들어가면 쿼리 성능을 최적화하기 위해 지속적인 모니터링이 필요합니다. 개발자와 운영자는 성능 문제, 자원 사용량, 잠재적인 오류 등을 정기적으로 모니터링해야 합니다. 또한 사용자 피드백과 변경된 요구사항을 바탕으로 검색 매개변수를 조정하거나 모델을 업데이트하거나 시스템을 재조정할 필요가 있습니다. 이러한 지속적인 과정은 벡터 검색 시스템을 최신 상태로 유지하고 최종 사용자에게 유용하게 만드는 데 도움이 됩니다.

허깅 페이스(Hugging Face)

허깅 페이스는 최신 임베딩 및 자연어 처리 모델을 개발하고 널리 활용될 수 있도록 중요한 역할을 해온 선도적인 AI 연구 기관입니다. 허깅 페이스는 자연어 처리 분야의 획기적인 연구를 통해 개발자, 연구자, 기업 모두에게 최첨단 모델, 자원, 도구에 대한 접근을 대중화함으로써 이 분야에 크게 기여해 왔습니다. 다음은 허깅 페이스 커뮤니티 랜딩 페이지의 일부입니다.

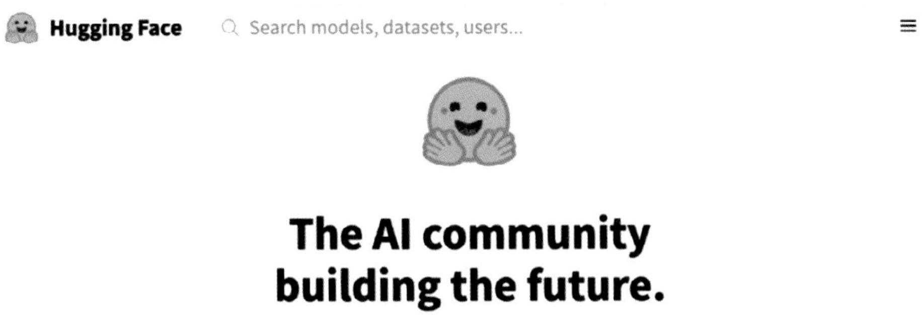

Search models, datasets, users...

The AI community building the future.

그림 1.3 허깅 페이스 커뮤니티 랜딩 페이지

허깅 페이스의 주요 서비스 중 하나는 모델 허브입니다. 모델 허브는 다양한 자연어 처리 작업을 위한 사전 학습된 모델들의 중앙 저장소입니다. 모델 허브를 통해 개발자들은 쉽게 자신의 특정한 사용 사례에 맞는 모델을 찾고 다운로드하며 미세 조정할 수 있습니다. BERT와 GPT에서 T5 그리고 RoBERTa까지 다양한 모델을 제공함으로써 허깅 페이스는 개발자들이 고급 자연어 처리 기능을 실험하고 애플리케이션에 통합하는 것을 더욱 쉽게 만들었습니다. 이를 통해 벡터 검색을 포함한 다양한 기능들을 애플리케이션에 접목할 수 있습니다. 또한 모델 허브는 연구원들과 개발자들이 자신들의 자체 모델을 공유하고 커뮤니티 내에서 협업하며 지식을 교환할 수 있는 플랫폼을 제공합니다.

허깅 페이스는 트랜스포머 라이브러리의 개발에 중요한 역할을 했습니다. 이 라이브러리는 트랜스포머 기반 모델을 훈련하고 사용하는 데 널리 활용되는 오픈 소스 파이썬 라이브러리입니다. 트랜스포머 라이브러리는 최신 자연어 처리 모델과 함께 작업하기 위한 쉬운 API를 제공하여 복잡성을 추상화하고 개발자들이 자신의 특정 작업에 집중할 수 있게 합니다. 사전에 구축된 다양한 모델, 토크나이저 및 유틸리티를 제공함으로써 트랜스포머 라이브러리는 최신 자연어 처리 기술의 발전과 적용을 크게 가속했습니다.

허깅 페이스의 Datasets 라이브러리는 조직에서 제공하는 또 다른 가치 있는 자원입니다. 이 라이브러리는 자연어 처리 및 머신러닝 작업을 위한 1천 개가 넘는 데이터 세트를 제공하여 개발자와 연구자들이 고품질 데이터에 쉽게 접근하고 작업할 수 있도록 합니다. Datasets 라이브러리는 데이터 전처리, 조작 및 평가를 위한 도구를 제공하여 모델 훈련과 미세 조정을 위한 데이터 준비 과정을 간소화합니다.

허깅 페이스는 자연어 처리 기초를 포괄적으로 다루는 무료 교육 과정을 개발했습니다. 이 과정은 허깅 페이스 생태계 내에 있는 라이브러리와 자원들을 활용하며, 커뮤니티에서 제공하는 모델 사용 예제와 함께 이러한 모델들을 특정 작업과 데이터 세트에 맞게 미세 조정하는 방법에 대한 지침을 포함하고 있습니다. 이 교육 과정은 개발자와 이 분야에 관심 있는 모든 이에게 소중한 자원입니다.

시장 환경과 개발자 경험의 가속화

최근 몇 년간 벡터 검색을 위해 부분 또는 완전 관리형 데이터베이스 플랫폼이 급증하고 있습니다. 이런 다양한 선택지들은 개발자들이 개인과 조직 수준에서 벡터 검색 프로젝트를 탐색하고 실험하고 구현할 흥미로운 기회를 제공합니다. 다음에서 소개하는 플랫폼들은 오늘날 벡터 검색을 얼마나 쉽게 구현할 수 있는지 보여줍니다. 단, 여기에 나열된 기업들이 시장의 유일한 플레이어들은 아니며, 벡터 검색을 구현하는 유일한 방법도 아니라는 점에 유의해야 합니다. 단순히 현재 시장을 엿볼 수 있게 소개하는 것입니다.

Pinecone

Pinecone은 대규모 벡터 유사도 검색 애플리케이션을 위해 특별히 설계된 관리형 벡터 데이터베이스 서비스입니다. 관리형 서비스로서 배포와 유지 관리를 단순화하여, 개발자는 인프라 관리에 대한 걱정 없이 애플리케이션에만 집중할 수 있습니다. Pinecone은 코사인 유사도 및 유클리드 거리와 같은 다양한 거리 측정 방법을 지원하며, 중복 제거 및 필터링 기능을 기본으로 제공합니다. 그러나 관리형 서비스이기 때문에 자체 호스팅 솔루션만큼 커스터마이징하기 쉽지 않을 수 있습니다. 또한, 가격 체계는 예산이 제한되거나 예측할 수 없는 부하를 가진 일부 시스템 사용자들에게 제약 요소가 될 수 있습니다.

Vespa.ai

Vespa.ai는 확장할 수 있는 실시간 검색 엔진으로, 벡터 검색은 물론 텍스트 검색과 구조화된 데이터 검색까지 지원하는 오픈 소스입니다. 추천 시스템부터 뉴스 기사 검색에 이르기까지 다양한 사용 사례를 처리할 수 있어 다재다능합니다. 표현력이 풍부한 쿼리 생성 언어를 제공하고 사용자 정의 랭킹 함수를 지원하며 실시간 인덱싱이 가능합니다. 그러나 벡터 검색을 위해 특별히 설계된 데이터베이스에 비해 설정 및 구성이 복잡할 수 있기 때문에 일부 사용자에게는 Vespa의 다재다능함이 단점이 될 수도 있습니다.

Milvus

Milvus는 FAISS 및 NMSLIB와 같은 인기 있는 오픈 소스 기술을 기반으로 구축된 오픈 소스 벡터 유사도 검색 엔진입니다. Milvus는 다양한 유사도 검색 알고리즘과 거리 측정 방법을 지원하며 고성능과 확장성을 위해 설계되었습니다. 수십억 개의 벡터를 처리할 수 있으며, TensorFlow 및 PyTorch와 같은 머신러닝 프레임워크와 쉽게 통합할 수 있습니다. 그러나 기존 기술에 익숙하지 않은 일부 사용자는 Milvus 학습을 위한 진입장벽이 높다고 느낄 수 있습니다. 또한 Milvus는 주로 벡터 검색에 초점을 맞추고 있으며 다른 검색 방식을 지원하지 않기 때문에 벡터, 텍스트, 구조화된 데이터 검색의 조합이 필요한 경우에는 적용하기 어려울 수 있습니다.

Weaviate

Weaviate는 자연어 질의를 통한 데이터 검색을 가능하게 하는 오픈 소스 GraphQL 기반의 벡터 검색 엔진입니다. Weaviate의 강점 중 하나는 시맨틱 검색에 중점을 두어 질의의 의미를 이해하는 것이 중요한 애플리케이션에 적합하다는 점입니다. 또한 스키마 기반 데이터 모델링을 지원하므로 사용자가 데이터의 구조와 서로 다른 엔티티 간의 관계를 정의할 수 있습니다. 그러나 Weaviate는 시맨틱 검색(벡터 또는 하이브리드 검색)에 초점을 맞추고 GraphQL에 의존하기 때문에 일부 사용자, 특히 이러한 개념에 익숙하지 않은 사용자에게는 복잡하게 느껴질 수 있습니다.

Elasticsearch

Elastic.co의 엘라스틱서치 v8+는 근사 최근접 이웃(ANN)과 완전 일치 검색을 위한 고밀도 벡터 저장소를 지원하여 대규모 데이터 세트에서 벡터 검색에 대한 확장 가능한 접근 방식을 제공합니다. 정확히 일치하는 최근접 이웃 검색과 달리, 근사 최근접 이웃(ANN) 검색은 성능을 위해 정확성과 속도를 맞바꾸어 고차원 벡터에서 더 효율적으로 작동합니다. 엘라스틱서치는 강력한 성능을 자랑하며 업계에서 널리 사용되고 있는 **계층적 탐색 가능한 소규모 세계**

(Hierarchical Navigable Small World; HNSW) 그래프와 근사 최근접 이웃(ANN) 알고리즘을 사용합니다. 아파치 루씬(Apache Lucene)을 기반으로 구축된 이 기능은 필터링 및 BM25를 사용한 하이브리드 검색을 비롯한 다른 엘라스틱서치 기능과 원활하게 통합됩니다. 그러나 엘라스틱서치의 복잡성으로 인해 일부 사용자는 설정과 구성에 어려움을 겪을 수 있습니다. 루씬의 `dense_vector` 데이터 유형의 제약사항은 엘라스틱서치에도 적용되며, 수십억 개에 달하는 대규모 벡터 데이터 세트를 처리할 수 있지만, 이러한 규모에서 근사 최근접 이웃(ANN) 검색에 대한 메모리 요구 사항은 비현실적일 수 있습니다.

이처럼 각 벡터 데이터베이스는 특정 사용 사례와 요구 사항에 따라 고유한 장단점을 가지고 있습니다. Pinecone은 사용 및 유지 관리의 용이성이 뛰어나고, Vespa는 여러 검색 방식을 지원하여 다재다능하며, Milvus는 고성능과 확장성을 위해 설계되었고, Weaviate는 자연어 기능을 갖춘 시맨틱 검색에 중점을 두고 있습니다. 마지막으로 엘라스틱서치는 검색 기능의 원활한 통합을 통해 고밀도 벡터와 근사 최근접 이웃(ANN) 검색을 지원합니다.

벡터 데이터베이스를 선택할 때 개발자는 특정 요구 사항을 신중하게 고려하고 각 솔루션의 기능, 성능, 사용 편의성을 기준으로 평가해야 합니다.

사용 사례 및 적용 분야

많은 사용자가 AI 기반 검색을 적용하는 데 부담을 느끼는 주된 이유는 관련 기술이 표준화되지 않아 시작하기 위한 옵션이 많기 때문입니다. 이 책에서는 성숙하고 널리 적용된 기술, 사용 사례, 적용 영역을 중심으로 하여 실무자가 어디서부터 시작해야 할지를 알려줄 것입니다.

머신러닝, 자연어 처리, 딥러닝이라는 복잡한 영역에서 사용되는 전문 용어를 확인하면서 검색 영역에 대한 이해를 높일 것입니다.

또한 이러한 프로젝트에 뛰어들기 전에 명심해야 할 점이 있습니다. 바로 복잡성, 노력, 비용 간의 균형을 유지하는 것입니다. 새로운 기술이 빠르게 발전하고 있는 분야이기 때문에 초기 투자가 오래가지 못할 수 있음을 고려해야 합니다. 이 섹션에서는 AI 기반 검색이 무엇인지 살펴보고, 실제 실행할 수 있는 예제를 통해 **개체명 인식(named entity recognition; NER)**, 감성 분석, 텍스트 분류, **질의응답(QA)**, 텍스트 요약과 같은 다양한 기술을 알아보겠습니다.

AI 기반 검색

지난 3년 동안 다양한 업계에서 고객 대면 검색 환경을 키워드 검색에서 시맨틱 검색으로 업그레이드할 방법을 모색해 왔습니다. 사용자가 생각하는 대로 검색할 수 있도록 하는 것 외에도 기업들은 검색 행동에 따라 고객 경험을 개인화하는 방법을 모색해 왔습니다.

앞서 설명한 바와 같이 이 문제에 대한 완전한 솔루션은 드물며, 이 분야는 매우 빠르게 변화하기 때문에 고객들은 더 높은 수준의 유연성을 제공하는 엘라스틱과 같은 플랫폼을 사용하는 경우가 많습니다.

AI 기반 검색 환경을 구축하는 전반적인 과정을 살펴보면 기술, 노력, 비용과 관련된 잠재적인 어려움을 파악할 수 있습니다. 이러한 프로젝트를 실행하는 데는 일반적으로 5단계 과정이 있으며, 다음 섹션에서 자세히 알아보겠습니다.

1. 데이터 수집
2. 데이터 표현
3. 머신러닝 적용
4. 개인화 통합
5. 제품화 시작하기

시작하겠습니다.

데이터 수집

첫 번째 단계는 모델이 학습할 수 있는 대상에 대한 범위를 설정하고 관련된 이벤트를 제공해야 하므로 가장 어려운 단계일 수 있습니다. 애플리케이션이 구축된 도메인에 대해 충분히 많은 양의 데이터를 수집하고 처리할 수 있도록 하는 것입니다. 기업은 제품 설명, 사용자 관련 데이터, 리뷰, 심지어 고객 지원 데이터와 같은 텍스트를 사용할 수 있습니다. 그 목적은 비교 및 검색을 위해 데이터를 학습시키는 것입니다.

데이터 표현

데이터를 학습시키는 것과 사용자 경험에 도움이 되는 형태로 데이터를 표현하는 것은 별개의 문제입니다. 단어 임베딩이나 기타 벡터화 기술을 사용하여 데이터를 고차원 공간의 벡터로 표현하는 것이 현재로서는 가장 효과적인 방법입니다. 주요 이점은 벡터가 시맨틱 의미와 문맥까지 표현한다는 것인데, 이는 궁극적으로 최종 사용자 경험에 도움이 됩니다.

예를 들어 이커머스 고객이 '무선 헤드폰'을 검색하는 경우 사용자 질의를 고차원 공간의 벡터로 표현하기 위해 word2vec과 같은 사전 학습된 모델을 사용하여 질의의 각 단어를 벡터로 변환합니다. 변환된 각 단어 벡터를 결합하면 전체 질의를 나타내게 됩니다. 이를 통해 제품의 벡터로 구성된 공간에서 사용자 질의 벡터와 각 제품 벡터를 비교할 수 있습니다. 다음은 사용자 질의를 표현한 10차원 벡터입니다.

```
[0.213, -0.178, 0.425, -0.067, 0.321, 0.195, -0.267, 0.132, -0.455, -0.033]
```

여기서 흥미로운 점은 사용자 질의를 벡터로 변환하여 키워드가 아닌 벡터 공간에서 비교함으로써 유사성을 판단할 수 있다는 사실입니다. '제품이 존재하나요?', '어떤 유형의 제품을 검색하나요?'와 같은 질의에서 추출되는 의미는 매우 흥미롭습니다.

머신러닝 적용

또 다른 AI 기반 검색 방법은 **합성곱 신경망(CNN)**, **순환 신경망(RNN)** 또는 **트랜스포머**와 같은 모델을 사용하여 데이터를 학습시키는 것입니다. 이 작업은 이전에 벡터화된 데이터에 대해 수행되어 데이터 간의 패턴과 관계를 학습하고 이해합니다. 이 단계의 목표는 검색 애플리케이션이 자연어 처리를 지원할 수 있도록 준비하는 것입니다.

무선 헤드폰의 예시를 계속하자면 CNN, RNN과 같은 모델을 사용하면 이 특정 제품이 가질 수 있는 연결 그래프를 탐색할 수 있게 됩니다. 여기서는 소음 제거 기능, 배터리 수명, 방수 기능, 운동 중에 헤드폰이 떨어지지 않는지 여부와 같은 특징들을 생각해 볼 수 있습니다.

개인화 통합

개인화가 없다면 키워드 검색보다 더 똑똑한 검색을 제공하더라도 부족하다고 느낄 것입니다. 개인화는 과거 검색 및 유사한 검색을 기반으로 검색에 맥락을 통합할 수 있습니다. 이를 각각 네트워크 프로파일링과 사용자 프로파일링이라고 합니다.

CNN/RNN/트랜스포머의 장점은 앞서 언급한 것 외에도 다양합니다. 이 모델들은 과거 검색을 기반으로 사용자에게 추천을 제공하는 데도 도움이 됩니다.

제품화 시작하기

AI 기반 검색이 검색 애플리케이션의 검색 결과 관련성과 검색 소요 시간 사이의 지속적인 최적화 관점에서 필요로 하는 문제를 해결하고 있다고 말하기는 어렵습니다.

올바른 데이터를 확보하려면 올바른 결정을 내리고 최적화 노력을 제한해야 합니다. 이는 사용자 경험을 완전하게 모니터링할 수 있어야 할 뿐만 아니라, 검색 품질을 이해할 수 있는 '재미있는 이벤트'도 필요하다는 의미입니다.

모델을 튜닝한 후에는 기존 모델과 성능을 비교하기 위해 어느 정도 수준의 A/B 테스트가 필요하며 비교 결과의 타당성을 이해하기 위해 일종의 피드백 루프도 필요합니다.

앞서 설명한 다섯 가지의 단계를 통해 AI 기반 검색 시스템을 구축한 후에는 NER, 감성 분석, 텍스트 분류, 질의응답(Q&A), 텍스트 요약 등의 기술을 통합하여 시스템을 개선할 수 있습니다. 이러한 기법에 대해서는 뒤에서 자세히 알아보겠습니다.

개체명 인식(NER)

NER은 구조화되지 않은 텍스트 내에서 명명된 엔티티(개체)를 감지하고 분류하는 자연어 처리의 구성 요소입니다. 엔티티는 고유한 이름이나 식별자를 가진 사람 이름, 브랜드, 위치 또는 조직일 수 있습니다.

이 기술을 잘 사용하면 시스템으로 유입되는 비정형 데이터는 주석이 달린 데이터에 대해 업스트림 학습된(upstream-trained)[1] 머신러닝 모델의 결과물로 분류됩니다. 이 과정에서 데이터는 해당 유형으로 레이블이 지정됩니다. 학습이 완료되면 머신러닝 모델은 레이블을 사용하여 텍스트 내 패턴과 관계를 학습함으로써 새롭고 본 적이 없는 텍스트에서도 명명된 개체들을 정확하게 식별하고 분류할 수 있습니다.

1 (옮긴이) 단어 맞히기, 빈칸 채우기 등 전이학습에서 먼저 학습하는 태스크

우리가 생각할 수 있는 유스케이스 중 하나로 아무런 통제 없이 시스템으로 유입되는 민감한 정보인 **개인 식별 정보**(personally identifiable information; PII)가 있습니다. 이러한 정보에는 사람 이름, 주소, 주민등록번호, 금융 정보가 포함될 수 있습니다.

은행의 경우 데이터로 유입되는 개인 식별 정보를 탐지하지 못하면 은행과 고객 모두에게 심각한 결과를 초래할 수 있습니다. 예를 들어, 해커가 은행의 데이터에 접근하여 개인 식별 정보를 훔친다면 이를 사용하여 사기 및 신분 도용을 저지를 수 있으며, 이에 따라 고객은 금전적 손실을 입게 되고 은행은 규제 대상이 되어 처벌받을 수 있습니다.

그렇기 때문에 금융 서비스 회사들은 만료된 데이터나 처리 중인 데이터에 NER을 적용하여 개인 식별 정보 노출 위험을 완화합니다. 그 결과 데이터를 제거, 암호화, 마스킹하거나 데이터에 액세스할 수 있는 올바른 권한을 설정하여 개인 식별 정보 노출과 관련된 법적 위험과 이미지 실추에 대한 위험을 피할 수 있습니다.

감성 분석

자연어 처리의 또 다른 기술인 감성 분석은 감정 관점에서 비정형 텍스트의 감성을 식별하고 추출하는 것을 목표로 합니다. 이는 트윗에서 감정을 추출하는 등 소셜 네트워크에서 일반적으로 사용됩니다. 종종 회사나 단체에서 브랜드와 관련된 감성을 이해하기 위해 이를 사용합니다.

감성 분석의 쓰임은 광범위해서 실시간으로 제품 리뷰를 분석하거나 신규 투자와 관련된 시장 분위기를 모니터링하는 등 훨씬 더 목표 지향적인 사용 사례에도 유용합니다. 이를 통해 금융 분석가는 좀 더 정보에 기반한 투자를 할 수 있습니다.

오늘날 기업이 겪을 수 있는 최악의 상황은 제품이나 서비스에 대한 부정적인 감성을 감지하지 못해 평판이 떨어지고 고객 이탈로 이어지는 것입니다.

이 매우 인기 있는 작업을 위해 자연어 처리 파이썬 도구인 NLTK[2]가 유용하게 사용됩니다. 다음 예제 코드는 매우 간단한 감성 분석을 구현하는 방법과 그 결과를 보여줍니다.

2 https://www.nltk.org/

```
!pip install vaderSentiment

import nltk
nltk.download('vader_lexicon')

from nltk.sentiment import SentimentIntensityAnalyzer

sia = SentimentIntensityAnalyzer()
text = "I really enjoyed the new movie. The acting was great and the plot was engaging."
scores = sia.polarity_scores(text)
print(scores)
```

위 소스 코드는 이 책의 깃허브 저장소 chapter1 폴더에 있는 주피터 노트북 파일[3]에서 실행할 수 있습니다. 이 파이썬 코드는 SentimentIntensityAnalyzer를 사용해 실제 감성 분석을 수행합니다. 그런 다음 각 극성(부정, 중립, 긍정)에 대한 점수와 −1(가장 부정)에서 +1(가장 긍정)까지의 복합 점수가 반환됩니다. Colab 노트북을 실행하면 다음과 같은 결과를 보여줄 것입니다.

```
{'neg': 0.0, 'neu': 0.522, 'pos': 0.478, 'compound': 0.8777}
```

점수에 따르면 텍스트에 담긴 감정이 매우 긍정적입니다!

텍스트 분류

텍스트 분류는 사전에 정의된 카테고리를 비정형 데이터에 할당하는 또 다른 자연어 처리 기술입니다. 우리 모두에게 영향을 미치는 실생활의 예시로는 스팸 관리 또는 스팸과 햄(정상) 이메일을 필터링하고 태깅하는 작업이 있습니다.

스팸 이메일은 특정 키워드 사용, 오타, 링크 등 스팸으로 의심되는 신호가 많이 있을 수 있습니다. 레이블된 대규모 데이터 세트를 통해 모델을 학습시키면 이메일이 자동으로 스팸 또는 햄(정상)으로 분류됩니다. 이를 통해 전반적으로 더 나은 이메일 경험이나 생산성 향상 등 다양한 가치가 창출됩니다.

3 https://github.com/wikibook/vector-search/blob/main/chapter1/sentiment-analysis.ipynb

간단하게 설명하기 위해, 온라인 데이터 소스를 사용하여 분류 결과와 그 정확도를 보여주는 예제가 있습니다.

```
from sklearn.datasets import fetch_20newsgroups
from sklearn.feature_extraction.text import CountVectorizer
from sklearn.naive_bayes import MultinomialNB
from sklearn.metrics import accuracy_score

# 데이터 세트 로드
newsgroups_train = fetch_20newsgroups(subset='train')
newsgroups_test = fetch_20newsgroups(subset='test')

# 텍스트 데이터 벡터화
vectorizer = CountVectorizer()
X_train = vectorizer.fit_transform(newsgroups_train.data)
X_test = vectorizer.transform(newsgroups_test.data)

# 나이브 베이즈(Naive Bayes) 분류기 훈련
clf = MultinomialNB()
clf.fit(X_train, newsgroups_train.target)

# 테스트 세트 예측
y_pred = clf.predict(X_test)

# 정확도와 예측한 클래스 레이블 출력
print(f"Accuracy: {accuracy_score(newsgroups_test.target, y_pred)}")
print(f"Predicted classes: {y_pred}")
```

구글 코랩 노트북에서 코드를 실행하면 다음과 같은 출력이 표시됩니다.

```
Accuracy: 0.7728359001593202
Predicted classes: [ 7 11 0 ... 9 3 15]
```

앞선 코드에서 텍스트 분류 모델 구축과 데이터 분류를 어떻게 달성하는지 이해해 보겠습니다.

- 앞서 언급했듯이, 이 코드는 20 뉴스그룹 데이터 세트[4]라고 하는 온라인 데이터 세트를 사용합니다. 이 데이터 세트는 약 20,000개의 뉴스그룹 문서를 대략 20개의 다른 뉴스그룹으로 분류한 것으로, 이러한 유형의 분류를 테스트하기에 아주 좋은 환경입니다. 이 데이터 세트는 카네기 멜런 대학교의 켄 랭(Ken Lang)이 구성했습니다.
- 우리는 `sklearn`으로 더 잘 알려진, 매우 인기 있고 널리 채택된 파이썬용 오픈 소스 머신러닝 라이브러리인 scikit-learn을 사용합니다. 이것은 분류, 회귀, 클러스터링, 차원 축소와 같은 광범위한 지도 및 비지도 학습 알고리즘을 제공하기 때문에 이 책에서는 이를 도구로 사용합니다.
- 이 예제에서는 `CountVectorizer` 함수를 통해 텍스트 데이터를 머신러닝에 사용할 수 있는 숫자 형식으로 변환하는 단어 빈도수 벡터 기법을 사용합니다.
- 우리는 벡터화된 훈련 데이터에 대해 나이브 베이즈(naïve Bayes) 분류기를 훈련합니다. 이 예에서 분류기는 문서 내 각 단어의 빈도가 문서 내 다른 모든 단어의 빈도와 독립적이라고 가정합니다. 이러한 가정을 바탕으로 새 문서의 클래스를 예측합니다.

결과는 테스트 데이터의 클래스 레이블 예측입니다. '20 뉴스 그룹 데이터 세트'를 사용했기 때문에 예측된 클래스 레이블은 20개의 다른 카테고리를 나타내는 0에서 19 사이의 정수입니다. 예를 들어 배열의 첫 번째 클래스 레이블이 7인 경우, 이는 테스트 세트의 첫 번째 인스턴스가 정수 7로 표현되는 뉴스그룹 카테고리에 속한다는 것을 의미합니다. 여기서 정수 레이블은 임의적인 것으로 본질적인 의미를 가지고 있지 않습니다.

질의응답(QA)

QA는 2022년 말 챗GPT의 등장과 함께 엄청난 인기를 얻었습니다. 챗GPT는 대화의 맥락을 이해할 뿐만 아니라 사용자의 질문과 관련된 응답을 생성할 수 있습니다. 이는 GPT-3 아키텍처에 기반한 QA 모델에 대해 사전 학습되어 있습니다.

QA는 사람이 제기한 질문에 자동으로 답변하는 시스템을 구축하는 것을 목표로 하는 자연어 처리의 한 분야입니다. 이것은 매우 도전적인 분야로 앞서 언급했듯이 시스템이 질문의 범위 내에서 맥락을 이해해야 하기 때문입니다. 또한 질문들은 대화의 일부일 수 있으며 주어진 세션에서 여러 대화가 서로 얽혀 있을 수 있습니다.

---

4 http://qwone.com/~jason/20Newsgroups/

대규모 언어 모델(LLMs)이 소개되기 전에는 사실에 기반한 QA 시스템에서 질문에 답변하는 과정은 다음의 두 단계를 거쳤습니다.

1. 먼저, 시스템은 질문을 이해하고 그 구성 요소를 주어, 목적어, 서술어로 나눕니다.
2. 그다음으로 관련된 정보를 검색하고 검색된 정보에서 답변을 추출하고 종합하기 위해 상당한 양의 데이터베이스에 의존해야 합니다.

이 과정은 텍스트 처리, 검색, 딥러닝 및 신경망과 같은 머신러닝 알고리즘들을 많이 활용합니다.

실생활의 관점에서 이 문제를 다르게 바라봅시다. 의료 산업이 의외로 좋은 예시일 수 있습니다. QA 시스템은 의사가 환자를 치료하는 데 도움을 줄 수 있습니다. 예를 들어, 복잡한 건강 이력을 가진 환자를 치료하는 의사가 다른 약에 비해 특정 약을 처방하는 것의 효과를 검색해야 할 때 QA 시스템이 큰 도움이 될 수 있습니다. 처방이 잘못되면 심각한 부작용이 발생할 수 있는데, 이 기술은 환자의 시간과 고통을 줄이고 의료 전문가나 기관에 전반적으로 더 나은 서비스 품질을 제공할 수 있습니다.

다음 예시는 허깅 페이스 트랜스포머 라이브러리의 사전 학습된 모델을 사용하여 주어진 맥락에 기반한 질문에 답하는 방법을 보여줍니다.

```
!pip install transformers

from transformers import pipeline

# 질의응답(QA) 모델 적재
model = pipeline("question-answering", model="distilbert-base-cased-distilled-squad",
tokenizer="distilbert-base-cased")

# 질문과 문맥 구성
question = "What is the capital city of Korea?"
context = "South Korea is located in East Asia on the southern part of the Korean
Peninsula, bordered by North Korea and surrounded by the Yellow Sea and the East Sea. Its
capital is Seoul, and the official language is Korean."
```

```
# 답변 구하기
result = model(question=question, context=context)

# 답변 출력
print(f"Answer: {result['answer']}")
```

여기서 우리는 transformers 패키지에서 사전 학습된 질의응답 모델을 로드하고, **SQuAD**라고 알려진 **스탠퍼드 질의응답 데이터 세트**에 사전 학습된 distilbert-base-cased-distilled-squad 모델을 사용합니다. 이 데이터 세트는 https://rajpurkar.github.io/SQuAD-explorer/에서 찾을 수 있습니다[5].

우리는 질문에 대답하기 위해 질문과 맥락을 정의했고 이를 모델에 전달했습니다.

구글 코랩 노트북에서 이 코드를 실행하면 한국의 수도에 대한 질문에 대해 다음과 같은 결과가 나옵니다.

```
Answer: Seoul
```

텍스트 요약

텍스트 요약은 또 하나의 어려운 자연어 처리 과제입니다. 문서의 의미를 파악하고 유지해야 할 가장 관련성 있는 정보를 식별해야 하기 때문입니다. 의미와 정확성을 잃지 않으면서 텍스트 정보를 축소해야 합니다.

우리 모두에게 익숙한 실생활 예시 중 하나는 우리가 매일 접하는 뉴스 피드입니다. 뉴스 애플리케이션은 여러분의 관심을 끌기 위해 데이터를 요약합니다. 뉴스 피드 산업은 사용자가 스크롤하는 경험의 모든 나노초 단위가 중요한 실시간 환경에서 작동해야 하는 제약이 있어 이 과정에 어려움이 있습니다. 뉴스를 볼 때 짧은 시간 동안 제공되는 요약은 사용자가 뉴스 페이지를 클릭하여 들어가도록 해야 합니다. 이 뉴스 페이지에는 언론사가 수익을 얻는 데 핵심인 광고가 많이 포함되어 있습니다.

---

5 출처: Pranav Rajpurkar, Robin Jia, Percy Liang. 2018. **Know What You Don't Know: Unanswerable Questions for SQuAD**. ArXiv

다음 예시는 허깅 페이스 트랜스포머 라이브러리를 사용하여 마코앵무새 위키피디아 문서[6]에서 가져온 텍스트 데이터를 요약합니다.

```
!pip install transformers

from transformers import pipeline

# 요약할 문장 정의
text = "The blue-throated macaw (Ara glaucogularis) is a species of macaw that is endemic
to a small area of north-central Bolivia, known as the Llanos de Moxos. Recent population
and range estimates suggest that about 350 to 400 individuals remain in the wild. Its
demise was brought on by nesting competition, avian predation, and a small native range,
exacerbated by indigenous hunting and capture for the pet trade. Although plentiful in
captivity, it is critically endangered in the wild and protected by trading prohibitions.
In 2014, the species was designated a natural patrimony of Bolivia. This blue-throated
macaw in flight was photographed at Loro Parque, on the Spanish island of Tenerife in the
Canary Islands."

# 요약 파이프라인 초기화
summarizer = pipeline("summarization")

# 문장에 대한 요약문 생성
summary = summarizer(text, max_length=100, min_length=30, do_sample=False)[0]["summary_te
xt"]

# 요약문 출력
print(summary)
```

허깅 페이스의 DistilBert 모델과 summarizer를 사용하고 최대 길이와 최소 길이 파라미터를 전달하면 다음과 같이 출력됩니다.

```
The blue-throated macaw (Ara glaucogularis) is a species of macaw that is endemic to a
small area of north-central Bolivia, known as the Llanos de Moxos . Recent population and
range estimates suggest that about 350 to 400 individuals remain in the wild .
```

6 https://en.wikipedia.org/wiki/Blue-throated_macaw

다양한 모델을 쉽게 사용할 수 있어 인상적입니다. 허깅 페이스와 같은 커뮤니티는 모델을 미세 조정하지 않고도 복잡한 자연어 처리 작업을 수행할 수 있게 하여 생산성을 높입니다.

지금쯤이면 AI 기반 검색에 대해 어느 정도 이해하리라 생각합니다. 사용할 수 있는 기술을 활용하는 방법을 숙지했으며, 배운 내용을 바로 여러분의 애플리케이션 코드에 통합할 수 있습니다.

엘라스틱은 이 분야에서 어떤 역할을 하고 있나요?

그렇다면 여기서 엘라스틱은 어떤 역할을 할까요? 엘라스틱을 활용할 수 있는 방법은 여러 가지가 있는데, 그중 하나가 바로 엘라스틱서치입니다. 엘라스틱서치는 확장성이 뛰어난 분산형 데이터 저장소입니다. 그리고 정보 검색에 특화되어 있습니다. Colab 노트북에서 앞선 코드들을 실행하는 것은 수백, 수천, 수백만 명의 사용자가 접근하고 대규모로 운영하는 것과는 전혀 다른 문제입니다.

또한 대규모로 빠르게 액세스할 수 있도록 인덱싱된 방대한 양의 데이터에 알고리즘이 접근할 수 있어야 하므로 훈련 시간이 길어질 수 있습니다. 정형 데이터와 비정형 데이터를 동시에 처리하고 다양한 데이터 유형을 관리할 수 있으며 데이터 수집과 검색을 위한 확장성을 갖춘 다용도 데이터 저장소는 매우 드뭅니다.

엘라스틱서치는 그 기술적 특성뿐만 아니라 활발한 커뮤니티와 범용성으로 인해 탁월한 선택입니다. 앞서 언급했듯이, AI 기반 검색 애플리케이션 분야는 빠르게 변화하고 있어 일정 부분의 일관성을 유지하는 것은 사치스러울 수 있습니다. 엘라스틱서치와 허깅 페이스와 같은 기술과 커뮤니티는 사용자에게 변화에 대처할 수 있는 안전장치와 일정 수준의 유연성을 제공합니다.

우리는 엘라스틱서치를 검색 및 분석 엔진으로 설명하고자 합니다. 엘라스틱서치의 분석 기능은 복잡한 질의와 데이터에 대한 집계를 수행할 수 있게 해주기 때문에 중요한 역할을 합니다.

그러나 가장 중요한 것은 엘라스틱서치의 확장성입니다. 2021년에 엘라스틱은 벡터를 색인하는 기능을 도입했습니다. 이는 데이터 저장소가 지원하지 않는 데이터 유형을 사용자가 관리하거나 강제하지 않고도 엘라스틱서치는 기본적으로 벡터가 무엇인지 이해하고 작업에 최적화된다는 뜻입니다.

검색 기능 이외에도, 가관측성(observability) 및 사이버 보안(cybersecurity)과 같은 다른 유스케이스에 벡터 검색을 어떻게 적용할 수 있는지 생각의 폭을 넓혀보고자 합니다.

가관측성 및 사이버 보안에 대한 기본 개념

벡터는 자연어 처리와 같은 작업뿐만 아니라 가관측성 및 사이버 보안 분야에서도 중요한 역할을 합니다. 벡터는 대량의 데이터를 효율적으로 처리하고 분석할 수 있습니다.

잠시 멈추어 현재의 가관측성 상태에 대해 생각해 봅시다. 오늘날 운영팀은 주로 비지도 학습에 의존하면서 이상 징후 탐지와 같은 조사 과정을 빠르게 진행할 수 있는 여러 가지 툴을 보유하고 있습니다. 이제 텍스트 분류는 상당히 비정형적이며 카테고리로 분류될 필요가 있는 로그 데이터 처리에 큰 도움이 될 것입니다. 결과적으로 근본 원인을 분석하는 담당자들의 작업 경험이 향상되고 분석 속도가 빨라질 것입니다. 이제 미래의 상태는 어떤 모습일지 생각해 봅시다. 데이터를 벡터화, 즉 데이터 특성을 벡터로 변환하면 패턴과 이상 징후를 훨씬 쉽게 식별할 수 있습니다.

사이버 보안에서 벡터는 네트워크 트래픽, 악성 소프트웨어 시그니처, 사용자 행동과 같은 다양한 유형의 데이터를 표현하고 분석하는 데 사용될 수 있습니다.

7장과 **8장**에서 각각 가관측성과 사이버 보안에 대해 다루고 사용자 환경에서 사용하고 적용할 수 있는 실제 사례를 살펴보겠습니다. 이후에는 배운 내용을 적절한 다른 분야에도 활용해 볼 수 있을 것입니다.

요약

이 책은 벡터 기반 검색 애플리케이션 구축부터 가관측성 및 보안 분야에 벡터를 적용하는 것까지 다양한 필요에 맞게 활용할 수 있는 실용적이고 구현할 수 있는 예제를 통해 여러분을 안내할 것입니다. 이 책은 다양한 범위의 실무자를 대상으로 하지만, 특정 문제를 처리하고 벡터와 엘라스틱을 결합하여 잘 활용할 수 있는 운영 팀에 더 초점을 맞췄습니다.

이 장에서는 자연어 처리, 벡터 검색, AI 기반 검색 및 관련 기술들의 주요 측면에 대해 배웠습니다. 또한 여러분의 비즈니스 애플리케이션에 실행하고 적용할 수 있는 코드도 살펴봤습니다.

마지막으로는 이러한 맥락에서 엘라스틱서치의 역할에 대한 깊은 이해를 얻었으며 검색 사례를 넘어서 가관측성과 같은 분야에서 벡터 검색을 적용하는 방법에 대해서도 알게 되었습니다.

다음 장에서는 엘라스틱서치의 벡터를 살펴보는 것으로 시작하겠습니다. 현재의 검색 방법론을 살펴보고 벡터가 어떻게 이를 보완하고 향상하는지 알아보겠습니다. 또한, 엘라스틱서치에서 벡터 구현의 기술적 측면도 자세히 다루겠습니다.

02

엘라스틱에서 벡터 검색 시작하기

엘라스틱에서 벡터 검색 시작하기 장에 오신 것을 환영합니다. 이번 장에서는 엘라스틱서치를 활용한 검색의 기본 패러다임과 벡터 검색이 어떻게 실시간, 맥락 인식, 정확한 정보 검색을 위한 강력한 도구로 부상했는지를 알아볼 것입니다.

이 장에서는 다음과 같은 주제를 다룹니다.

- 엘라스틱에서 벡터 검색 이전의 검색 경험
- 벡터와 **계층적 탐색 가능한 소규모 세계**(HNSW)와 같은 새로운 표현의 필요성
- 새로운 벡터 데이터 유형
- 벡터 매핑과 저장, 그리고 이를 최적화하여 적용하는 더 나은 관점
- 완전 탐색과 **k-최근접 이웃**(kNN) 유사도 조회 쿼리 작성 방법

엘라스틱서치에 익숙한 사용자든 이제 막 입문한 사용자든, 이 장은 엘라스틱의 강력한 벡터 검색에 대한 가치 있는 통찰력을 제공할 것입니다. 자, 시작합니다!

벡터 검색 이전 엘라스틱에서의 검색 경험

엘라스틱에서 벡터 검색을 도입하기 전 주요 관련성 모델은 텍스트 검색 및 분석 역량을 기반으로 했습니다. 엘라스틱서치는 효율적인 검색을 제공하기 위해 다양한 데이터 유형[1]과 분석기(analyzer)[2]를 제공합니다. 이번 파트에서는 벡터 검색 '이전 상태'가 어떤 모습인지 함께 이해해 보겠습니다.

데이터 유형이 관련성에 미치는 영향

엘라스틱서치에는 다양한 데이터 유형이 있지만, 이 부분을 하나씩 모두 살펴보는 것은 효과적이지 않습니다. 대신 관련성 순위에 직접적인 영향을 미치는 유형과 간접적으로 영향을 미치는 유형 두 가지로 구분하고자 합니다. 데이터 유형이 관련성 모델에 어떻게 작용하는지 파악하는 것이 목표입니다.

첫 번째 유형은 관련성 순위에 직접적인 영향을 미치는 유형입니다.

- Text: text 데이터 유형은 엘라스틱서치에서 관련성 모델에 가장 중요한 데이터 유형입니다. 기사, 제품 설명 등 텍스트 데이터를 저장하고 검색하는 데 사용됩니다. 텍스트 데이터는 내장된 분석기를 사용하여 분석되며, 이를 통해 텍스트를 토큰으로 나누고 소문자 변환, 어간 추출, 필터링 등의 작업을 수행합니다.
- Geo: geo 데이터 유형은 지리적 좌표를 저장하고 검색하는 데 사용됩니다. 특정 거리 내의 문서를 찾거나 바운딩 상자와 같은 위치 기반 쿼리를 수행할 수 있습니다. 텍스트 기반 관련성 모델의 일부는 아니지만 위치 기반 쿼리는 검색 결과를 좁히고 관련성을 향상하는 데 도움이 될 수 있습니다.

두 번째 유형은 관련성을 향상하는 데이터 유형입니다.

- Keyword: keyword 데이터 유형은 일반적으로 필터링 및 집계를 위해 사용되며 분석되지 않은 텍스트 데이터를 저장하는 데 사용됩니다. 필터나 집계 함수를 사용하여 검색 결과를 가공하며 관련성 점수를 향상합니다.
- Numeric types (integer, float, double 등): 이 데이터 유형은 숫자 데이터를 저장하고 검색하는 데 사용됩니다. 텍스트 기반 관련성 모델에 직접적인 영향을 미치지는 않지만 검색 결과를 필터링하거나 정렬하는 데 사용할 수 있어 결과의 관련성에 간접적으로 영향을 미칠 수 있습니다.

1 https://www.elastic.co/guide/en/elasticsearch/reference/current/mapping-types.html
2 https://www.elastic.co/guide/en/elasticsearch/reference/current/analysis-analyzers.html

- `Date`: `date` 데이터 유형은 날짜 및 시간 데이터를 저장하고 검색하는 데 사용됩니다. 숫자 데이터 유형과 유사하게 날짜 데이터 유형을 사용하여 검색 결과를 필터링하고 정렬하여 전체 관련성에 간접적으로 영향을 미칠 수 있습니다.
- `Boolean`: `boolean` 데이터 유형은 `true/false` 값을 저장하는 데 사용됩니다. 역시 관련성 모델에 직접 기여하지는 않지만, 검색 결과를 필터링하는 데 사용할 수 있어 관련성이 향상됩니다.

관련성 모델

이 책은 엘라스틱서치의 자세한 해설서가 아니고 벡터 검색에 초점을 맞추고 있지만, 필요한 곳이면 어디에서든 활용할 수 있게 벡터 이전에 관련성 순위 모델을 이해하는 것이 중요합니다. 또한 벡터 검색과 '전통적인' 검색을 결합한 하이브리드 검색을 구축하는 것이 최종 사용자 경험을 향상시킬 방법임을 알게 될 것입니다.

엘라스틱서치는 자체적으로 관련성 모델을 개선해 왔으며, 처음에는 **단어 빈도-역 문서 빈도(term frequency-inverse document frequency; TF-IDF)**를 사용하다가 현재는 BM25를 사용하고 있습니다. 둘 다 질의와의 관련성에 따라 문서의 순위를 매기는 데 사용되는 텍스트 검색 알고리즘입니다. 하지만 큰 차이가 있는데 이를 살펴보겠습니다.

TF-IDF

TF-IDF 개념을 설명하기 위해 다음 세 개의 문서를 예로 들겠습니다.

- **문서 1**: "I love vector search. Vector search is amazing."
- **문서 2**: "Vector search is a method for searching high-dimensional data."
- **문서 3**: "Elasticsearch is a powerful search engine that supports vector search."

우리는 각 문서에서 `vector search`라는 단어에 대해 TF-IDF 점수를 계산하고 싶습니다.

먼저, 각 문서에 대한 **단어 빈도(term frequency; TF)**를 계산합니다. 여기서 **bi-gram**(텍스트에서 인접한 두 단어의 시퀀스, 즉 `vector`와 `search`라는 단어가 함께 있는 경우)에 TF를 적용합니다.

- 문서 1: vector search는 8개 단어 중 2번 등장: TF = 2 / 8 = **0.25**
- 문서 2: vector search는 9개 단어 중 1번 등장: TF = 1 / 9 = **0.111**
- 문서 3: vector search는 10개 단어 중 1번 등장: TF = 1 / 10 = **0.1**

그런 다음, 우리는 vector search 단어에 대한 **역 문서 빈도(inverse document frequency; IDF)**를 계산합니다.

우리는 vector search라는 단어가 포함된 문서의 수가 3임을 알고 있습니다.

그리고 총 문서 수가 3인 것도 알고 있습니다.

이를 공식에 대입하면 다음과 같은 결과를 얻습니다.

$$IDF = \log\left(\frac{3}{3}\right) = \log(1) = 0$$

마지막으로, 각 문서의 vector search 단어에 대한 TF-IDF 점수를 계산합니다.

- **문서 1**: TF-IDF = TF * IDF = 0.25 * 0 = 0
- **문서 2**: TF-IDF = TF * IDF = 0.111 * 0 = 0
- **문서 3**: TF-IDF = TF * IDF = 0.1 * 0 = 0

이 예시에서는 모든 문서에 vector search라는 단어가 등장하기 때문에 IDF 값이 0이며, 그에 따라 해당 단어는 전체 문서에 걸친 공통 단어가 됩니다. 그 결과 모든 문서에 대한 TF-IDF 점수도 0이 되는데, 이는 TF-IDF 알고리즘의 IDF 요소가 전체 문서에 공통 항목에 대한 불이익을 주어 관련성 점수를 줄여주는 효과를 보여줍니다.

세 번째 문서를 "Elasticsearch is a powerful search engine that supports semantic search."로 변경하고, semantic search를 검색할 때 우리가 방금 배운 것을 적용하면 순위는 다음과 같습니다.

- 문서 3 (TF-IDF = 0.109)[3]
- 문서 1 (TF-IDF = 0)
- 문서 2 (TF-IDF = 0)

직관적이고 간단하지만, 이러한 접근법은 일반적으로 문서가 길수록 단어 빈도수가 많아지므로 편향된 결과를 보일 수 있습니다. 두 가지 중요한 항목을 정리하면 다음과 같습니다.

- IDF 항목은 `log(N/df(t))`로 계산되며, 여기서 N은 컬렉션의 총 문서 수이고 `df(t)`는 `t`라는 단어를 포함하는 문서 수입니다. IDF 항목은 희귀한 단어에 더 많은 가중치를 부여하고 공통으로 사용되는 단어는 가중치를 낮춥니다.
- T 항목은 상한이 없고, 이는 단어 증가의 빈도가 관련성 점수에 미치는 영향이 선형적으로 증가한다는 것을 의미합니다.

이에 따라 우리는 문서의 순위를 매기기 위해 다음 방법을 고려하게 됩니다.

BM25

엘라스틱서치는 BM25 알고리즘으로 데이터에 대한 충실도를 높이고 TF-IDF 공식의 TF와 IDF 항목을 정제하게 되었습니다. 예를 들면 BM25는 포화 항목을 도입하는데, 이는 문서 내 단어 빈도가 계속 증가하더라도 한계치에 도달하면 관련성 점수에 미치지 않는다는 것을 의미합니다. 이러한 포화 항목은 단어 빈도가 극단적으로 높은 경우 관련성 점수에 영향을 미치는 것을 방지합니다.

다음 차트는 TF-IDF가 단어 빈도에 비례하여 계속 증가하는 반면, BM25는 더 이상 증가하지 않는 것을 보여줍니다.

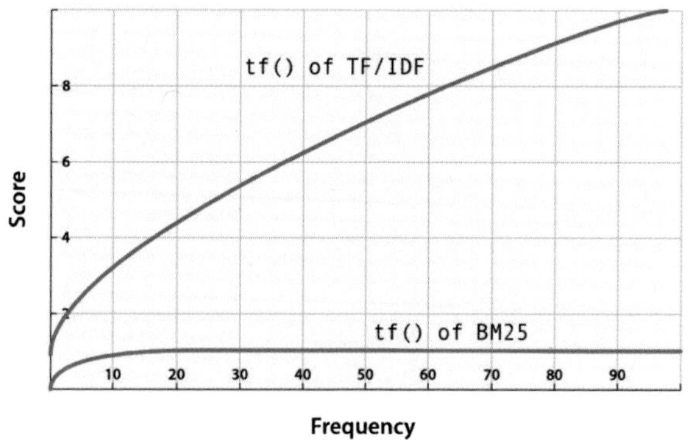

그림 2.1 단어 빈도에 따른 TF-IDF 및 BM25 점수

3 (옮긴이) 계산 과정을 생략했지만, 여기서 언급된 값은 ln(N/(1+df(t)))을 계산한 결과입니다.

자세한 내용은 엘라스틱 블로그[4]에서 확인할 수 있습니다.

BM25의 이점을 설명하기 위해 앞서 살펴본 TF-IDF와 같은 방식으로 예를 들어 살펴보겠습니다.

이전과 동일한 문서를 사용해 search라는 단어에 대한 검색 점수를 BM25 알고리즘으로 계산합니다. 이 과정을 통해 단어 빈도 정규화 및 포화 항목과 같은 BM25 알고리즘의 장점을 이해할 수 있습니다.

- **문서 1**: "I love vector search. Vector search is amazing."
- **문서 2**: "Vector search is a method for searching high-dimensional data."
- **문서 3**: "Elasticsearch is a powerful search engine that supports semantic search."

먼저 단어 빈도를 문서별로 계산합니다.

- **문서 1**: search라는 단어는 8개의 단어 중 2번 등장: TF= 2 / 8 = `0.25`
- **문서 2**: search라는 단어는 9개의 단어 중 1번 등장: TF = 1 / 9 = `0.111`
- **문서 3**: search라는 단어는 10개의 단어 중 2번 등장: TF = 2 / 10 = `0.2`

그다음 아래의 수식을 사용하여 각 문서에 대한 BM25 점수를 계산합니다.

$$\sum_{i}^{n} IDF(q_i) \cdot \frac{f(q_i, D) \cdot (k1 + 1)}{f(q_i, D) + k1 \cdot \left(1 - b + b \cdot \frac{fieldLen}{avgFieldLen}\right)}$$

먼저 TF 정규화를 어떻게 계산하는지 살펴보고 그다음에 IDF의 계산 과정을 살펴보겠습니다.

TF normalization(단어 빈도 정규화)

k1과 b 값을 각각 k1 = 1.2, b = 0.75로 가정하겠습니다. **평균 문서 길이(average document length; avgdl)**는 "(8 + 9 + 10) / 3 = 9"와 같이 계산되고, 각 문서의 단어 빈도 정규화 값은 다음과 같습니다.

4 https://www.elastic.co/kr/blog/practical-bm25-part-2-the-bm25-algorithm-and-its-variables

- **문서 1**: ((1.2 + 1) * 2) / (1.2 * (1 – 0.75 + 0.75 * (8 / 9)) + 2) = `1.419`
- **문서 2**: ((1.2 + 1) * 1) / (1.2 * (1 – 0.75 + 0.75 * (9 / 9)) + 1) = `1.000`
- **문서 3**: ((1.2 + 1) * 2) / (1.2 * (1 – 0.75 + 0.75 * (10 / 9)) + 2) = `1.333`

IDF

BM25 알고리즘에서 IDF 항은 `ln(1+(N-df(t)+0.5)/(df(t) +0.5))`의 식으로 계산됩니다.

N은 총 문서의 수이고 `df(t)`는 특정 단어 `t`를 포함하는 문서의 수입니다. 위의 예제에서 확인되듯 `search`라는 단어를 포함하는 문서의 수는 3개입니다.

그리고 전체 문서의 수도 3이므로 IDF 값은 다음과 같이 계산할 수 있습니다.

$$IDF = \ln(1+(3-3+0.5) \ / \ (3+0.5)) \approx 0.134 \text{ (자연로그 사용)}$$

BM25 점수

- **문서 1**: BM25 = IDF * TF normalization = 0.134 * `1.419 ≈ 0.190`
- **문서 2**: BM25 = IDF * TF normalization = 0.134 * `1 = 0.134`
- **문서 3**: BM25 = IDF * TF normalization = 0.134 * `1.333 ≈ 0.178`

BM25 점수에 따라 `search` 질의에 대한 문서의 순위는 다음과 같이 매길 수 있습니다.

- **문서 1** (BM25 = `0.190`)
- **문서 3** (BM25 = `0.178`)
- **문서 2** (BM25 = `0.134`)

이 예시는 BM25를 통해 다양한 길이를 갖는 문서를 더욱 효율적으로 다룰 수 있음을 보여줍니다. 정규화 과정은 문서가 갖는 평균 단어 수를 활용하여 높은 단어 빈도를 갖는 긴 문서에 대한 편향을 줄여주는 효과가 있습니다.

앞의 예시에서는 앞서 설명한 정규화의 효과가 극명히 드러나지 않았지만 보다 복잡한 시나리오에서는 **그림 2.1**과 같이 단어 빈도와 검색 점수가 비례하는 TF-IDF와의 차이가 드러나게 됩니다.

이 단계에서 TF-IDF, 특히 BM25에 대해 확실히 이해하고 있어야 합니다. 지금까지 다룬 주제는 키워드 기반 검색과 벡터 검색의 차이점(검색 관련성 계산이 중요한 차이점)을 이해하는 데 도움을 줄 뿐만 아니라 이 책의 후반부에서 하이브리드 검색에 대해 논의할 때도 유용할 것입니다.

검색 경험의 발전

사용자는 보다 나은 검색 경험을 요구합니다. 이러한 요구를 충족시키기 위해 키워드 검색과는 다른 기술을 검토할 필요가 있습니다. 이 장에서는 키워드 기반 검색의 한계에 관해 설명하고 텍스트를 벡터로 나타내는 것이 무엇인지, 그리고 벡터를 사용한 정보 검색을 용이하게 하기 위해 HNSW라는 기법이 어떻게 등장했는지 살펴보겠습니다.

키워드 기반 검색의 한계

벡터 변환을 본격적으로 다루기 전에 이 주제가 비교적 생소한 분들을 위해 키워드 기반 검색이 왜 한계에 봉착했으며 사용자의 요구사항을 전혀 충족시키지 못하는지를 먼저 살펴보겠습니다.

키워드 기반 검색은 사용자 질의와 문서에 포함된 용어가 정확히 일치해야만 검색 결과를 제공해 줄 수 있습니다. 검색 시스템이 동의어, 약어, 대체 구문 등으로 충분히 세분화되지 않은 경우 관련성 있는 결과를 놓칠 수 있습니다. 따라서 검색 시스템이 주어진 단어를 동일한 시맨틱 공간에 속하는 다른 단어와 연관시키는 것이 중요합니다.

또한 키워드 기반 검색은 맥락을 이해하지 못하기 때문에 단어의 맥락이나 의미를 고려하지 않습니다. 따라서 단어의 맥락을 명확히 하는 것이 중요합니다. 예를 들어, '배'라는 단어는 운송수단인 '배', 먹는 과일인 '배', 사람의 신체 부위인 '배'와 같이 맥락에 따라 다른 의미를 갖는 단어입니다.

개별 단어는 앞서 언급한 한계로 인해 키워드 기반 검색이 어려울 수 있으며, 여기에 언어 의존성, 오타, 철자 변형이 추가될 수 있습니다. 또한, 키워드 기반 검색은 문장의 구조나 의미를 잡아내지 못할 수 있습니다. 예를 들어, 검색어에서 단어의 배열 순서는 의미를 이해하는 데 중요할 수 있습니다. 용어 사이에 시맨틱 관계가 있기 때문에 서로 다른 어휘를 사용해 같은 주제를 논의하는 문서를 검색하기가 어렵습니다.

'지구 온난화'라는 주제와 관련된 검색 질의에서 시맨틱 이해가 부족한 키워드 기반 검색의 한계를 잘 볼 수 있습니다.

사용자가 '지구 온난화'라는 용어로 문서를 검색하는데, 일부 관련 문서들이 '기후 변화'라는 용어를 사용한다면 키워드 기반 검색은 '지구 온난화'와 '기후 변화' 간의 시맨틱 관계를 파악하지 못하기 때문에 서로 다른 어휘를 사용하여 동일한 주제를 다루는 관련 문서를 검색하지 못할 수 있습니다.

이전에 언급한 한계를 극복하기 위한 여러 기술이 있는 것은 분명하지만, 이들은 확장이 어렵거나 유지 보수가 어렵고 언어에 대한 전문 지식을 요구하는 경우가 많습니다. 하지만 임베딩을 생성하는 데 사용되는 모델은 키워드 기반 검색의 많은 제약 사항을 해결하는 데 도움이 될 수 있습니다.

벡터 표현

1장 '벡터와 임베딩 소개'에서 설명한 것처럼, 벡터화란 텍스트와 같은 복잡한 데이터를 머신러닝 과정에서 쉽게 처리할 수 있는 고정 크기의 숫자 형식으로 변환하는 방법입니다. 자연어 처리에서는 그 방법이 단어, 문장, 문서의 시맨틱 의미를 파악하는 데 도움이 되어 **1장**에서 설명한 작업을 가능하게 해줍니다. 이제 모델을 사용하여 텍스트를 숫자의 집합으로 변환하는 벡터화 과정을 살펴보고, 검색 프로세스에서의 HNSW 알고리즘과 그 역할에 대해 알아보겠습니다.

벡터화 과정

일반적으로 벡터를 만드는 프로세스는 다음과 같은 단계로 이루어집니다.

1. 먼저 텍스트를 처리합니다. 원천 데이터에서 철자를 교정하고 불필요한 문자를 제거하여 표준화된 형식으로 변환합니다.
   일반적인 처리 단계는 **소문자 변환, 토큰화, 마침표 제거, 불용어 제거, 형태소 분석** 등의 작업이 포함됩니다. 이는 엘라스틱이 분석기를 사용하여 인덱싱 전에 실행된 작업으로 데이터를 전송하고 인덱싱할 때 하는 작업 내용과 매우 유사하거나 거의 동일하다고 할 수 있습니다. 하지만 원천 데이터의 문장이 주는 시맨틱 뉘앙스가 희석될 수 있음에 유의해야 합니다.

2. 원천 데이터를 전처리한 후 텍스트에서 **단어 가방**(Bag-of-Words; BoW), TF-IDF 또는 **단어 임베딩** 같은 기술을 사용하여 필요한 요소들을 추출합니다.

   단어 임베딩은 단어의 시맨틱 의미를 연속적인 벡터 공간에 표현한 밀집 벡터(실숫값으로 구성된 벡터)입니다. 대부분의 값이 0인 BoW 또는 TF-IDF와는 다르게 밀집 벡터는 대부분의 값이 0이 아닌 값입니다. 이는 단어 임베딩이 더 작은 공간에 더 많은 정보를 저장한다는 것을 의미합니다. 단어 임베딩은 연속적인 다차원 공간의 특정 위치에 단어를 매핑합니다. 이는 다차원 공간에서 각 단어의 위치가 연속된 숫자 집합(단어의 벡터)에 의해 결정되며 다차원 공간 내 단어 사이의 거리는 유클리드 거리 또는 코사인 거리와 같은 다양한 거리 측정법을 사용하여 계산할 수 있다는 의미입니다. 연속적인 벡터 공간은 관련 단어 간 원활한 전환을 가능하게 하고 시맨틱 관계를 더 쉽게 식별할 수 있도록 합니다.

3. 특징을 추출하면 그것을 머신러닝 프로세스의 입력으로 사용할 수 있는 숫자 벡터로 변환할 수 있습니다. 벡터의 각 차원은 특정한 특징에 해당하며 차원의 값은 주어진 텍스트에서 해당 특징의 중요도나 관련성을 반영합니다.

이제 우리는 벡터를 가지고 HNSW 알고리즘을 이용하여 고차원 공간에서 벡터 사이의 가장 가까운 거리를 근사치로 계산할 수 있습니다.

HNSW

HNSW에 관한 초기 논문은 코넬(Cornell) 대학교 웹사이트에서 볼 수 있지만[5], 여기서는 HNSW가 무엇인지, 무엇을 목표로 하는지 잘 이해하기 위해 여러 기본 부분으로 나누어 설명하겠습니다.

앞서 언급했듯이 가장 가까운 이웃 탐색을 수행하려면 알고리즘이 필요합니다. 고차원 공간에서 HNSW 알고리즘은 해당 텍스트를 기반으로 유사한 텍스트를 빠르게 찾는 데 도움이 될 수 있습니다.

HNSW는 텍스트의 벡터에 대응하는 각 노드가 계층적 그래프를 구성합니다. 그래프는 '작은 세상' 속성 방식으로 구성되어 다음 다이어그램과 같이 고차원 공간에서 효율적인 검색을 수행합니다.

5 https://arxiv.org/abs/1603.09320

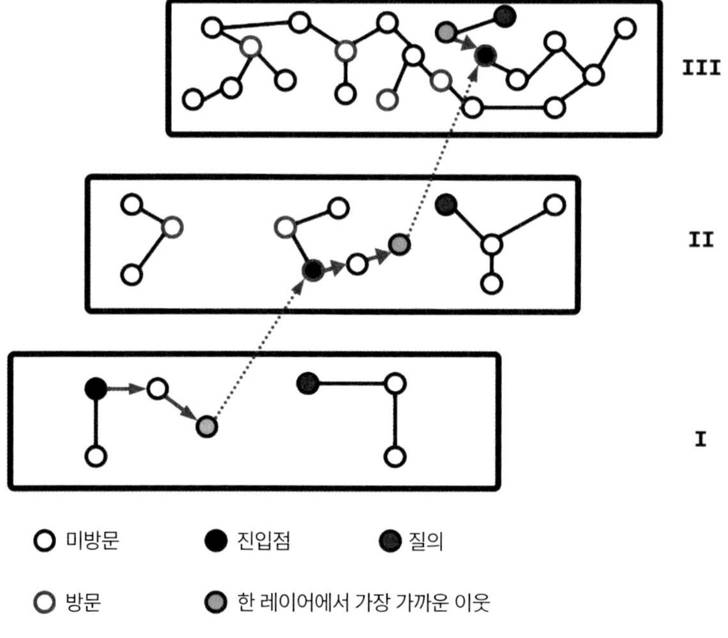

그림 2.2 HNSW에서 가장 가까운 이웃 검색하기

즉, 벡터 공간 내에서 주어진 질의문과 가장 유사한 텍스트를 찾습니다. 이것은 벡터 공간 내에서 가장 가까운 이웃을 찾는 것입니다. 질의문은 데이터 세트에 사용된 것과 동일한 방법을 사용하여 벡터 표현으로 변환합니다.

HNSW는 '작은 세상' 네트워크라는 아이디어를 기반으로 합니다. 작은 세상 네트워크에서 대부분의 노드는 서로 이웃이 아닙니다. 그러나 적은 수의 이동(hop)으로 다른 노드에 도달할 수 있습니다.

고차원 공간에서 가장 가까운 이웃을 검색하는 전통적인 방법은 국소 최솟값(local minima)에 갇힐 수 있습니다. 이것은 산을 오르며 가장 높은 봉우리에 다다르려고 하는데 보이는 곳에서는 가장 높은 지점이지만 실제로는 가까운 작은 봉우리에 갇히는 것과 같습니다.

HNSW는 그래프에 여러 레이어를 유지함으로써 이를 극복합니다. 검색 시 HNSW는 더 깊은 레이어에 비해 노드 수가 적은 최상위 레이어에서 시작하여 보다 넓은 영역을 커버합니다. 따라서 국소 최솟값에 갇힐 가능성이 작습니다. 그후 점점 내려가면서 검색을 정밀화하며 상세 데이터가 있는 베이스 레이어에 도달할 때까지 진행됩니다.

알고리즘은 이웃 노드 중에서 질의 노드와 더 가까운 노드가 없으면 검색이 멈춥니다. 이때, 현재 탐색 중인 레이어를 기준으로 가장 가까운(또는 대략 가장 가까운) 노드를 찾은 것으로 간주합니다.

HNSW가 인기 있는 데는 몇 가지 이유가 있습니다.

- **효율성**: 정확도와 속도 사이의 균형을 제공합니다. 대략적인 방법이지만 많은 애플리케이션에서 매우 높은 정확도를 보여줍니다.
- **메모리 사용량**: 다른 근사 최근접 이웃 탐색 방법보다 메모리를 더 효율적으로 사용합니다.
- **유연성**: 특정한 거리 측정 방식에 구애받지 않습니다. 유클리드, 코사인 등 다양한 거리 측정법과 함께 사용할 수 있습니다.

여기서 각 레이어는 이전 레이어의 노드들의 부분 집합입니다. 가장 아래 레이어에는 모든 노드가 포함되어 있으며, 노드는 텍스트의 벡터 표현입니다. 가장 위 레이어는 검색 과정의 진입점으로 사용되며 적은 수의 노드들로 구성되어 있습니다. 각 노드는 유클리드, 내적, 코사인 거리 등과 같은 거리 측정법을 기반으로 **k**개의 가장 가까운 이웃과 연결되어 있습니다.

이제 HNSW의 개념을 이해했으므로 거리를 계산하는 방법을 살펴보겠습니다.

거리 측정법

엘라스틱서치는 세 가지 거리 평가 방법을 선택할 수 있고 계산하는 방법은 다음과 같습니다.

- **유클리드 거리**

  $d(A,B) = \sqrt{((A_1 - B_1)^2 + (A_2 - B_2)^2 + \cdots + (A_n - B_n)^2)}$, 여기서 $d(A, B)$는 유클리드 거리입니다. 이것은 2차원 평면에서 단순히 점 A와 B를 연결하는 선의 길이를 나타냅니다.

- **내적**

  $a.b = \sum_{i=1}^{n} a_i b_i = a_1 b_1 + a_2 b_2 + \cdots + a_n b_n$

  이 $a \cdot b$는 내적입니다. 기하학적으로 a와 b 사이의 각도가 θ이면, 여기에 표현된 바와 같이 $a \cdot b = |a|\ |b| cos(\theta)$가 됩니다.

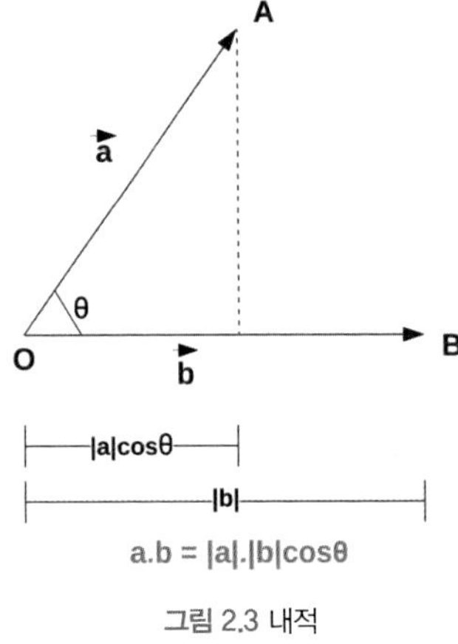

그림 2.3 내적

- $|a|$ = 벡터 a의 크기(또는 길이)
- $|b|$ = 벡터 b의 크기(또는 길이)
- $cos(\theta)$ = 두 벡터 사이 각도의 코사인값

벡터 검색의 맥락에서 2개의 벡터 A와 B에 대한 예시를 들면 다음과 같습니다.

- A는 'machine learning'에 관한 문서를 나타냄
- B는 'deep learning'에 관한 문서를 나타냄
- 'machine learning'과 ' deep learning' 사이의 밀접한 관계를 고려하면, 우리는 이 벡터들이 벡터공간에서는 다소 가깝지만 동일하지는 않을 것으로 예상할 수 있습니다. 즉, 둘 사이의 각도가 상대적으로 작다는 의미입니다.

▪ 코사인 유사도

$S_c(A,B) = \frac{(A \cdot B)}{(\|A\| * \|B\|)}$ 여기서 $S_C(A, B)$는 코사인 유사도입니다.

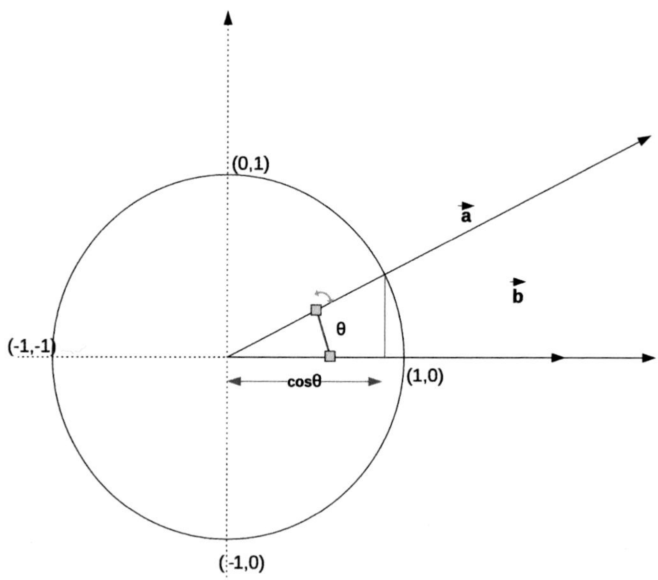

그림 2.4 코사인 유사도

$A=[1, 2]$, $B=[3, 4]$인 벡터 A, B의 경우, 두 벡터의 거리는 다음과 같습니다.

- 유클리드 거리 ≈ 2.83
- 내적 = 11
- 코사인 유사도 ≈ 0.98

아마 언제 어떤 것을 선택해야 하는지가 궁금할 것입니다. 답은 유스케이스, 벡터화된 텍스트, 도메인 그리고 벡터 공간 형태에 따라 다릅니다.

예를 들어, 유클리드 거리는 의미 있는 원점이 있는 데이터를 다룰 때 사용됩니다. 2차원 직교 좌표계에서 원점은 (0,0)을 의미합니다. 의미 있는 원점은 분석 중인 데이터의 맥락에서 어떤 중요성이나 의미를 지닙니다. 다시 말해, 의미 있는 원점은 모든 특징값이 0이고 문제 영역에서 구체적인 해석을 갖는 지점입니다. 생각할 수 있는 좋은 예는 섭씨 온도를 측정할 때입니다. 원점(0℃)은 정상적인 대기압 아래에서 물의 어는점을 나타냅니다. 이 원점은 온도 측정의 맥락에서 구체적이고 의미 있는 해석을 가집니다.

내적은 양수와 음수 값이 모두 있고 벡터 사이의 각도가 중요하지 않은 데이터를 다룰 때 유용합니다. 내적은 양수, 음수 또는 0이 될 수 있습니다. 이것은 정규화되지 않았으므로 벡터의 크기가 결과에 영향을 미칠 수 있습니다. 또한, 벡터가 정규화된 경우(즉, 크기가 1인 경우) 정규화된 벡터의 코사인 유사도는 내적과 동일합니다.

$$\text{코사인 유사도} = A \cdot B = \text{내적}$$

이는 매우 중요한 정보로 엘라스틱서치에서 벡터 검색은 내적을 사용할 때 더 빨라집니다.

텍스트를 표현하는 벡터는 음수와 양수 값을 모두 가질 수 있습니다. 이러한 값은 임베딩을 생성하는 데 사용되는 학습 과정과 알고리즘에 의해 형성됩니다. 이 벡터들 속에서 양수 또는 음수 값은 그 자체로 특정한 의미를 반드시 가지는 것은 아닙니다. 따라서 크기가 크지만 방향이 매우 다른 두 벡터는 의미상으로 유사하지 않더라도 큰 내적 값을 갖게 됩니다.

반면, 내적에서 파생된 코사인 유사도는 벡터의 크기를 정규화하고 벡터 사이의 각도에 초점을 맞추기 때문에 텍스트 데이터에 훨씬 더 적합합니다. 이는 벡터 사이각의 코사인값을 측정하여 시맨틱 유사성을 파악합니다. −1에서 1까지 정규화되어 있기 때문에 특성의 스케일에 덜 민감한 코사인 유사도는 크기에 대해서도 덜 민감합니다.

여기 이해해야 할 두 가지 중요한 구성 요소가 있습니다.

- 벡터 사이의 각도에 의해 정의되는 방향
- 벡터의 크기

이 구성 요소를 자세히 살펴보겠습니다.

방향 및 크기

텍스트 데이터의 벡터는 일반적으로 단어 임베딩 또는 문서 임베딩을 사용하여 생성되며, 이는 연속적인 벡터 공간에서 단어나 문서의 의미를 포착하는 밀집 벡터 표현입니다.

이러한 벡터들의 방향과 크기는 데이터 세트 내 단어 간의 관계를 통해 실제 텍스트와 연관됩니다. 텍스트 벡터의 방향은 고차원 벡터 공간에서 텍스트 시맨틱의 방향성을 나타냅니다. 유사한 방향의 벡터는 의미가 유사한 텍스트를 나타냅니다. 이들은 비슷한 문맥이나 의미를 공유합니다. 다시 말해, 두 텍스트가 의미상 서로 관련이 있을 때 두 텍스트의 벡터 사이의 각도는 작습니다.

반대로 각도가 크다면 텍스트가 다른 의미나 문맥을 가진다는 것을 나타냅니다. 이것이 벡터 사이의 각도에 초점을 맞춘 코사인 유사도가 텍스트의 시맨틱 유사성을 측정하는 데 많이 사용되는 이유입니다.

다음은 아래 샘플들이 단어 임베딩 기술을 사용하여 벡터로 변환되었다고 가정할 때 벡터의 방향에 대한 예시입니다.

- A: “개가 장난감으로 놀고 있어요”
- B: “강아지가 장난감과 상호 작용하고 있어요”
- C: “요리사가 맛있는 식사를 요리하고 있어요”

A와 B는 유사한 의미를 가지기 때문에 두 벡터 사이의 각도는 작을 가능성이 높습니다. 반면에 A와 C는 의미가 다른 점을 고려할 때 두 벡터 사이의 각도는 확실히 클 것입니다.

벡터의 크기는 벡터 공간에서 텍스트의 가중치를 나타냅니다. 때에 따라 크기는 텍스트의 단어 빈도 또는 데이터 세트에서 텍스트의 중요도와 관련될 수 있습니다. 또는 크기는 텍스트의 길이나 시맨틱 유사성을 나타낼 수 있는 특정 단어의 존재 여부와 같은 것들에 의해 영향을 받을 수도 있습니다.

다른 예를 봅시다.

- D: "경제학은 재화와 서비스의 생산, 분배, 그리고 소비를 연구하는 사회 과학입니다."
- E: "경제학은 재화와 서비스를 연구합니다."

D는 더 길고 경제학에 대한 더 자세한 정의를 제공합니다. E는 더 짧고 더 간결한 정의를 제공합니다. 이 길이의 차이로 인해 D를 나타내는 벡터의 크기가 E보다 클 수 있습니다. 하지만 그 차이가 의미의 차이를 나타내지는 않습니다. 실제로 D와 E는 비슷한 의미를 가지며 벡터의 크기가 다름에도 불구하고 의미적으로는 유사하다고 간주해야 합니다.

고차원 공간에서 텍스트를 비교할 때 각도가 단어 간의 유사도를 직접적으로 나타내기 때문에 시맨틱이 유사한 것을 찾는 것이 목적이라면 크기보다 방향이 더 중요한 경우가 많습니다.

다음은 이 책의 깃허브 저장소 chapter2 폴더[6]에 있는, 구글 코랩에서 실행할 수 있는 예제 코드로 텍스트 샘플의 유클리드 거리, 코사인 유사도, 벡터 표현의 크기를 살펴볼 수 있습니다. 벡터 표현을 생성하기 위해 spaCy 라이브러리를 사용하겠습니다.

```
# spaCy 설치, 'en_core_web_md' 모델을 다운로드
!pip install spacy
!python -m spacy download en_core_web_md

# 라이브러리 가져오기
import spacy
import numpy as np
```

6 https://github.com/wikibook/vector-search/tree/main/chapter2

```
from scipy.spatial.distance import cosine, euclidean

# 사전 학습된 단어 임베딩 모델 적재
nlp = spacy.load('en_core_web_md')

# 텍스트 정의
text_a = "The cat is playing with a toy."
text_b = "A kitten is interacting with a plaything."
text_c = "The chef is cooking a delicious meal."
text_d = "Economics is the social science that studies the production, distribution, and
consumption of goods and services."
text_e = "Economics studies goods and services."

# spaCy 모델을 사용해 텍스트를 벡터 표현으로 변환
vector_a = nlp(text_a).vector
vector_b = nlp(text_b).vector
vector_c = nlp(text_c).vector
vector_d = nlp(text_d).vector
vector_e = nlp(text_e).vector

# 벡터 간 코사인 유사도 계산
cosine_sim_ab = 1 - cosine(vector_a, vector_b)
cosine_sim_ac = 1 - cosine(vector_a, vector_c)
cosine_sim_de = 1 - cosine(vector_d, vector_e)

print(f"Cosine similarity between Text A and Text B: {cosine_sim_ab:.2f}")
print(f"Cosine similarity between Text A and Text C: {cosine_sim_ac:.2f}")
print(f"Cosine similarity between Text D and Text E: {cosine_sim_de:.2f}")

# 벡터 간 유클리드 거리 계산
euclidean_dist_ab = euclidean(vector_a, vector_b)
euclidean_dist_ac = euclidean(vector_a, vector_c)
euclidean_dist_de = euclidean(vector_d, vector_e)

print(f"Euclidean distance between Text A and Text B: {euclidean_dist_ab:.2f}")
print(f"Euclidean distance between Text A and Text C: {euclidean_dist_ac:.2f}")
print(f"Euclidean distance between Text D and Text E: {euclidean_dist_de:.2f}")
```

```
# 벡터의 크기 계산
magnitude_d = np.linalg.norm(vector_d)
magnitude_e = np.linalg.norm(vector_e)

print(f"Magnitude of Text D's vector: {magnitude_d:.2f}")
print(f"Magnitude of Text E's vector: {magnitude_e:.2f}")
```

출력으로 거리 계산 결과를 표시할 것이며, 이를 통해 특정 상황에서 어떤 거리 측정 방법을 사용하는 것이 좋을지에 대한 관점을 제공할 것입니다.

이제 여러분들은 텍스트를 벡터로 표현하는 방식과 관련한 몇 가지 기본 개념을 파악하고, 벡터 간의 유사도가 어떠한 방식으로 측정되어 텍스트의 시맨틱 유사성을 파악할 수 있는지 이해했을 것입니다. 이제 엘라스틱을 활용하여 이를 실제로 적용하는 방법을 살펴보겠습니다.

새로운 벡터 데이터 유형과 벡터 검색 쿼리 API

지금까지 엘라스틱서치에서 검색 점수를 산정하는 기본적인 방법과 벡터 검색이 기존의 검색 기능을 어떻게 확장했는지에 대해 살펴보았습니다. 또한 벡터가 어떻게 HNSW 그래프로 구성되고 엘라스틱서치의 메모리에 저장되는지 알아보고, 벡터 간의 거리를 측정하는 옵션에 대해서도 다루었습니다. 이제 이러한 배경지식을 활용하여 엘라스틱서치에서 사용 가능한 밀집 벡터 데이터 유형을 이해하고 엘라스틱 클라우드 내에 환경을 구성하여 벡터 검색 쿼리를 실행하는 방법에 대해 살펴볼 것입니다.

희소 벡터와 밀집 벡터

엘라스틱서치는 `dense_vector`(밀집 벡터)라는 새로운 데이터 유형을 지원합니다. 이는 숫자형 배열을 저장하는 데 사용됩니다. 이 배열은 텍스트의 시맨틱을 나타내는 벡터 표현이며, 이러한 밀집 벡터는 벡터 검색과 kNN 검색의 대상이 되는 데이터입니다. `dense_vector` 유형은 일래스틱 가이드 문서[7]에서 확인할 수 있습니다.

7 https://www.elastic.co/guide/en/elasticsearch/reference/current/dense-vector.html

희소 벡터(sparse vectors)는 대부분의 차원이 0 값을 가지며, 소수의 0이 아닌 값들로 구성된 벡터입니다. 이는 저차원 벡터 공간에 투영되며, 밀집 벡터보다 메모리 효율성이 높고 처리 속도가 빠릅니다.

예를 들어, 100,000개의 단어로 이루어진 어휘 집합과 100개의 단어로 구성된 문서를 고려해 보겠습니다. 만약 우리가 이 문서를 밀집 벡터로 표현한다면 대부분의 값이 0이 되더라도 100,000개 단어에 대한 메모리를 할당해야 합니다. 반면, 같은 문서를 희소 벡터로 표현한다면 100개의 0이 아닌 값에 대한 메모리만 할당하면 되므로 메모리 사용량이 줄어들게 됩니다. 이는 밀집 벡터가 어휘 집합에 있는 모든 가능한 단어에 대해 0이 아닌 값을 할당하기 때문입니다.

다음은 희소 벡터와 밀집 벡터 데이터를 생성하고 히트맵을 통해 두 표현 간의 차이를 시각적으로 이해할 수 있도록 도와주는 코드입니다.

```
import numpy as np
from scipy.sparse import random
from sklearn.decomposition import TruncatedSVD
import matplotlib.pyplot as plt

# 1000개의 단어가 포함된 100개의 문서를 생성
vocab_size = 10000
num_docs = 100
doc_len = 1000

# 10000개의 단어로 구성된 어휘 집합을 생성
vocab = [f'word{i}' for i in range(vocab_size)]

# 각각의 문서에 대한 밀집 벡터를 랜덤하게 생성
dense_vectors = np.zeros((num_docs, vocab_size))
for i in range(num_docs):
    word_indices = np.random.choice(vocab_size, doc_len)
    for j in word_indices:
        dense_vectors[i, j] += 1
```

```
# 밀집 벡터를 희소 벡터로 변환
sparse_vectors = random(num_docs, vocab_size, density=0.01, format='csr')
for i in range(num_docs):
    word_indices = np.random.choice(vocab_size, doc_len)
    for j in word_indices:
        sparse_vectors[i, j] += 1

# TruncatedSVD를 사용하여 밀집 벡터의 차원을 축소
svd = TruncatedSVD(n_components=2)
dense_vectors_svd = svd.fit_transform(dense_vectors)

# TruncatedSVD를 희소 벡터에 적용
sparse_vectors_svd = svd.transform(sparse_vectors)

# 각각의 차원 축소 결과를 산점도 표시
fig, ax = plt.subplots(figsize=(10, 8))
ax.scatter(dense_vectors_svd[:, 0], dense_vectors_svd[:, 1], c='b', label='Dense vectors')
ax.scatter(sparse_vectors_svd[:, 0], sparse_vectors_svd[:, 1], c='r', label='Sparse
vectors')
ax.set_title('2D embeddings of dense and sparse document vectors after TruncatedSVD
dimensionality reduction')
ax.set_xlabel('Dimension 1')
ax.set_ylabel('Dimension 2')
ax.legend()
plt.show()
```

이 예시에서는 10,000개 어휘 집합에서 무작위로 선택된 1,000개 단어를 포함하는 100개의 문서로 구성된 데이터 세트를 생성합니다. 이 데이터 세트를 활용하여 각 문서를 대표하는 밀집 벡터와 희소 벡터를 구성하고 TruncatedSVD 함수를 통한 차원 축소 기법을 사용하여 각 벡터를 2차원 산점도로 시각화합니다. 주어진 기본 설정으로 코드를 실행하는 데 약 2분이 소요되며 수행 결과는 다음 산점도처럼 표시될 것입니다.

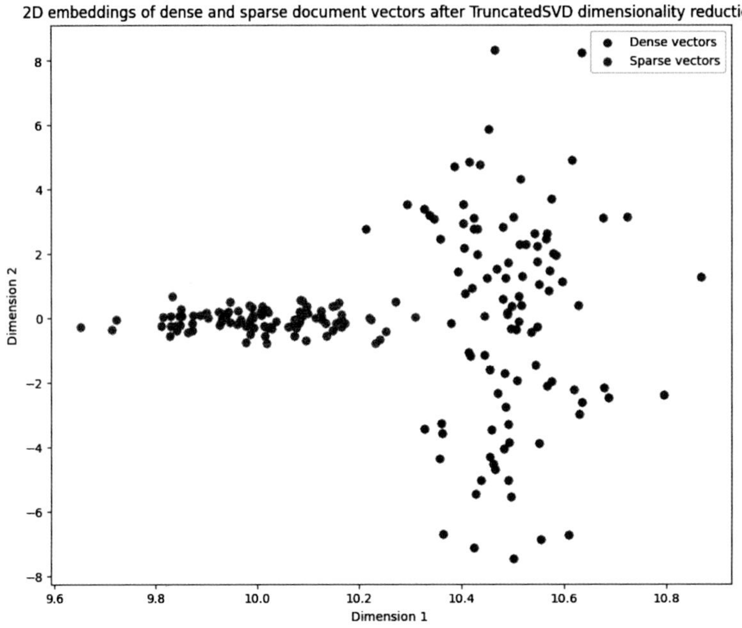

그림 2.5 희소 벡터와 밀집 벡터에 대한 2차원 산점도

산점도는 차원 축소 후 문서 벡터의 2차원 임베딩을 보여줍니다. 밀집 벡터(오른쪽)는 넓게 퍼져 있어 다양한 콘텍스트를 표현할 수 있지만, 희소 벡터(왼쪽)는 좁은 영역에 분포하여 표현할 수 있는 콘텍스트의 다양성이 크지 않다는 것을 보여주고 있습니다. 이러한 예시 코드를 통해 축소된 공간에서 밀집 벡터와 희소 벡터의 고유한 특성을 확인할 수 있습니다.

희소 벡터는 0이 아닌 값만 저장하기 때문에 메모리 효율성이 더 좋습니다. 반면, 밀집 벡터는 0으로 표현되는 대부분의 차원값을 위해 메모리를 할당합니다. 후자는 문서 내 단어들 사이의 더 복잡한 관계를 포착하기 때문에 종종 딥러닝 모델에서 활용됩니다. 밀집 벡터는 어휘의 모든 단어에 0이 아닌 값을 할당하며, 이 값은 문서 내에서의 빈도와 맥락에 기반하여 할당됩니다. 희소 벡터의 다른 장점은 고정된 크기와 모양을 가지고 있기 때문에 값들이 연속된 메모리에 저장되어 행렬 곱셈과 같은 수학적 연산을 더 쉽게 할 수 있다는 것입니다.

엘라스틱 클라우드 시작하기

이제부터 이 책의 예제를 실행할 수 있는 환경이 필요합니다. 엘라스틱서치 인스턴스와 키바나 인스턴스에 대한 접근이 필요하며, 이를 위한 가장 손쉬운 방법은 엘라스틱 클라우드를 사용하는 것입니다. https://cloud.elastic.co에서 회원가입이 필요하며, 가입이 완료되면 로그인 후 Create Deployment 버튼을 통해 새로운 환경을 생성할 수 있습니다.

Welcome to Elastic Cloud

Hosted deployments ⓘ

Create deployment

Deployment	Status	Version	Cloud provider & region	Actions
My deployment	Healthy	8.13.2	AWS - Seoul (ap-northeast-2)	Open Manage

그림 2.6 기존 배포 목록과 신규 배포 생성 버튼

생성한 배포 환경에 접속하기 위한 자격 증명을 다운로드하는 것을 잊지 마세요. 이 자격 증명은 배포 생성 과정에 보입니다.

Save the deployment credentials
These root credentials are shown only once.
They provide super user access to your deployment. Keep them safe.
Username
elastic
Password
czkxAnw8PseG6VQDnFHGDioK
Download
Skip

그림 2.7 엘라스틱 클라우드 인증 정보

배포 환경이 생성되면 https://cloud.elastic.co/deployments로 돌아가서 생성된 배포 환경을 클릭하세요.

그림 2.8 새롭게 생성된 배포 환경

연결된 페이지에서 앞으로 활용될 엔드포인트 목록을 확인할 수 있습니다.

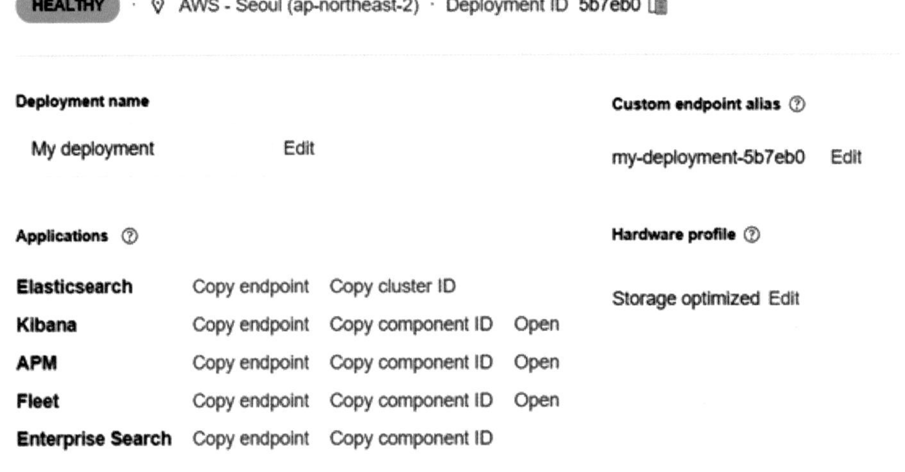

그림 2.9 배포 환경 상세 페이지 내 주요 엔드포인트 목록

향후 예제에서는 주로 엘라스틱서치 엔드포인트가 활용됩니다. 간혹 쿼리를 실행하거나 시각화를 구성할 때 키바나 접근이 필요할 수 있습니다.

밀집 벡터 매핑

이제 엘라스틱서치에서 밀집 벡터를 위한 매핑을 구성하는 방법을 살펴보겠습니다. 이는 매우 간단한 작업입니다. 다음은 매핑 구성의 예시입니다.

```
{
    "mappings": {
        "properties": {
            "embedding": {
                "type": "dense_vector",
                "dims": 768
            }
        }
    }
}
```

위의 예시는 밀집 벡터가 저장될 `embedding`이라는 필드를 정의합니다. 이어지는 예제에서 768개의 은닉 유닛을 가진 `bert-base-uncased` BERT 모델을 사용하기 때문에 우리는 768차원을 설정합니다. 이 **BERT 모델**은 자연어 처리 작업을 위해 사전 훈련된 딥러닝 모델로 소문자 텍스트를 처리하며 주변 단어에 기반하여 단어의 맥락을 이해할 수 있습니다.

```
!pip install transformers elasticsearch

import numpy as np
from transformers import AutoTokenizer, AutoModel
from elasticsearch import Elasticsearch
import torch

# 인증정보를 사용해 엘라스틱서치 접속 정보 정의
es = Elasticsearch(
    ['https://hostname:port'],
    http_auth=('username', 'password'),
    verify_certs=False
)

# dense vector 필드를 위한 매핑 정의
```

```
mapping = {
    'properties': {
        'embedding': {
            'type': 'dense_vector',
            'dims': 768   # dense vector의 차원수
        }
    }
}

# 정의한 매핑으로 인덱스 생성
es.indices.create(index='chapter-2', body={'mappings': mapping})

# 색인할 문서 데이터 세트 구성
docs = [
    {
        'title': 'Document 1',
        'text': 'This is the first document.'
    },
    {
        'title': 'Document 2',
        'text': 'This is the second document.'
    },
    {
        'title': 'Document 3',
        'text': 'This is the third document.'
    }
]

# BERT 토크나이저와 모델 적재
tokenizer = AutoTokenizer.from_pretrained('bert-base-uncased')
model = AutoModel.from_pretrained('bert-base-uncased')

# BERT를 활용하여 각 문서의 임베딩 생성
for doc in docs:
    text = doc['text']
    inputs = tokenizer(text, return_tensors='pt', padding=True, truncation=True)
    with torch.no_grad():
```

```
        output = model(**inputs).last_hidden_state.mean(dim=1).squeeze(0).numpy()
        doc['embedding'] = output.tolist()

# 엘라스틱서치에 문서 색인
for doc in docs:
    es.index(index='chapter-2', body=doc)
```

딥러닝 모델에서의 신경망의 은닉 유닛(hidden units)에 대해 자세히 알아보려면 관련 블로그 포스트[8]를 참조하세요. 기본적으로 신경망의 은닉층을 구성하는 각 유닛은 학습 과정에서 업데이트되는 가중치와 오차항을 포함합니다. 이 값들은 은닉 유닛이 입력을 어떻게 처리하고 출력을 생성하는지를 결정합니다.

은닉층의 유닛 수는 신경망 구성 시 결정되는 하이퍼파라미터로 네트워크의 성능에 큰 영향을 미칠 수 있습니다. NLP 유스케이스에서는 은닉 유닛의 수가 많을수록 이점이 있습니다. 네트워크가 입력 데이터의 더 복잡한 표현을 학습할 수 있기 때문입니다. 그러나 이때 신경망을 훈련하고 평가하는 데 더 많은 계산 비용이 필요하게 됩니다.

앞의 예시는 이전 섹션에서 생성한 환경과 같이 실행 중인 엘라스틱서치 인스턴스에서 작동합니다. BERT 토크나이저와 모델을 사용하여 각 문서의 임베딩을 생성했으며 이 문서를 최종적으로 엘라스틱서치에 인덱싱했습니다.

Kibana | Management | Dev Tools 메뉴에서 색인된 문서를 조회하면 다음과 같은 결과를 확인할 수 있습니다.

8 https://medium.com/computronium/hidden-units-in-neural-networks-b6a79b299a52

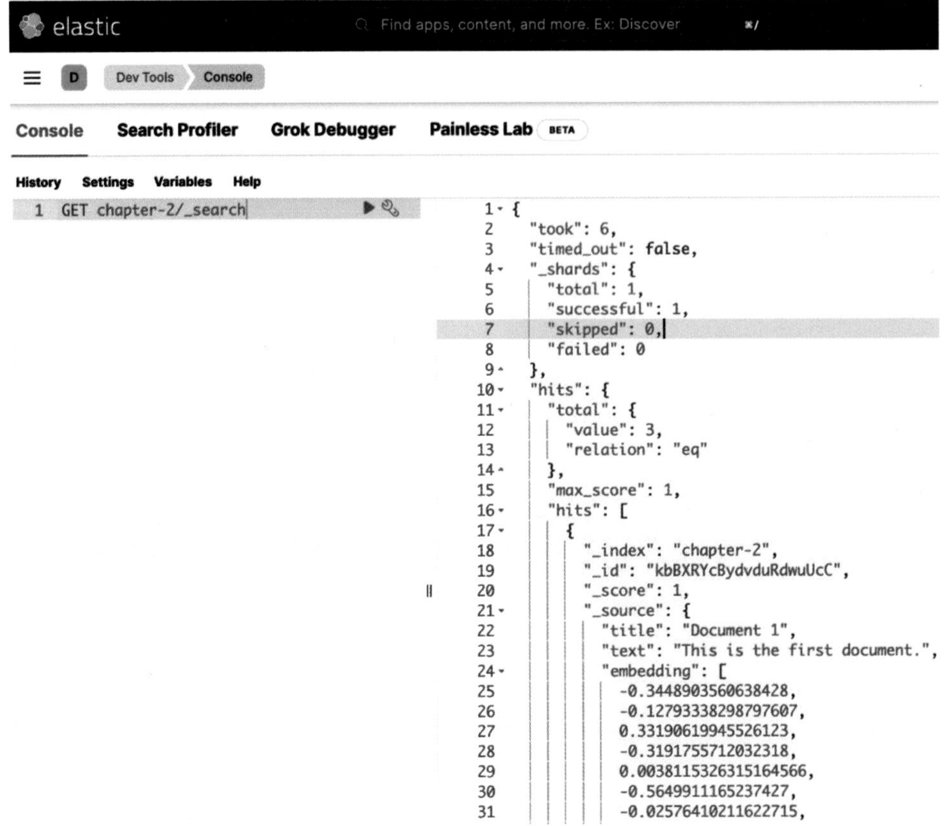

그림 2.10 키바나로 임베딩 데이터 조회

밀집 벡터로 구성된 embedding 필드를 포함하는 문서를 확인할 수 있습니다.

다음 절에서 dense_vector 필드에 대한 매핑을 정의할 때 추가로 고려해야 할 옵션에 대해 살펴보겠습니다.

완전 탐색 kNN 검색(Brute-force kNN search)

이전 예시에는 한 가지 주의 사항이 있습니다. 바로 벡터 필드는 기본적으로 색인되지 않는다는 사실입니다. 이는 kNN 검색 API에서 벡터 필드를 사용할 수 없음을 의미합니다. 이러한 방식으로 정의된 필드는 스크립트 스코어 함수를 통해 유사도 검색을 수행할 수 있습니다. 엘라스틱서치에서는 완전 탐색 또는 정확한 kNN 검색을 수행하기 위해 사용 가능한 몇 가지 벡터 유사도 계산 함수가 기본적으로 제공됩니다. 이에 대한 설명은 엘라스틱 가이드 문서[9]에서 확인할 수 있습니다. 스크립트 스코어 쿼리는 유사도 계산을 필터링된 일정 수의 문서 집합을 대상으로 적용하고자 할 때 유용합니다. 유사도 검색을 수행하는 대상 문서가 많아질수록 스크립트 스코어 쿼리 수행 비용이 증가하며, 이는 검색 대상 문서 수에 비례하여 선형적으로 증가합니다. 엘라스틱서치는 다음과 같은 기본 유사도 함수를 제공합니다.

- CosineSimilarity: 코사인 유사도 계산
- dotProduct: 벡터 간 내적 계산
- l1norm: L1 거리 계산
- l2norm: L2 거리 계산
- doc[<field>].vectorValue: 벡터의 값을 실수 배열로 반환
- doc[<field>].magnitude: 벡터의 크기 반환

다행히 우리는 위에 나열된 함수를 잘 이해하고 있으며 그것들이 유사도 측정함수가 권장하는 첫 4개의 옵션임을 알고 있을 것입니다.

경험적으로 필터링된 문서 수가 10,000개 미만인 경우, 색인 과정 없이 유사도 함수를 통해 검색을 수행해도 일반적인 성능을 얻을 수 있습니다.

마지막 두 옵션은 벡터에 대한 직접적인 접근이 필요한 상황에 활용됩니다. 사용자에게 중요한 수준의 제어를 제공하지만, 코드의 성능은 문서 집합이 얼마나 필터링되었는지와 다차원 벡터에 대한 스크립트의 품질에 따라 달라질 것입니다.

kNN search

이 섹션에서는 인덱스에 대해 kNN 검색 API를 활성화하는 방법과 관련 예시를 살펴보겠습니다.

9 https://www.elastic.co/guide/en/elasticsearch/reference/current/query-dsl-script-score-query.html#vector-functions

Mapping

kNN 검색을 사용하기 위해서는 다음과 같이 매핑을 수정하여 밀집 벡터가 색인되도록 해야 합니다.

```
{
    "mappings": {
        "properties": {
            "embedding": {
                "type": "dense_vector",
                "dims": 768,
                "index": true,
                "similarity": "dot_product"
            }
        }
    }
}
```

여기서 유사도 함수를 설정해야 한다는 점에 유의해야 합니다. `similarity`에는 `l2_norm`, `dot_product`, `cosine`의 3가지 옵션이 있습니다. 운영 환경에서는 `dot_product`를 사용하는 것이 좋습니다. 내적을 사용하면 모든 유사도 계산에 대해 벡터의 크기를 계산할 필요가 없습니다. 왜냐하면 벡터들의 크기가 1이 되도록 사전에 정규화되기 때문입니다. 이는 검색 및 인덱싱 속도를 약 2~3배 향상할 수 있음을 의미합니다.

스크립트 스코어 쿼리를 기반으로 하는 완전 탐색 kNN 검색과는 달리, kNN의 경우 HNSW 그래프가 구성되어 메모리에 저장됩니다. 실제로 이 그래프는 세그먼트 수준에서 저장되며 그 이유는 다음과 같습니다.

- 인덱스 수준에서의 강제 병합이 필요합니다. 이는 인덱스의 모든 세그먼트를 단일 세그먼트로 병합하는 것을 의미하며 검색 성능 최적화뿐만 아니라 HNSW 그래프가 세그먼트마다 재구성되는 것을 최소화합니다. 모든 세그먼트를 병합하려면 다음 API를 호출하면 됩니다.

  ```
  POST /my-index/_forcemerge?max_num_segments=1
  ```

- 문서를 대규모로 업데이트하는 것은 권장되지 않습니다. 이렇게 하면 HNSW가 다시 구축될 수 있기 때문입니다.

kNN 검색 사용을 설명하는 예시

다시 한번 얘기하자면 kNN API는 질의 벡터에 대한 k개의 가장 가까운 이웃을 찾는 데 사용됩니다. 질의 벡터는 텍스트 형태의 검색 질의를 표현하는 숫자들로 구성된 벡터입니다. k개의 가장 가까운 이웃은 질의 벡터와 가장 유사한 벡터를 가진 문서들입니다.

다음 예시는 재미있는 방법으로 엘라스틱을 사용하여 유머 데이터베이스를 구축하는 것을 보여줍니다. 이 예시 코드에서는 BERT 모델을 사용하여 각각의 유머를 벡터로 표현하여 저장하는 인덱스를 구성합니다. 이후 질의 문자열을 벡터화한 후, 이를 kNN 검색에 사용하여 유사한 유머를 검색합니다.

먼저 작동에 필요한 라이브러리를 설치하고 엘라스틱 클러스터에 대한 연결을 정의합니다.

```
!pip install transformers elasticsearch

import numpy as np
from transformers import AutoTokenizer, AutoModel
from elasticsearch import Elasticsearch
import torch

# 인증정보를 사용해 엘라스틱서치 접속 정보 정의
es = Elasticsearch(
    ['https://host:port'],
    http_auth=('username', 'password'),
    verify_certs=False
)

# 데이터를 저장할 인덱스의 매핑 정의
mapping = {
    'properties': {
        'embedding': {
            'type': 'dense_vector',
            'dims': 768, # dense vector field의 차원을 정의합니다.
            'index': 'true',
            "similarity": "cosine"
        }
```

```
    }
}

# 정의한 매핑으로 인덱스 생성
es.indices.create(index='jokes-index', body={'mappings': mapping})

# 색인할 유머 데이터 세트 구성
jokes = [
    {
        'text': 'Why do cats make terrible storytellers? Because they only have one 
tail.',
        'category': 'cat'
    },
   #[.... 다른 유머 데이터 ... ]
    {
        'text': 'Why did the frog call his insurance company? He had a jump in his car!',
        'category': 'puns'
    }
]
```

이제 BERT 모델을 불러오고 임베딩을 생성한 다음, 엘라스틱서치에 색인을 수행합니다.

```
# BERT 토크나이저와 모델 적재
tokenizer = AutoTokenizer.from_pretrained('bert-base-uncased')
model = AutoModel.from_pretrained('bert-base-uncased')

# BERT를 활용하여 유머 데이터에 대한 임베딩 생성
for joke in jokes:
    text = joke['text']
    inputs = tokenizer(text, return_tensors='pt', padding=True, truncation=True)
    with torch.no_grad():
        output = model(**inputs).last_hidden_state.mean(dim=1).squeeze(0).numpy()
        joke['embedding'] = output.tolist()

# 엘라스틱서치에 유머 데이터 색인
for joke in jokes:
    es.index(index='jokes-index', body=joke)
```

마지막으로, 질의를 정의하고 벡터로 변환한 후 엘라스틱서치에서 벡터 검색을 실행합니다.

```
# 질의 벡터 생성
# 질의 텍스트를 정의하고 BERT를 활용해 질의 텍스트를 벡터로 변환
query = "What do you get when you cross a snowman and a shark?"
inputs = tokenizer(query, return_tensors='pt', padding=True, truncation=True)
with torch.no_grad():
    output = model(**inputs).last_hidden_state.mean(dim=1).squeeze(0).numpy()
query_vector = output

# 엘라스틱서치 kNN 검색 쿼리 정의
search = {
    "knn": {
        "field": "embedding",
        "query_vector": query_vector.tolist(),
        "k": 3,
        "num_candidates": 100
    },
    "fields": [ "text" ]
}

# kNN 검색 수행 및 결과 출력
response = es.search(index='jokes-index', body=search)
for hit in response['hits']['hits']:
    print(f"Joke: {hit['_source']['text']}")
```

여기서 우리는 "What do you get when you cross a snowman and a shark?"라는 넌센스 질문을 질의로 사용합니다. 이와 일치하는 데이터는 데이터 세트에 존재하지 않지만 유사한 시맨틱을 갖는 유머들이 조회됩니다.

```
Joke: What did the cat say when he lost all his money? I am paw.
Joke: Why do cats make terrible storytellers? Because they only have one tail.
Joke: Why don't cats play poker in the jungle? Too many cheetahs
```

여기서 kNN 검색 쿼리의 구조에 주목하세요.

```
search = {
    "knn": {
        "field": "embedding",
        "query_vector": query_vector.tolist(),
        "k": 3,
        "num_candidates": 100
    },
    "fields": [ "text" ]
}
```

이 쿼리는 밀집 벡터 필드(여기서는 embedding이라는 이름의 필드)와 텍스트 질의의 벡터 표현(query_vector), k, num_candidates가 필요합니다.

kNN 검색 API는 각 샤드에서 num_candidates에 정의된 값만큼의 후보를 근사 계산을 통해 선정합니다. 그다음, 이 후보들과 질의 벡터 간의 유사도를 계산하여 각 샤드에서 가장 유사한 **k**개의 결과를 선택합니다. 마지막으로, 각 샤드의 결과들이 병합되어 전체 데이터 세트에서 가장 가까운 **k**개의 이웃을 얻습니다.

요약

지금까지 벡터 검색과 관련한 근본적인 내용을 다뤘습니다. 여기에는 벡터 표현, 벡터가 HNSW 그래프에서 구성되는 방법, 그리고 벡터 간 유사도를 계산하는 방법 등이 포함됩니다. 또한, 엘라스틱 클라우드 환경과 엘라스틱서치 매핑을 설정하여 벡터 검색 쿼리를 실행하고 kNN 알고리즘을 활용하는 방법을 살펴봤습니다.

이제, 다음 장들을 본격적으로 학습하기 위한 기본 지식을 갖췄습니다. 우리는 가관측성과 보안과 같은 분야와 다양한 코드 예제를 통해 벡터 검색이 활용되는 응용 분야를 살펴볼 것입니다.

다음 장에서는 한 걸음 더 나아가 엘라스틱서치 내부에서 모델을 관리하고 벡터를 생성하는 방법을 살펴봅니다. 또한 다양한 규모의 운영 환경에서 직면할 수 있는 복잡한 이슈를 탐구하고 자원 관점에서 배포를 최적화하는 방법을 배웁니다.

2부

고급 애플리케이션 및 성능 최적화

모델 관리와 성능 튜닝에 초점을 맞춰 엘라스틱에서 벡터 검색의 더 복잡한 측면을 살펴봅니다. 2부의 내용은 검색 기능을 최적화하고 시스템 성능을 향상하는 통찰력을 제공해 지식을 한 단계 더 발전시킬 준비가 된 사람들을 위해 작성했습니다. 효율적인 벡터 검색 배포에 필요한 실제 애플리케이션과 미세 조정에 대해 깊이 있게 살펴봅니다.

2부는 다음 장으로 구성됩니다.

- 3장. 엘라스틱에서의 모델 관리와 벡터 고려 사항
- 4장. 성능 튜닝 – 데이터를 통한 확인

03

엘라스틱에서의 모델 관리와 벡터 고려 사항

이 장에서는 허깅 페이스 생태계 및 엘라스틱서치의 Eland 파이썬 라이브러리에 대한 개요와 엘라스틱서치에서 임베딩 모델을 사용하기 위한 실용적인 전략을 제시합니다.

먼저 허깅 페이스 플랫폼을 살펴본 후, 시작하는 방법, 적합한 모델을 선택하는 방법, 그리고 방대한 데이터 세트를 활용하는 방법에 대해 논의합니다. 또한 허깅 페이스 Spaces의 기능과 이를 효과적으로 활용하는 방법도 살펴볼 것입니다.

그런 다음 엘라스틱에서 만든 Eland 파이썬 라이브러리를 소개하고 주피터 노트북 예제를 통해 그 사용법을 보여줄 것입니다.

이 장에서 다룰 주제는 다음과 같습니다.

- 엘라스틱에서 만든 Eland 파이썬 라이브러리
- 인덱스 매핑
- ML(Machine Learning) 노드
- 머신러닝 모델을 엘라스틱서치에 통합
- 클러스터 용량 산정 시 고려할 내용
- 엘라스틱서치 클러스터의 성능과 리소스를 최적화하는 데 도움이 되는 스토리지 사용 전략

기술 요구 사항

이 장을 실습하려면 다음이 필요합니다.

- 엘라스틱서치 8.6 이상: https://www.elastic.co/downloads/elasticsearch
- Eland 8.6 이상: https://eland.readthedocs.io/en/latest/index.html
- 파이썬 3.7 이상: https://www.python.org/downloads/
- 판다스 1.3 이상: https://pandas.pydata.org/docs/getting_started/install.html

허깅 페이스

소개에서 간단히 언급했듯이 허깅 페이스의 주요 목표는 최첨단 자연어 처리 기술에 누구나 쉽게 접근할 수 있게 하고 다양한 산업과 애플리케이션에서 이를 쉽게 채택할 수 있게 하는 것입니다. 허깅 페이스의 사전 학습된 광범위한 모델 라이브러리(이 글을 쓰는 시점 기준 120,000개 이상), 사용자 친화적인 API, 모델 공유 및 미세 조정을 위한 협업 환경을 통해 개발자와 연구자들이 고급 언어 처리 애플리케이션을 쉽게 만들 수 있습니다.

이러한 기반을 바탕으로 광범위한 라이브러리를 제공하는 데 그치지 않고 간편한 접근과 효과적인 애플리케이션 관리도 허깅 페이스에서 가능합니다. 이를 위한 훌륭한 기능으로 먼저 모델 허브가 있습니다.

모델 허브

허깅 페이스는 연구자와 기업의 필요에 맞춘 자원과 서비스를 제공합니다. 여기에는 이러한 모델에 쉽게 액세스할 수 있는 추론 API를 포함해 사전 학습된 모델을 위한 중앙 저장소 역할을 하는 모델 허브가 포함됩니다.

이름이나 작업으로 모델을 검색하고 작업 유형 아키텍처 등을 기준으로 필터링해 사용 사례에 맞는 모델을 쉽게 찾을 수 있습니다. **그림 3.1**에서는 `bert`라는 용어로 검색했을 때 사용할 수 있는 모델 목록을 볼 수 있습니다.

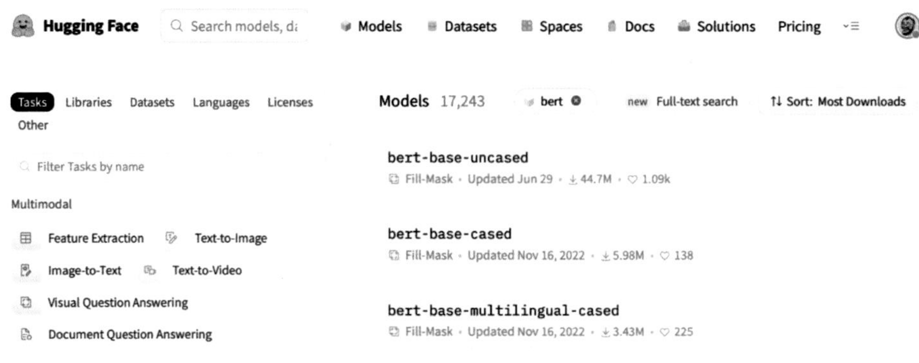

그림 3.1 허깅 페이스 모델의 검색 결과 페이지

모델을 선택하면 해당 모델에 대한 정보가 표시됩니다. 상단에는 작업 유형, 사용 가능한 다양한 아키텍처, 사용된 라이브러리, 언어, 라이선스 등이 표시됩니다. **그림 3.2**에서는 bert-base-uncased 모델에 대한 정보를 볼 수 있습니다.

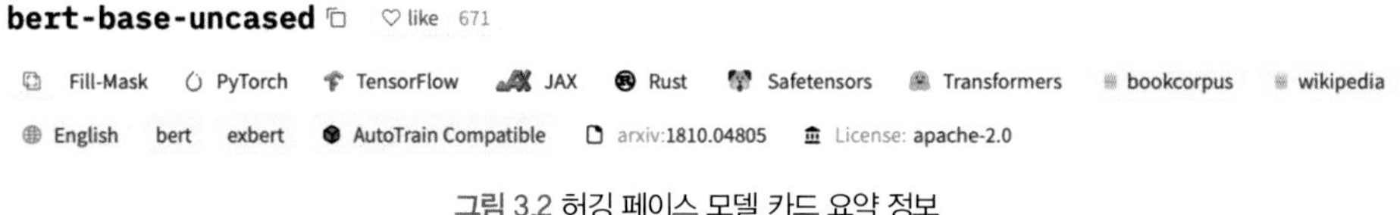

그림 3.2 허깅 페이스 모델 카드 요약 정보

대부분의 모델 특히 인기 있는 모델에는 **모델 카드**가 있습니다. 모델 카드에는 모델 학습 방법, 모델 설명, 변형된 모델, 관련된 모델, 의도된 용도 및 제한 사항, 실행을 위한 예제 코드, 알려진 편향성, 학습 방법 대한 정보 등 개발자가 제공한 정보가 포함돼 있습니다. **그림 3.3**에서는 BERT 모델이 어떻게 학습되었는지에 대한 정보를 볼 수 있습니다.

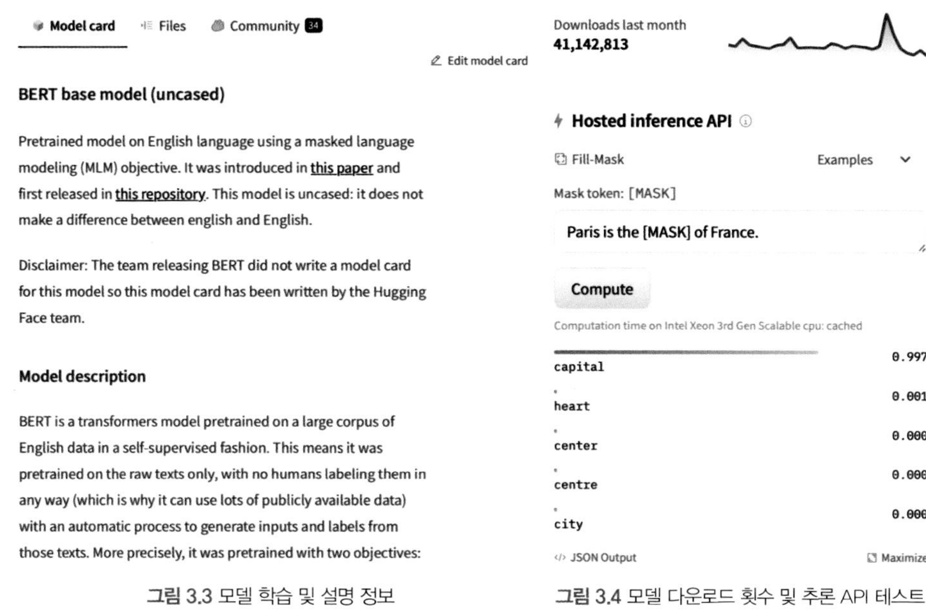

그림 3.3 모델 학습 및 설명 정보

그림 3.4 모델 다운로드 횟수 및 추론 API 테스트

그림 3.4에서는 지난 한 달 동안 얼마나 많이 다운로드됐는지 확인할 수 있으며, 가장 유용한 것은 호스팅된 실시간 추론 API 서비스입니다. 추론 API는 값을 입력받아 모델을 통해 처리하고 결과를 반환합니다. 이러한 호스팅된 추론 API를 사용함으로써 허깅 페이스 공유 인프라에서 실행 중인 모델에 프로그래밍 방식으로 접근할 수 있습니다. 또한 API UI를 사용하면 입력을 제공하고 결과를 확인하면서 모델을 테스트해 볼 수 있습니다.

지금까지 모델 허브의 다양한 기능을 설명했는데, 이러한 모델을 뒷받침하는 기본 데이터에 대해 알아보는 것도 중요합니다. 자연어 처리 및 머신러닝 데이터 유틸리티 분야에서 핵심 역할을 하는 **허깅 페이스 Datasets**를 소개합니다.

Datasets

허깅 페이스 Datasets는 다양한 자연어 처리 및 머신러닝 작업을 위해 다양한 데이터 세트를 다운로드하고, 전처리하고, 활용하는 과정을 간소화하기 위해 설계된 라이브러리입니다. 이 라이브러리는 다양한 주제와 언어를 포괄하는 대규모 데이터 세트 컬렉션에 접근할 수 있게 해주며, 감성 분석, 번역, 요약 등 다양한 활용 사례에 맞는 서비스를 지원합니다. 데이터 세트는 연구 논문, 웹 스크래핑 또는 사용자 기여로부터 만들어지며 표준화된 형식으로 커뮤니티에 공유

됩니다. 허깅 페이스 Datasets의 주요 기능 중 하나는 **트랜스포머** 라이브러리와 직접 통합돼 사용자가 이러한 데이터 세트들을 자연어 처리 모델과 쉽게 결합해 훈련, 평가 및 배포할 수 있다는 것입니다.

허깅 페이스 Datasets를 사용하는 방법은 간단합니다.

시작하려면 `pip install datasets`를 사용해 라이브러리를 설치해야 합니다. 라이브러리가 설치되면 라이브러리를 가져온 다음 `load_dataset()` 함수를 사용해 데이터 세트를 적재할 수 있습니다. 예를 들어 감성 분석을 위해 IMDb 영화 리뷰 데이터 세트를 적재할 때 다음 코드를 사용하면 됩니다.

```
from datasets import load_dataset
imdb_dataset = load_dataset("imdb")
```

허깅 페이스 Datasets는 필터링, 매핑, 셔플링 등 데이터 세트 전처리 및 조작에 유용한 기능도 지원합니다. 이러한 기능은 사용자가 모델에 사용할 데이터를 쉽게 준비할 수 있게 해줍니다. 이 예제에서는 트랜스포머 라이브러리에서 사전 학습된 토크나이저를 사용해 IMDb 데이터 세트를 토큰화하겠습니다.

```
from datasets import load_dataset
from transformers import AutoTokenizer

# IMDB 데이터 세트 일부(샘플 100개) 적재
imdb_dataset = load_dataset("imdb", split="train[:100]")

# 토크나이저 초기화
tokenizer = AutoTokenizer.from_pretrained("bert-base-uncased")

# 자르기와 패딩을 사용해 IMDB 데이터 세트 토큰화
tokenized_imdb_dataset = imdb_dataset.map(
    lambda x: tokenizer(x["text"], truncation=True, padding="max_length")
)

print(tokenized_imdb_dataset)
```

```
# 토큰의 첫 번째 행 가져오기
first_row_tokens = tokenized_imdb_dataset[0]["input_ids"]

# 처음 10개 토큰과 토큰에 해당하는 단어 출력
for token in first_row_tokens[:10]:
    print(f"토큰: {token}, 단어: {tokenizer.decode([token])}")
```

이 코드를 실행하면 다음과 같은 내용이 출력됩니다.

```
토큰: 101, 단어: [CLS]
토큰: 1045, 단어: i
토큰: 12524, 단어: rented
토큰: 1045, 단어: i
토큰: 2572, 단어: am
토큰: 8025, 단어: curious
토큰: 1011, 단어: -
토큰: 3756, 단어: yellow
토큰: 2013, 단어: from
토큰: 2026, 단어: my
```

`imdb_dataset['text'][0]`을 실행해 보면 IMDb 입력의 첫 번째 행에서 처음 10개 토큰과 해당 단어를 가져오는 것을 볼 수 있습니다.

Spaces

허깅 페이스 Spaces는 머신러닝 모델, 특히 자연어 처리에 중점을 둔 모델 배포, 공유, 협업을 손쉽게 할 수 있게 설계된 플랫폼입니다. 사용자는 Spaces를 통해 추가되는 인프라나 복잡한 구성 없이도 **Gradio** 또는 **Streamlit** 기반의 사용자와 상호 작용할 수 있는 웹 애플리케이션으로 모델을 쉽게 배포할 수 있습니다. Spaces는 사용자가 자신의 작업을 선보이고, 피드백을 받고, 커뮤니티의 다른 사람들과 협업할 수 있게 해주므로 머신러닝 및 자연어 처리 분야의 숙련된 실무자와 초보자 모두에게 유용한 도구입니다.

허깅 페이스 Spaces의 주요 기능 중 하나는 트랜스포머 라이브러리 및 허깅 페이스 허브 등을 포함한 허깅 페이스 생태계와의 원활한 통합입니다. 이러한 통합을 통해 사용자들은 사전 훈련

혹은 미세 조정된 모델을 입출력할 수 있는 애플리케이션으로 바로 배포할 수 있으며 다른 사람들이 모델을 테스트하고 그 기능에 대한 인사이트를 얻는 데 도움을 줄 수 있습니다. Spaces를 시작하려면 허깅 페이스 웹사이트에서 계정을 만들고 새 Space를 배포하기 위한 지침을 따르면 됩니다. 일반적으로 이 과정은 **Gradio** 또는 **Streamlit** 프레임워크를 활용한 파이썬 스크립트를 작성, 허깅 페이스 허브에서 원하는 모델을 가져오기, 그리고 모델과 상호 작용을 위한 사용자 인터페이스 구성 요소를 정의하는 작업을 포함합니다.

간단한 **Gradio** 인터페이스를 설정할 수 있는 코드를 살펴보겠습니다.

```
import gradio as gr
from transformers import pipeline

sentiment_pipeline = pipeline("sentiment-analysis")

def sentiment_analysis(text):
    result = sentiment_pipeline(text)
    return result[0]["label"]

iface = gr.Interface(fn=sentiment_analysis, inputs="text", outputs="text")
iface.launch()
```

이 예제에서는 감성 분석 파이프라인이 허깅 페이스 트랜스포머 라이브러리를 사용해 만들어지고, 텍스트 입력을 받아 감성 라벨을 출력으로 표시하는 **Gradio** 인터페이스가 정의됩니다. 코드가 허깅 페이스 Space에 업로드되면 사용자는 웹 브라우저를 통해 텍스트를 입력함으로써 감성 분석 모델을 테스트할 수 있습니다. Spaces를 활용하면 간단하면서도 강력한 방법으로 머신러닝 모델을 선보이고 커뮤니티 내에서 협업을 잘할 수 있습니다.

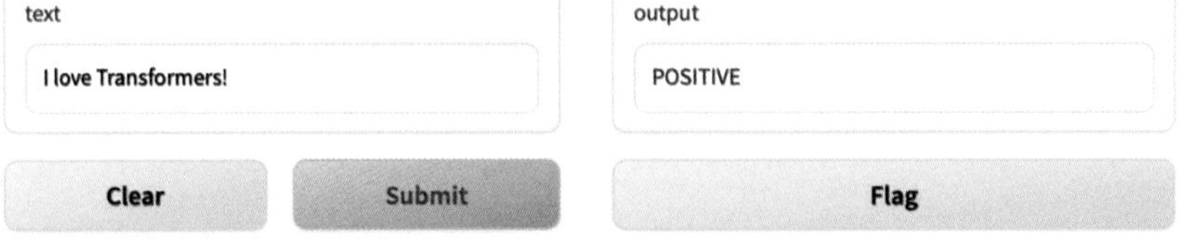

그림 3.5 감성 분석 모델을 테스트하는 간단한 예제

허깅 페이스 Spaces는 자연어 처리 애플리케이션을 위한 탁월한 플랫폼이지만 허깅 페이스만이 우리가 사용할 수 있는 유일한 자원은 아닙니다. 엘라스틱서치와 판다스(pandas)와 같은 기존 데이터 처리 프레임워크 사이의 간극을 메우는 역할을 하는 Eland에 초점을 맞춰 툴킷을 다양화해 봅시다.

Eland

Eland는 사용자가 데이터를 조작하고 분석하기 위해 엘라스틱서치와 원활하게 연동할 수 있게 해주는 엘라스틱에서 개발한 파이썬 라이브러리입니다. 이 라이브러리는 공식 엘라스틱서치 파이썬 클라이언트를 기반으로 구축됐으며 **판다스 API**를 엘라스틱서치로 확장합니다. 이를 통해 사용자는 익숙한 판다스와 같은 구문과 규칙을 사용해 엘라스틱서치 데이터와 상호 작용할 수 있으므로 기존 데이터 분석 워크플로 및 도구와 엘라스틱서치를 더 쉽게 통합할 수 있습니다.

Eland는 메모리가 적절하지 않아 분산 처리가 필요한 대규모 데이터 세트를 처리하는 데 특히 유용합니다. 엘라스틱서치는 데이터를 클러스터의 여러 노드에 분산해서 수평적으로 확장될 수 있습니다. 이를 통해 사용자는 노트북에서 가능한 것보다 훨씬 더 큰 데이터 세트를 효율적으로 작업할 수 있습니다.

Eland의 몇 가지 기능을 살펴보겠습니다.

- Eland의 주요 활용 사례 중 하나는 엘라스틱서치에 저장된 데이터를 질의하는 것입니다. 사용자는 기존 엘라스틱서치 질의를 작성하는 대신 판다스 구문과 유사한 파이썬 코드를 작성해 데이터를 필터링, 정렬, 집계할 수 있습니다. 예를 들어, 다음과 같이 엘라스틱서치 인덱스에서 데이터를 가져올 수 있습니다.

```
import eland as ed

df = ed.DataFrame(es_client=es, es_index_pattern="sample_eland_index")
filtered_df = df[df['some_field'] > 100]
```

- 데이터 질의와 변환 외에도 Eland는 집계 기능을 지원해 사용자가 엘라스틱서치 데이터에 대해 요약 통계를 만들거나 복잡한 집계를 계산할 수 있습니다. 이는 대규모 데이터 세트의 분포와 특성을 이해하는 데 유용합니다. 다음은 특정 필드의 평균값을 계산하는 방법의 예시입니다.

```
average_value = df['some_field'].mean()
```

- Eland는 Matplotlib, Seaborn 등 널리 사용되는 파이썬 시각화 라이브러리와 원활하게 통합되므로 데이터 시각화에도 사용할 수 있습니다. Eland를 사용해 데이터를 가져오고 조작한 후에는 그 결과를 판다스 데이터프레임으로 쉽게 변환해 시각화를 만들 수 있습니다. 다음은 예제입니다.

```
import seaborn as sns
import pandas as pd


filtered_df = df[df['some_field'] > 100]
pandas_df = filtered_df.to_pandas()
sns.boxplot(x='category', y='value', data=pandas_df)
```

최근에 Eland는 자연어 처리 트랜스포머 모델을 엘라스틱서치로 가져오게 확장됐습니다. 엘라스틱서치는 현재 PyTorch에서 학습되고 표준 BERT 모델 인터페이스를 준수하는 일부 아키텍처 세트를 지원합니다. 이를 통해 **개체명 인식, 제로 샷 분류, 질문 답변** 등과 같은 자연어 처리 작업을 엘라스틱서치에서 기본적으로 실행할 수 있습니다. 현재 지원되는 작업 목록은 엘라스틱 가이드 문서[1]에서 확인할 수 있습니다.

이 책과 가장 관련성이 높은 것은 텍스트 임베딩 모델에 대한 기본 지원입니다. Eland는 일반적으로 허깅 페이스에서 엘라스틱서치로 직접 모델을 적재하거나 로컬에 저장된 모델을 적재하는 데 사용됩니다. 모델이 다운로드 된 뒤에는 엘라스틱서치에 적재될 수 있게 청크로 나누어집니다.

이제 엘라스틱서치 연결 구성, 허깅 페이스로부터 모델 적재, 모델 배포(시작) 그리고 테스트 벡터를 만드는 주피터 노트북을 살펴보겠습니다.

전체 코드는 이 책의 깃허브 저장소 chapter3 폴더[2]에 있는 주피터 노트북 파일에서 확인할 수 있습니다.

Eland가 어떻게 허깅 페이스 모델과 엘라스틱서치의 통합을 용이하게 하는지에 대한 기초적인 이해를 바탕으로 코드를 실제 사용 측면에서 자세히 살펴보겠습니다. 다음으로 허깅 페이스

1 https://www.elastic.co/guide/en/machine-learning/current/ml-nlp-model-ref.html
2 https://github.com/wikibook/vector-search/tree/main/chapter3

의 문장 트랜스포머(Sentence Transformer)를 엘라스틱서치에 직접 적재하는 것이 얼마나 효율적인지 확인하고 이러한 플랫폼 결합 능력을 활용하고자 하는 사람들을 위한 프로세스를 설명하겠습니다.

허깅 페이스에서 엘라스틱서치로 임베딩 모델 가져오기

이어지는 내용은 허깅 페이스에서 얻을 수 있는 임베딩 모델을 엘라스틱 클라우드[3]의 클러스터로 불러오는 방법을 보여줍니다.

먼저 다음 파이썬 라이브러리를 설치해야 합니다.

- eland
- elasticsearch
- transformers
- sentence_transformers
- torch

엘라스틱은 Eland 라이브러리를 사용해 허깅 페이스 허브에서 모델을 다운로드하고 이를 클러스터 내부로 불러옵니다.

```
!pip -q install eland elasticsearch transformers sentence_transformers torch

from pathlib import Path
from eland.ml.pytorch import PyTorchModel
from eland.ml.pytorch.transformers import TransformerModel
from elasticsearch import Elasticsearch
from elasticsearch.client import MlClient
```

3 https://cloud.elastic.co/

엘라스틱서치 인증 구성하기

권장되는 인증 방법은 엘라스틱 클라우드 ID[4]와 클러스터 권한이 있는 사용자 API 키[5]를 사용하는 것입니다.

인증 정보를 구성하고 엘라스틱 연결을 설정하기 위해 다양한 방법을 사용할 수 있습니다. 이 예제에서는 자격 증명을 깃허브 저장소에 저장하지 않기 위해 getpass 라이브러리를 사용해 인증 정보를 코드 실행 시점에 받아서 처리합니다.

```
import getpass
es_cloud_id = getpass.getpass('Enter Elastic Cloud ID: ')
es_api_key = getpass.getpass('Enter user API key: ')

# 엘라스틱 클라우드 연결
es = Elasticsearch(cloud_id=es_cloud_id, api_key=es_api_key)
es.info() # 클러스터 정보 확인
```

허깅 페이스 허브에서 모델 가져오기

엘라스틱 스택의 머신러닝 기능은 표준 BERT 모델 인터페이스를 준수하고 WordPiece 토크나이징 알고리즘을 사용하는 트랜스포머 모델을 지원합니다.

WordPiece 토크나이징에 대한 심층적인 설명은 허깅 페이스 자연어 처리 코스의 문서[6]에서 확인할 수 있습니다.

허깅 페이스에서 다음 **그림 3.6**에 표시된 복사 링크를 사용해 임베딩 모델을 다운로드합니다.

이 예제에서는 sentence-transformers/msmarco-MiniLM-L-12-v3[7] 모델을 사용할 것입니다.

---

4 https://www.elastic.co/guide/en/cloud/current/ec-cloud-id.html
5 https://www.elastic.co/guide/en/kibana/current/api-keys.html
6 https://huggingface.co/learn/nlp-course/chapter6/6?fw=pt
7 https://huggingface.co/sentence-transformers/msmarco-MiniLM-L-12-v3

모델 다운로드

모델을 다운로드할 때 허깅 페이스 모델 ID를 지정해야 합니다. 이 ID를 확인하는 가장 쉬운 방법은 모델 페이지의 이름 옆에 있는 아이콘을 클릭해 모델 이름을 복사하는 것입니다.

그림 3.6 모델 ID 복사 방법

TransformerModel을 호출할 때는 허깅 페이스 모델의 ID와 작업 유형을 지정해야 합니다. 작업 유형을 auto로 지정하면 Eland가 모델 구성 정보를 참고해서 적절한 작업 유형을 자동으로 선택합니다. 자동 설정은 불가능할 수도 있으며 다음과 같이 특정 task_type 값을 설정할 수도 있습니다.

```
hf_model_id='sentence-transformers/msmarco-MiniLM-L-12-v3'
tm = TransformerModel(model_id=hf_model_id, task_type="text_embedding")
```

다음으로 모델 ID를 설정하고 확인합니다. 이때 ID 값에 존재하는 '/'는 엘라스틱서치와 호환성을 위해 '__'(이중 언더스코어)로 변환됩니다.

```
es_model_id = tm.elasticsearch_model_id()
```

엘라스틱서치에서 사용하는 TorchScript 표현으로 모델을 저장합니다.

```
tmp_path = "models"
Path(tmp_path).mkdir(parents=True, exist_ok=True)
model_path, config, vocab_path = tm.save(tmp_path)
```

엘라스틱서치 내부에 모델 적재하기

여기서는 모델이 초기화돼 엘라스틱서치 내부에 적재됩니다. 이후 해당 모델이 머신러닝 노드에서 활용될 수 있습니다.

```
ptm = PyTorchModel(es, es_model_id)
ptm.import_model(model_path=model_path, config_path=None, vocab_path=vocab_path,
config=config)
```

모델 시작하기

다음과 같은 방법으로 엘라스틱서치 내에 존재하는 모델의 이름과 상태와 같은 정보를 확인할 수 있습니다.

```
# 엘라스틱서치에 존재하는 모델 정보 조회
m = MlClient.get_trained_models(es, model_id=es_model_id)
```

모델 배포하기

다음 코드는 머신러닝 노드에 모델을 적재하고 자연어 처리 작업에 사용할 수 있는 프로세스를 시작합니다.[8]

```
s = MlClient.start_trained_model_deployment(es, model_id=es_model_id)
```

다음으로 모델이 정상적으로 준비됐는지 확인합니다.[9]

```
stats = MlClient.get_trained_models_stats(es, model_id=es_model_id)
stats.body['trained_model_stats'][0]['deployment_stats']['nodes'][0]['routing_state']
```

다음과 같은 출력이 확인된다면 머신러닝 노드에 모델이 정상 배포된 것입니다.

8 (옮긴이) 다음 코드를 실행하기 전에 머신러닝 인스턴스를 생성해야 합니다. 머신러닝 인스턴스가 생성되지 않은 경우, ApiError: ApiError(429, 'status_exception', 'Could not start deployment because no ML nodes with sufficient capacity were found')와 같은 에러가 발생할 수 있습니다. 머신러닝 인스턴스는 본인이 생성한 배포의 세부 정보 수정 페이지에서 생성할 수 있습니다.

9 (옮긴이) 이전 셀에서 머신러닝 인스턴스 생성과 모델 배포가 완료되지 않으면, IndexError: list index out of range와 같은 오류가 발생합니다. 이 경우 잠시 후 다시 시도해 주세요.

```
{'routing_state': 'started'}
```

질의 벡터 만들기

kNN 질의를 실행하기 전에 문자열 형태로 전달되는 사용자 질의를 벡터로 변환해야 합니다.

다음으로 모든 것이 올바르게 설정됐는지 확인하기 위해 예시 질의 문장을 만들 것입니다.

```
docs = [
    {
        "text_field": "Last week I upgraded my iOS version and ever since then my phone
has been overheating whenever I use your app."
    }
]
```

model_id와 벡터화하고자 하는 텍스트를 _infer 엔드포인트 호출에 포함합니다.

```
z = MlClient.infer_trained_model(es, model_id=es_model_id, docs=docs)
```

텍스트에 대한 벡터는 사전 형태로 전달되는 응답 결과에 다음처럼 접근해 확인할 수 있습니다.

```
doc_0_vector = z['inference_results'][0]['predicted_value']
doc_0_vector
```

임베딩 모델을 엘라스틱서치에 적재해 테스트했습니다. 이제 운영환경에서 이러한 임베딩 환경을 활용할 수 있습니다.

엘라스틱서치 내부에서 벡터 만들기

벡터는 엘라스틱서치에 문서가 색인되기 전 문서 수집 단계에서 수집 파이프라인(ingest pipeline)을 사용해 만들 수 있습니다. 수집 파이프라인의 각 프로세서는 데이터에 대한 파생 변수를 만들거나 수정, 제거하는 등 다양한 전처리 작업을 수행합니다. 그중 핵심적인 프로세서는 추론 프로세서로, 이는 텍스트를 임베딩 모델에 전달하고 벡터 표현을 반환받아 원본 문서에 벡터를 추가한 후 색인 작업을 위해 문서를 이동시킵니다. 이러한 작업은 생성된 벡터 표현이 인덱싱과 검색을 위해 바로 사용될 수 있게 합니다.

이어지는 예제는 앞서 불러온 sentence-transformers/msmarco-MiniLM-L-12-v3 모델과 추론 프로세서를 쓰는 엘라스틱서치 수집 파이프라인 구성에 관한 것입니다. 이 파이프라인은 입력 문서에서 summary 필드를 가져와 임베딩 모델을 사용해 처리하고, 만들어진 결과 벡터를 vector라는 필드에 저장합니다.

여기서는 파이썬 대신 다른 접근 방식을 살펴보기 위해 HTTP 호출을 사용했습니다. 그리고 앞선 예제를 통해 모델이 이미 클러스터에 적재돼 있다고 가정합니다.

```
PUT _ingest/pipeline/embedding_book_pipeline
{
    "description": "Ingest pipeline using bert-base-uncased model",
    "processors": [
        {
            "inference": {
                "target_field": "vector",
                "model_id": "sentence-transformers__msmarco-minilm-l-12-v3",
                "field_map": {
                    "summary": "text_field"
                }
            }
        }
    ]
}
```

생성한 수집 파이프라인을 문서 인덱싱 시 사용하려면 색인 요청에 pipeline 매개변수를 전달해야 합니다.

```
PUT my_index/_doc/1?pipeline=embedding_book_pipeline
{
    "summary": "This is an example text for the embedding model."
}
```

위의 요청은 주어진 텍스트 필드와 bert-base-uncased 임베딩 모델로 만든 벡터 표현을 담은 추가 벡터 필드를 사용해 문서를 색인합니다.

사용자 질의를 벡터화하는 등의 작업을 위해 _infer 엔드포인트를 직접 호출해 벡터를 만들 수도 있습니다.

```
POST _ml/trained_models/sentence-transformers__msmarco-minilm-l-12-v3/_infer
{
    "docs": [
        {"text_field": "How do I load an NLP model from Hugging Face"}
    ]
}
```

위의 요청은 200 응답 코드와 함께 전달된 텍스트에 대한 벡터 표현을 반환합니다.

```
{
    "inference_results": [
        {
            "predicted_value": [
                -0.26234081387519836,
                0.49703896045684814,
                -0.3235473334789276,
                ...
                -0.3804711103439331,
                0.13898617029190063
            ]
        }
    ]
}
```

검색 시점에 _infer 엔드포인트를 호출해 사용자 질의에 대한 벡터를 만들 수 있으며 이후 이를 벡터 검색 질의의 조건으로 사용할 수 있습니다. 다음은 이전에 만든 벡터를 그대로 kNN 질의에서 사용하는 예제입니다.

```
GET my_index/_search
{
    "knn": {
        "field": "vector.predicted_value",
        "k": 1,
        "num_candidates": 20,
        "query_vector": [
            -0.2724464535713196,
            0.3338097631931305,
            -0.36997348070144653,
            ...
            0.2532886564731598,
            0.43441247940063477
        ]
    }
}
```

또한 엘라스틱서치 8.7 버전부터는 _knn 쿼리 내에서 사용자 질의에 대한 임베딩을 정의할 수 있습니다. 임베딩 모델을 지정하면 엘라스틱서치는 _knn 질의의 나머지 부분을 실행하기 전에 질의 모델을 활용해 전달된 사용자 질의에 대한 벡터를 만듭니다.

이를 통해 kNN 검색 과정을 단순화할 수 있습니다.

```
GET my_index/_search
{
    "knn":{
        "field":"vector.predicted_value",
        "k":10,
        "num_candidates":100,
        "query_vector_builder":{
            "text_embedding":{
                "model_id":"sentence-transformers__msmarco-minilm-l-12-v3",
                "model_text":"This is an example text for the embedding model."
            }
        }
    }
}
```

클러스터 자원 계획 수립하기

엘라스틱 클러스터의 용량과 자원을 적절하게 계획하는 것은 모든 운영 환경에서 매우 중요합니다. 특히 대용량 벡터 검색을 구현할 때 그 중요도는 더욱 높아집니다. 최적의 성능과 효율성을 보장하려면 벡터 검색과 관련한 고려 사항을 숙지하고 그에 따른 계획을 수립하고 테스트가 진행돼야 합니다.

이어지는 챕터에서는 엘라스틱서치 환경을 최적화하는 데 중요한 역할을 하는 부하 테스트에 대해 자세히 알아볼 것입니다. 하지만 그 전에 엘라스틱서치 머신러닝 노드에서 임베딩 모델을 실행하는 데 필요한 사항을 살펴보고 성능 요구사항과 필요 자원이라는 트레이드오프에서 적절한 균형을 찾기 위해 고려해야 할 필수 요소들을 살펴볼 것입니다. 이 섹션에서는 CPU, RAM, 디스크 측면의 고려 사항에 대해 다룸으로써 벡터 검색에 필요한 자원 관리의 포괄적인 이해의 기반을 마련할 것입니다.

CPU 및 메모리 관련 요구사항

엘라스틱서치에서 벡터 검색을 위한 CPU 요구 사항은 전통적인 검색과 크게 다르지 않습니다. 주요 차이점은 **근사 kNN**(여기서는 간단히 **kNN**으로 표현) 검색 시 벡터 데이터에 어떻게 접근하는지에 있습니다.

전통적인 검색과 완전 탐색/완전 일치 벡터 검색에서는 더 많은 문서가 추가됨에 따라 디스크와 CPU에 대한 증설이 필요합니다.

이 요구사항은 kNN 검색에서도 같으며, 다만 빠른 검색 응답시간을 위해 모든 벡터 임베딩을 메모리에 적재할 수 있을 만큼의 충분한 오프-힙[10] 메모리가 필요합니다. 엘라스틱서치 JVM 외부에 벡터를 적재할 충분한 RAM이 확보되지 않으면 엘라스틱서치는 벡터 정보를 디스크에서 읽어야 하며 이러한 방식의 작업이 수행되는 빈도가 높아지면 응답 시간이 느려지고 핫 스레드(hot threads) 발생 빈도가 높아지게 됩니다. 오프-힙 메모리에서 데이터에 직접 접근함으로써 벡터 검색은 이러한 핫 스레드의 영향을 줄이고 보다 효율적인 쿼리 프로세스를 제공합니다.

10 (옮긴이) 전체 메모리 중 heap에 할당된 메모리를 제외한 자원

> Note
>
> hot_threads API는 엘라스틱서치 노드에서 현재 실행 중인 작업 중 자원 활용도가 높은 작업에 대한 정보를 제공하는 진단 API입니다. 평소보다 많은 CPU 자원을 소비하는 스레드를 확인함으로써 성능 병목을 식별하는 데 도움을 줍니다.

kNN 검색에 있어 페이지 캐시 메모리 요구 사항이 특히 중요하므로 각 노드의 활용 가능한 페이지 캐시 RAM을 고려해 얼마나 많은 벡터를 저장하고 검색할 수 있는지 산정해야 합니다. HNSW의 기본 설정을 사용한다고 가정할 때 필요한 메모리에 대한 대략적인 계산은 다음과 같습니다.

```
총 벡터 수 × 4 × (벡터 차원 수 + 12) = 전체 RAM 바이트
```

예를 들어, 512차원의 벡터를 반환하는 임베딩 모델을 사용하고 엘라스틱서치에 2천만 개의 벡터를 적재하고 검색할 예정이라면 필요 메모리 소요를 계산하는 공식은 다음과 같습니다.

```
20,000,000 × 4 × (512 + 12) = 41,920,000,000 바이트
41,920,000,000 / 1024 ~= 39 GB RAM
```

2천만 개 임베딩 필드는 최적의 kNN 검색 성능을 위해 대략 39GB 오프-힙 RAM이 필요하다고 예상할 수 있습니다. 엘라스틱서치에서 전체 노드의 메모리를 64GB로 간주한다면(절반은 엘라스틱서치 JVM에 할당하고 일부는 운영체제와 그 외 프로세스에 할당) 2개 데이터 노드가 벡터들을 처리할 수 있을 것입니다. 이는 데이터 복제(replica)와 관련한 설정은 고려하지 않은 것입니다.

이것은 시작 추정치이며 테스트를 시작할 때 좋은 기준점입니다. 이는 정확한 메모리 요구사항을 의미하는 것은 아니며 다음에 다루는 부하 테스트를 통해 운영환경 구성에 필요한 최적화된 수치를 얻을 수 있습니다.

메모리 요구사항과 시사점을 바탕으로 또 다른 중요한 자원인 저장장치(storage)에 대해 살펴보겠습니다.

디스크 요구사항

앞서 살펴본 바와 같이 최적의 kNN 검색을 위한 주요 고려 사항 중 하나는 벡터를 적재하기 위한 충분한 오프-힙 메모리 용량이 확보되는지 확인하는 것입니다. 이 벡터는 여전히 디스크에서 만들어지고 저장된다는 점을 명심해야 합니다. 따라서 사용자는 충분한 저장 공간이 있는지 또한 확인해야 합니다. 하지만 일반적인 디스크, 메모리 비율을 고려할 때 디스크 용량이 클러스터 자원 계획을 수립할 때 제약으로 작용하는 경우는 거의 없습니다.

이전 섹션에서 언급한 메모리 추정 공식은 벡터 데이터의 디스크 용량을 계산하는 데 사용됩니다. 하지만 이 공식에는 벡터의 텍스트, 기타 텍스트 필드, 메타데이터 등 다른 필드도 포함해야 합니다.

디스크 용량에 대한 대략적인 산정 방식은 다음과 같습니다.

```
문서 1개의 크기 * 총 문서 수 * 복제본 수 * 1.2
```

위의 수식에서 1.2는 JSON 형태의 데이터 저장과 디스크 압축을 고려한 데이터 증가 비율입니다. 이것은 매우 대략적인 추정치입니다.

엘라스틱서치에서 데이터가 어떻게 작동하는지 살펴보기 위한 가장 좋은 방법은 샘플 데이터 세트를 적재해 보는 것입니다. 엘라스틱 클라우드 평가판을 사용해 소규모 클러스터를 구축하고 실제 데이터 세트를 적재해 보는 것이 좋습니다. 엘라스틱 클라우드 가입 페이지[11]에서 이메일만 등록하면 평가판을 빠르게 사용할 수 있습니다.

엘라스틱서치의 머신러닝 노드와 모든 엔터프라이즈 기능을 포함한 클러스터를 만들고 접근할 수 있습니다. 세부적인 방법은 엘라스틱 홈페이지에 있는 **시작하기** 페이지[12]를 통해 확인할 수 있습니다.

데이터를 적재하고 나면 데이터 수 증가에 따른 필요 저장공간을 산정할 수 있으며, 이는 운영 환경 요구 사항을 시뮬레이션하기 위한 실질적인 방법입니다. 무료 체험 기간이 지나도 필요에 따라 클러스터를 확장할 수 있습니다.

11 https://cloud.elastic.co/registration
12 https://www.elastic.co/getting-started

다음 섹션의 디스크 사용량 조회 API를 사용해 디스크 사용량을 확인할 수 있으며 다음 장에서는 클러스터 튜닝과 부하 테스트에 대해 다룰 예정입니다.

지금까지 데이터 크기와 확장에 필요한 저장공간을 산정하는 방식에 대해 논의했습니다. 이제 실제 자원 활용에 대한 정확한 정보를 확인할 수 있는 방법에 대해 알아보겠습니다. 엘라스틱서치 제품군에서 매우 중요한 도구 중 하나는 '디스크 사용량 분석 API'입니다. 이 기능이 디스크 사용량을 이해하는 데 어떻게 도움이 될 수 있는지 알아보겠습니다.

인덱스 디스크 사용량 분석 API

벡터(그리고 그 밖의 데이터)가 엘라스틱서치에 적재되면 **인덱스 디스크 사용량 분석 API**를 사용해 디스크 공간이 얼마나 많이 사용되고 있는지 계산할 수 있습니다. 디스크 사용량 분석 API에 대한 더 자세한 정보는 엘라스틱 가이드 문서[13]를 참고하세요.

`search-elastic-docs` 인덱스에는 데이터 크기가 상대적으로 작은 여러 개의 벡터 필드가 있습니다. 그중 하나는 `title-vector`입니다.

```
POST /search-elastic-docs/_disk_usage?run_expensive_tasks=true&pretty
```

이는 다음과 같은 응답을 반환합니다(API 호출의 전체 응답은 매우 길어 여기서는 관련 부분이 포함된 일부 내용만 보여드리겠습니다).

```
{
    "_shards": {
        "total": 2,
        "successful": 2,
        "failed": 0
    },
    "search-elastic-docs": {
        "store_size": "989.5mb",
        "store_size_in_bytes": 1037592858,
        "all_fields": {
```

13 https://www.elastic.co/guide/en/elasticsearch/reference/current/indices-disk-usage.html

```
        "total": "987.6mb",
        "total_in_bytes": 1035596641,
        "inverted_index": {
            "total": "69.8mb",
            "total_in_bytes": 73269048
        },
...
        "knn_vectors": "83.4mb",
        "knn_vectors_in_bytes": 87462952
    },
    "fields": {
...
        "title-vector": {
            "total": "40mb",
            "total_in_bytes": 42046916,
            "inverted_index": {
                "total": "0b",
                "total_in_bytes": 0
            },
...
            "knn_vectors": "40mb",
            "knn_vectors_in_bytes": 42046916
        },
...
```

결과를 보면 벡터가 83.4MB를 차지하고 있음을 알 수 있습니다. 디스크 사용량을 분석해 봤으니, 이제 머신러닝 노드 용량을 계획해 보겠습니다.

머신러닝 노드 용량

엘라스틱서치의 머신러닝 노드에서 실행되는 임베딩 모델의 경우 추론 단계에 모델을 실행할 수 있을 만큼 충분한 용량을 갖춘 노드를 계획하는 것이 필요합니다. 엘라스틱 클라우드는 CPU 요구 사항에 따라 머신러닝 노드의 오토스케일링을 허용해서 더 많은 연산이 필요할 때 노드를 확장하고 연산 요구가 줄어들 때 노드를 축소할 수 있습니다.

다음 장에서 추론을 위한 머신러닝 노드 튜닝에 대해 더 자세히 다루겠지만, 기본적으로 적어도 하나의 임베딩 모델 인스턴스를 적재할 수 있을 만큼의 RAM을 갖춘 머신러닝 노드가 필요합니다. 성능 요구 사항이 증가하면 개별 모델의 할당량을 늘리고 할당 노드당 스레드 수도 증가시킬 수 있습니다.

모델의 크기와 모델을 적재하는 데 필요한 메모리(RAM) 양을 확인하려면 **학습된 모델 통계 API**를 실행하면 됩니다(이 API에 대한 자세한 정보는 엘라스틱 가이드 문서[14]를 참고하세요).

```
GET _ml/trained_models/dslim bert-base-ner-uncased/_stats?human
```

이 API는 모델 크기와 메모리 요구 사항을 포함한 다양한 통계를 반환할 것입니다.

```
{
    "model_id": "dslim__bert-base-ner-uncased",
    "model_size_stats": {
        "model_size": "415.4mb",
        "model_size_bytes": 435663717,
        "required_native_memory": "1gb",
        "required_native_memory_bytes": 1122985674
    },
```

모델이 실행 중일 때 키바나 화면에서 **Machine Learning | Model Management | Trained Models**로 이동한 후 모델 ID를 확장해 해당 모델에 대한 통계 정보를 얻을 수도 있습니다.

머신러닝 노드 용량을 계획할 때 다음과 같은 두 가지 상황을 고려해야 합니다.

- **색인 시점**: 일반적으로 초기에 엘라스틱서치 인덱스에 문서를 대량으로 일괄 적재할 때가 있는데, 이때 벡터 생성이 필요합니다. 그러면 가능한 한 빨리 추론을 실행하기 위해 머신러닝 노드에 대한 요구가 커질 것입니다. 이러한 상황에서 머신러닝 노드를 쉽게 확장하고 모델 할당량을 동적으로 늘릴 수 있는 기능이 매우 유용합니다. 초기 대량 적재가 실행되는 동안 모델 할당을 스케일 아웃시킨 다음 적재가 완료되면 할당량을 줄일 수 있습니다.

14 https://www.elastic.co/guide/en/elasticsearch/reference/current/get-trained-models-stats.html#get-trained-models-stats

- **검색 시점 추론:** 사용자가 검색 질의를 보내면 문서 벡터를 만들 때 사용한 것과 동일한 임베딩 모델을 사용해 질의 벡터를 만들어야 합니다. 평균 질의 부하량을 파악하면 평소 운영 규모를 계획하는 데 도움이 됩니다. 예를 들어, 이커머스의 주말 쇼핑 성수기와 같이 질의 부하가 급증할 것으로 예상될 때는 미리 모델 할당량을 늘려 머신러닝 노드를 확장할 수 있습니다.

이 두 가지 조건을 테스트하는 유일한 방법은 실제 데이터에 대한 부하 테스트와 성능 튜닝이며, 이는 다음 장에서 더 자세히 다룹니다.

스토리지 효율성 전략

벡터 검색을 위한 운영 데이터 세트의 크기가 커짐에 따라 이러한 벡터를 저장하고 적절한 시간 내에 검색하는 데 필요한 자원도 증가합니다. 이 섹션에서는 이러한 자원을 줄이기 위해 사용자가 취할 수 있는 몇 가지 전략에 대해 논의합니다. 각 전략에는 장단점이 있으므로 운영에 적용하기 전에 신중하게 고려하고 철저하게 테스트해야 합니다.

차원 축소

차원 축소란 고차원 데이터를 저차원 표현으로 변환하는 과정을 의미합니다. 이 과정은 고차원 데이터를 다룰 때 발생하는 **차원의 저주**[15]와 같은 문제를 완화하는 데 종종 사용됩니다. **주성분 분석**(principal component analysis; PCA) 및 **t-분포 확률적 이웃 임베딩**(t-Distributed Stochastic Neighbor Embedding; t-SNE)과 같은 차원 감소 기법은 kNN 벡터 검색의 효율성과 효과를 향상할 수 있습니다. 그러나 차원 감소에는 장단점이 있습니다.

차원 축소의 주요한 장점 중 하나는 스토리지, 메모리, 계산 요구사항 감소입니다. 고차원 벡터 데이터는 많은 양의 RAM과 CPU 자원을 소모할 수 있어 엘라스틱서치에서 작업하기가 어려울 수 있습니다. 데이터를 저차원 표현으로 변환하면 필요한 오프 힙(off-heap) RAM과 계산량이 줄어들어 잠재적으로 kNN 벡터 검색 알고리즘의 효율성이 향상되고 자원이 제한된 환경에서도 적용할 수 있습니다.

15 https://en.wikipedia.org/wiki/Curse_of_dimensionality

차원 축소의 또 다른 장점은 차원 수가 증가하면서 데이터 포인트가 점점 더 희박해지는 현상인 차원의 저주를 완화하는 데 도움이 될 수 있다는 것입니다. 이러한 희박성은 고차원 공간에서 데이터 포인트 간의 거리가 의미가 없어짐에 따라 거리 기반 알고리즘의 성능 저하로 이어질 수 있습니다. 차원 축소는 저차원 공간에서 가장 관련성 높은 정보를 효과적으로 담아내어 거리 기반 검색 알고리즘을 더욱 효과적으로 만들어 이 문제를 완화하는 데 도움을 줄 수 있습니다.

그러나 차원 축소에는 몇 가지 단점도 있습니다. 가장 큰 단점은 정보의 손실 가능성입니다. 차원 축소 기법에는 어느 정도 근사치나 압축이 포함되는 경우가 많으며, 이에 따라 데이터의 미묘한 관계나 뉘앙스가 손실될 수 있습니다. 이러한 정보 손실은 축소된 차원 표현이 원래의 고차원 공간에서의 데이터 포인트 간의 관계를 완전히 포착하지 못할 수 있어 kNN 벡터 검색의 정확성과 효과에 영향을 미칠 수 있습니다.

그 밖의 단점은 차원 축소 과정에서 수반되는 추가적인 복잡성과 계산 부하가 추가된다는 것입니다. 차원 축소 기법을 적용하는 데 일반적으로 추가적인 계산과 자원이 필요하며 이는 데이터의 차원을 줄임으로써 얻을 수 있는 이점 일부를 상쇄할 수 있습니다. 게다가 적절한 차원 축소 기법을 선택하고 매개변수를 조정하기는 어려울 수 있는데 최적의 선택이 종종 데이터의 특정 특성과 문제 영역에 따라 달라지기 때문입니다.

다음은 4차원인 Iris 데이터 세트[16]를 사용하고, PCA로 차원을 2차원으로 축소한 예제입니다.

```
import numpy as np
import matplotlib.pyplot as plt
from sklearn import datasets
from sklearn.decomposition import PCA

# Iris 데이터 세트 적재
iris = datasets.load_iris()
X = iris.data
y = iris.target

# 차원 축소를 위해 PCA 적용
```

16 (옮긴이) 아이리스꽃 품종을 분류하기 위한 데이터 세트

```
pca = PCA(n_components=2)
X_reduced = pca.fit_transform(X)

# 원 데이터 시각화
plt.scatter(X[:, 0], X[:, 1], c=y, cmap=plt.cm.Set1, edgecolor='k')
plt.xlabel('Sepal length')
plt.ylabel('Sepal width')
plt.title('Original Iris dataset')
plt.show()

# 차원 축소된 데이터 시각화
plt.scatter(X_reduced[:, 0], X_reduced[:, 1], c=y, cmap=plt.cm.Set1,edgecolor='k')
plt.xlabel('First Principal Component')
plt.ylabel('Second Principal Component')
plt.title('Iris dataset after PCA')
plt.show()
```

그림 3.7의 산점도는 원본 데이터와 축소된 데이터의 분포를 나타냅니다. 차원 축소는 일부 정보 손실이 발생하지만, 데이터를 더 쉽게 관리할 수 있게 하고 kNN 검색과 같은 거리 기반 알고리즘의 성능이 향상될 수도 있습니다.

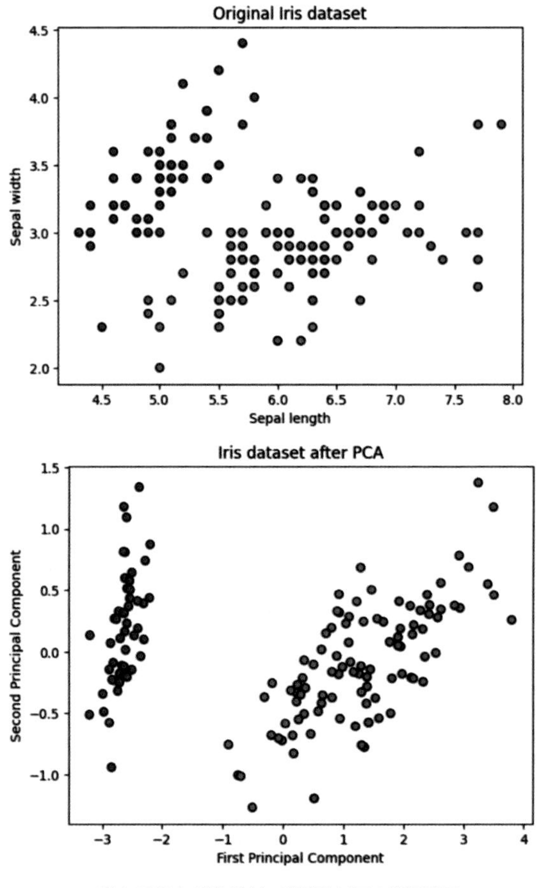

그림 3.7 PCA 전후의 Iris 데이터 세트 시각화하기

일부 사전 학습된 모델은 선택할 수 있는 다양한 차원 크기로 출시됩니다. 이러한 옵션이 있는 사전 학습된 모델로 시작할 때는 직접 차원 축소를 시도하기 전에 더 작은 차원 옵션 중 하나를 테스트해 보는 것이 좋습니다.

양자화

양자화는 의미 있는 검색 작업을 수행할 수 있는 능력을 유지하면서 고차원 데이터의 크기와 복잡성을 줄이기 위해 벡터 검색에 사용되는 기술입니다. 양자화 과정은 대체로 부동 소수점 숫자로 표현되는 연속적인 벡터값을 정수와 같은 더 작고 간결한 표현으로 변환하는 것을 의미합니다. 이러한 변환을 통해 고차원 데이터와 관련된 저장 및 계산 요구 사항을 줄여 보다 효율적인 검색과 검색 관련 작업이 가능합니다.

부동소수점 표현에서 8비트 벡터로 전환하면 데이터의 크기와 스토리지 요구 사항에 큰 영향을 미칠 수 있습니다. 부동소수점 숫자는 일반적으로 단일 값을 표현하는 데 32비트 또는 64비트가 필요하지만 8바이트 벡터는 값당 8비트만 사용됩니다. 이렇게 크기를 줄이면 스토리지와 메모리 요구 사항을 크게 절감할 수 있어 대규모 벡터 검색 애플리케이션을 효율적으로 처리할 수 있습니다. 그러나 이러한 압축은 양자화 과정에서 더 적은 수의 이산 레벨로 원래의 부동 소수점 값을 근사화하는 과정을 거치므로 정밀도와 정확도가 저하되는 결과가 따를 수 있습니다. 이러한 정밀도 손실은 양자화된 벡터 사이의 거리가 원래의 고차원 공간에서 데이터 포인트 간의 관계를 완벽하게 반영하지 못할 수 있으므로 검색 결과의 관련성에 영향을 미칠 수 있습니다.

양자화 과정을 보여주기 위해 scikit-learn 라이브러리에서 제공되는 Public Digits 데이터 세트[17]를 사용해 보겠습니다. 이 데이터 세트는 너무 많은 메모리나 연산 능력이 필요치 않고 노트북에서 실행할 수 있을 정도로 작습니다. 차원 축소를 위해 PCA 방법을 사용한 다음 축소된 벡터에 양자화를 적용하겠습니다.

```
import numpy as np
from sklearn import datasets
from sklearn.decomposition import PCA
from sklearn.preprocessing import MinMaxScaler, QuantileTransformer

# 숫자 데이터 세트 불러오기
digits = datasets.load_digits()
X = digits.data

# 원본 데이터 세트에서 첫 번째 예시 출력
print("Original dataset (first example):\n", X[0])

# 차원 축소를 위해 PCA 적용
pca = PCA(n_components=10)
```

17 (옮긴이) 8x8픽셀의 수기로 쓴 숫자 이미지를 포함한 MNIST 데이터 세트의 축소된 버전

```
X_reduced = pca.fit_transform(X)

# PCA 적용 후 첫 번째 예시 출력
print("\nReduced dataset after PCA (first example):\n", X_reduced[0])

# 축소된 벡터를 [0, 255] 범위로 정규화
scaler = MinMaxScaler((0, 255))
X_scaled = scaler.fit_transform(X_reduced)

# 정규화 후 첫 번째 예시 출력
print("\nScaled dataset after normalization (first example):\n", X_scaled[0])

# 스케일링된 벡터를 8비트 정수로 양자화
X_quantized = np.round(X_scaled).astype(np.uint8)

# 양자화 후 첫 번째 예시 출력
print("\nQuantized dataset (first example):\n", X_quantized[0])
```

그러면 다음과 같이 출력됩니다.

```
Original dataset (first example):
[ 0. 0. 5. 13. 9. 1. 0. 0. 0. 0. 13. 15. 10. 15. 5. 0. 0. 3. 15. 2. 0. 11. 8. 0. 0. 4.
12. 0. 0. 8. 8. 0. 0. 5. 8. 0. 0. 9. 8. 0. 0. 4. 11. 0. 1. 12. 7. 0. 0. 2. 14. 5. 10. 12.
0. 0. 0. 0. 6. 13. 10. 0. 0. 0.]

Reduced dataset after PCA (first example):
[-1.25943119 21.27487713 -9.4630716 13.01409073 -7.12874004 -7.44073278 3.25357601
2.55756705 -0.58760376 3.63146582]

Scaled dataset after normalization (first example):
[121.31621096 215.95604417 81.58062648 168.0966397 77.88288852 73.75078201 132.99089292
135.63851202 121.03524697 151.29258751]

Quantized dataset (first example):
[121 216 82 168 78 74 133 136 121 151]
```

앞서 언급했듯이 이 과정은 저장 공간과 성능을 크게 개선할 수 있지만 정밀도와 검색 관련성이 저하될 수도 있습니다. 양자화를 고려할 때 사용자는 운영 환경으로 전환하기 전에 양자화 전후의 검색 결과의 관련성을 테스트해서 감소가 허용할 수 있는 수준인지 확인해야 합니다.

차원 축소와 양자화는 임베딩 모델과 벡터 표현을 최적화하는 데 활용되는 두 가지 기술이지만 각각 목적이 다르고 데이터의 다른 측면을 다루고 있습니다. 차원 축소는 벡터 표현의 차원 수에 초점을 맞추지만, 양자화는 벡터의 각 요소의 정밀도를 줄이는 데 중점을 둡니다. 두 기술 모두 효율성을 높이고 메모리 요구 사항을 줄일 수 있지만 정보나 정밀도가 일부 손실돼 검색 결과의 정확성과 품질에 영향을 미칠 수 있습니다.

벡터 표현 최적화의 미묘한 차이를 논의한 후에는 시스템의 효율성이 데이터 자체뿐만 아니라 데이터가 어떻게 저장되고 검색되는지에도 영향을 미친다는 점에 주목해야 합니다. 엘라스틱서치와 벡터 검색에서 특히 고차원 데이터를 다룰 때 _source 필드가 중요한 역할을 합니다. _source 필드 내에서 dense_vector의 의미와 검색 성능에 대한 잠재적 영향에 대해 살펴보겠습니다.

_source에서 dense_vector 제외하기

엘라스틱서치는 색인 시점에 전달된 원본 JSON 문서를 _source 필드에 저장합니다. 기본적으로 검색 결과의 각 질의 일치 항목에는 전체 문서가 포함됩니다. 그러나 문서에 고차원의 dense_vector 필드가 포함되면 _source 필드가 상당히 커져 데이터를 적재하는 데 상당한 부하가 발생할 수 있습니다. 그 결과 이렇게 큰 _source 필드를 처리하는 데 필요한 추가 시간으로 인해 kNN 검색 속도가 상당히 느려질 수 있습니다.

이 문제를 완화하려면 excludes 매핑 매개변수를 사용해서 _source에 dense_vector 필드를 저장하지 않게 설정할 수 있습니다. 이 접근 방식은 검색 작업 중에 큰 벡터를 석재하고 반환하는 것을 방지해 처리 부하와 인덱스 크기를 모두 줄여줍니다. _source에서 생략됐음에도 불구하고 벡터는 여전히 kNN 검색에 사용될 수 있습니다. 이는 검색 프로세스가 검색을 효율적으로 수행하려면 별도의 데이터 구조에 의존하기 때문입니다.

excludes 매개변수를 적용하기 전에 _source에서 필드를 제외할 때 발생할 수 있는 단점을 이해하는 것이 중요합니다. 이렇게 하면 문서에 대한 처리능력이 제한되거나 원래 필드 값에 대한 접근이 필요한 특정 업데이트 작업을 수행하는 기능이 제한될 수 있습니다.

이 설정의 매핑 예시는 다음과 같습니다.

```
PUT my_index
{
    "mappings": {
        "_source": {
            "excludes": [
                "vector_field"
            ]
        },
        "properties": {
            "vector_field": {
                "type": "dense_vector",
                "dims": 384,
                "index": True,
                "similarity": "dot_product"
            },
            "text_field": {
                "type": "text"
            }
        }
    }
}
```

특정 시점에 필드를 재색인할 계획이 없는 한 사용자는 공간을 절약하고 kNN 검색 속도를 높일 수 있으므로 dense_vector 필드가 있는 모든 인덱스에 이 값을 설정하는 것을 고려해야 합니다.

엘라스틱서치에서 _source에서 dense_vector 필드를 제외하는 것은 효율적인 kNN 검색 속도와 인덱스 크기를 감소시킬 수 있습니다. 그러나 특정 사용 사례에 최적화되고 효과적인 스토리지 접근 방식을 보장하려면 잠재적인 재색인 요구와 비교해 이점을 따져봐야 합니다.

요약

이 장에서는 허깅 페이스 생태계의 복잡성과 엘라스틱서치의 Eland 파이썬 라이브러리의 기능에 대해 알아보고 엘라스틱서치 내에서 임베딩 모델을 사용하기 위한 실용적인 예제를 제시했습니다. 데이터 세트, 모델 선택, Spaces의 잠재력을 강조하면서 허깅 페이스 플랫폼을 살펴봤습니다. 또한 Eland 라이브러리에 대한 실용적인 접근 방법을 소개하면서 그 기능을 설명하고 매핑, ML 노드, 모델 통합과 같은 중요한 고려 사항을 다루었습니다. 또한 클러스터 용량 계획에 있어 중요한 세부 사항들을 다루며 RAM, 디스크 크기 및 CPU에 대한 고려 사항을 강조했습니다. 마지막으로 차원 축소, 양자화, 매핑 설정에 중점을 둔 몇 가지 스토리지 효율성 전략을 강조했으며 이는 엘라스틱서치 클러스터의 최적 성능과 자원 절약을 보장합니다.

다음 장에서는 데이터 작업의 운영 단계에 대해 자세히 살펴보고 추론과 질의를 위해 성능을 조정하는 방법을 알아보겠습니다.

04

성능 튜닝 – 데이터를 통한 확인

이전 장에서는 엘라스틱서치와 ML 모델을 통합하는 방법에 대해 다루었습니다. 이 장에서는 엘라스틱서치에서 벡터 검색의 성능을 최적화하는 방안을 중점적으로 다루겠습니다.

살펴볼 주제는 다음과 같습니다.

- 머신러닝 모델 배포와 관련된 튜닝 기술
- 엘라스틱서치 노드에 대한 벡터 용량 추정
- 엘라스틱의 성능 도구인 Rally를 사용한 부하 테스트
- kNN 검색 응답 지연에 대한 이슈 해결

이번 장을 통해 실사용 사례에 필요한 엘라스틱서치 노드 수를 추정하는 방법, 요구사항에 맞는 성능 추정치를 확인하기 위해 성능 벤치마크 테스트를 사용하는 방법, 그리고 kNN 검색 응답시간이 느려지는 잠재적 원인을 파악하는 방법을 알게 될 것입니다.

그럼 NLP 모델 배포부터 시작해 보겠습니다.

NLP 모델 배포

자연어 처리 모델을 배포하려면 운영 환경에서 피크 시간 동안 호출되는 추론 요청을 효율적이고 안전하게 처리할 수 있는 배포 방법을 선택해야 합니다. 테스트 단계에서 충분히 작은 모델을 로컬 환경에서 실행할 수 있습니다. 하지만 운영 환경 전환을 위해서는 배포 전략을 수립할 필요가 있습니다. 모델은 가상 머신, 클라우드 서비스, 허깅 페이스와 같은 별도 호스팅 서비스에 배포하거나, 상황에 따라 엘라스틱서치와 같이 벡터가 사용될 서비스와 같은 서비스 내에 배포할 수 있습니다. 각 방법은 효율성, 응답시간, 확장성, 관리 유용성 측면에서 장단점이 있습니다.

모델이 외부에 배포되는 환경에서는 일반적으로 API를 사용해 텍스트를 전달하고 결과 벡터를 전달받는 방식을 사용합니다. 벡터가 어떻게 만들어지든 만들어진 벡터는 데이터 저장소로 보내고 추후 완전 탐색 벡터 검색 또는 근사 최근접 이웃 검색 등의 방법으로 검색할 수 있습니다. 검색 시점에는 사용자 질의가 벡터로 변환돼 이전에 저장된 벡터와 유사도 검색에 사용됩니다.

최적의 성능과 효율을 위해 배포된 모델 자체를 튜닝하는 것은 하드웨어 자원, 소프트웨어 구성, 모델 하이퍼파라미터(hyperparameter) 조정과 같은 추가적인 고려 사항이 필요합니다. 딥러닝 모델 자체에 대한 튜닝은 이 책에서는 다루지 않습니다.

엘라스틱서치 내에 임베딩 모델을 배포해 사용하는 경우 엘라스틱서치 클러스터 내의 전용 머신러닝 노드에서 모델을 실행합니다. 이를 통해 모델을 엘라스틱서치의 검색 및 인덱싱 기능과 손쉽게 통합할 수 있습니다. 다음에서 이러한 접근 방식에서 사용될 수 있는 튜닝 설정을 몇 가지 살펴보겠습니다.

엘라스틱서치에 모델 적재하기

엘라스틱서치 8.0 버전 이상은 `pytorch`에서 사용되는 C++ 라이브러리인 `libtorch`를 지원합니다. 이를 통해 파이토치 기반 모델을 실행하고 엘라스틱 스택 내에서 텍스트에 대한 임베딩 벡터를 만들 수 있습니다.

엘라스틱서치에 모델을 적재하기 위해 이전 장에서 살펴본 바와 같이 Eland 파이썬 라이브러리를 사용할 것입니다. Eland는 로컬 드라이브에서 모델이나 지원되는 아키텍처를 적재할 수 있지만 가장 간단한 방법은 허깅 페이스의 모델을 적재하는 것입니다. 엘라스틱 가이드 문서[1]에서 현재 지원되는 모델 유형을 확인할 수 있습니다.

이어지는 예제에서는 Eland를 사용해 허깅 페이스에서 `sentence-transformers/msmarco-MiniLM-L-12-v3`[2] 모델을 직접 적재합니다. Eland가 모델을 내려받아 엘라스틱서치에 적재할 수 있는 형태로 모델의 정보를 분할합니다.

이전 장에서는 주피터 노트북을 활용해 자연어 처리 모델을 적재하는 방법을 다루었습니다. 상기해 보자면, 이 책의 깃허브 저장소 `chapter3` 폴더[3]에서 관련 코드를 확인할 수 있습니다.

또한 **도커**(Docker)와 함께 보다 쉽게 Eland를 사용할 수도 있습니다. 도커는 애플리케이션을 컨테이너 내에 배포해 사용하기 위해 필요한 과정을 자동화해 주는 오픈 소스 플랫폼입니다. 도커는 컨테이너를 사용해 애플리케이션을 생성, 배포, 실행할 수 있게 해줌으로써 개발 및 배포에 필요한 과정을 간소화하는 데 사용됩니다. 그리고 소프트웨어가 다양한 환경에서 안정적으로 작동할 수 있게 보장해 주며 표준화된 유닛으로 애플리케이션을 패키징할 수 있게 해줍니다. 도커 설치 및 사용에 대한 자세한 정보는 `www.docker.com`을 통해 확인할 수 있습니다.

Eland 도커 컨테이너[4]는 Eland 깃허브 저장소[5]에서 내려받을 수 있습니다.

다음 명령을 실행하면 도커를 사용해 허깅 페이스의 모델을 적재할 수 있습니다.

```
$ docker run -it --rm --network host \
    docker.elastic.co/eland/eland \
    eland_import_hub_model \
      --url http://host.docker.internal:9200/ \
      --hub-model-id sentence-transformers/msmarco-MiniLM-L-12-v3 \
      --task-type ner
```

1 https://www.elastic.co/guide/en/machine-learning/current/ml-nlp-model-ref.html
2 https://huggingface.co/sentence-transformers/msmarco-MiniLM-L-12-v3
3 https://github.com/wikibook/vector-search/tree/main/chapter3
4 (옮긴이) 배포 대상 서버의 기반 시스템 및 다른 컨테이너 환경과 격리돼 실행되고 응용 프로그램과 작동에 필요한 모든 라이브러리를 포함한 표준화되고 캡슐화된 환경
5 https://github.com/elastic/eland

이제 모델을 배포하는 방법과 세부 구성을 위한 옵션을 살펴보겠습니다.

모델 배포와 관련된 설정

엘라스틱서치에 적재된 모델은 배포 과정이 필요합니다. 엘라스틱 클라우드에 배포될 때와 같이 머신러닝 노드에서 모델을 실행합니다.

임베딩 모델과 같은 자연어 처리 모델은 할당 자원 수와 자원별 스레드 수를 설정해 필요한 운영 환경의 추론 부하를 처리하게 확장될 수 있습니다.

- **할당 자원(Allocations) 수**: 모델을 시작할 때 해당 설정을 통해 사용할 수 있는 모든 머신러닝 노드 중 몇 개의 노드에 모델을 배포할 것인지 결정합니다. 할당 자원 수를 늘리면 일반적으로 전체 처리량이 많아집니다. 이 설정은 모델이 시작된 후에도 증가시키거나 감소시킬 수 있습니다.
- **자원별 스레드 수(Threads per allocation)**: 이 설정은 각 인스턴스가 사용하는 CPU 스레드에 영향을 미칩니다. 이 숫자를 늘리면 일반적으로 개별 요청의 추론 소요 시간이 짧아지게 됩니다. 이 값은 모델이 배포될 때만 변경할 수 있습니다.

이 두 가지 설정의 조합으로 계산된 값은 모든 가용한 머신러닝 노드의 가용 스레드 수를 초과하지 않아야 합니다. 이 숫자를 무조건 늘린다고 해서 성능이 비례해서 향상되는 것은 아니며 부하 테스트를 통해 최적의 설정을 찾는 과정이 필요합니다.

ⓘ The product of the number of allocations and threads per allocation should be less than the total number of processors on your ML nodes.

Deployment ID
Specify unique identifier for the model deployment.

Deployment ID: distilbert-base-cased-distilled-squad

Priority
Select low priority for demonstrations where each model will be very lightly used.

Priority: low | normal

Number of allocations
Increase to improve document ingest throughput.

Number of allocations: 1

Threads per allocation
Increase to improve inference latency.

Threads per allocation: 1 | 2 | 4 | 8 | 16

Learn more

Cancel Start

그림 4.1 모델 배포 관련 설정

모델이 적재되면 해당 모델을 사용해 운영 환경 배포 전 부하 테스트를 진행할 수 있습니다. 이제 이러한 부하 테스트를 위한 도구를 살펴보겠습니다.

부하 테스트

엘라스틱서치에서 데이터 색인과 쿼리 속도에 대한 벤치마킹 테스트는 검색 및 분석 작업의 성능을 최적화하는 데 있어 중요합니다. 엘라스틱서치는 대량의 데이터를 처리하는 데 널리 사용되므로 색인과 쿼리 성능을 최대한 효율적으로 유지해야 합니다. 이를 위해 시스템 내의 병목 현상과 개선할 수 있는 영역을 식별해야만 합니다. 이는 철저한 벤치마킹 및 부하 테스트 과정을 통해 식별될 수 있으며, 이 과정은 운영 환경에서 중대한 성능 이슈가 발생하기 전 이를 식별하고 해결할 수 있게 해줍니다.

Rally

Rally는 엘라스틱에서 개발한 무료 벤치마킹 테스트 도구로 사용자가 엘라스틱서치 성능을 측정하고 최적화할 수 있게 해줍니다. Rally는 인덱싱, 검색, 데이터 집계와 같은 다양한 엘라스틱서치 작업의 성능 측정에 사용할 수 있습니다. 다양한 시나리오와 작업 부하를 지원하게 설계돼 엘라스틱서치 클러스터가 최적의 성능으로 운영되고 있는지 확인하고자 하는 사용자에게 이상적인 대안이 될 수 있습니다. 이 장에서는 운영 환경 적용을 위해 매우 중요한 벡터 검색 성능을 벤치마킹하기 위해 Rally를 활용하는 방안을 살펴보겠습니다.

Rally에는 로깅, 메트릭, 시큐리티, 벡터 등 다양한 유형의 데이터를 표현하는 트랙(Track)과 데이터 세트가 있습니다. 사용자는 이 제공받은 트랙을 사용해 구성 변경 및 버전 업그레이드 시 클러스터에 대한 벤치마크 테스트를 수행할 수 있습니다.

Rally 프레임워크에는 많은 구성 요소가 있지만 중요하게 다룰 세 가지 주요 구성 요소는 다음과 같습니다.

- **트랙(Track):** Rally에서 트랙은 엘라스틱서치에 대한 다양한 작업(예: 색인 또는 질의)을 시뮬레이션하는 벤치마크 및 작업 부하를 나타냅니다.
- **레이스(Race):** 레이스는 트랙의 실행을 관리하는 단위로써 특정 조건에서 엘라스틱서치 작업의 성능을 측정합니다.

- **챌린지(Challenge):** 챌린지는 트랙 내에서 다양한 구성 및 부하 조건에서 엘라스틱서치 성능의 다양한 측면을 테스트하게 설계된 작업 또는 테스트의 집합입니다.

트랙은 벤치마킹할 작업을 정의하고, 챌린지는 특정 태스크와 조건을 명시해 트랙이 실행되는 방식을 지정하며, 레이스는 실제로 트랙에서 챌린지를 실행해 엘라스틱서치의 성능을 측정합니다.

사용자는 자신의 데이터로 맞춤형 트랙을 만들고 운영 환경에서 사용되는 동일한 구조의 쿼리를 사용하게 Rally를 구성해 운영 환경을 벤치마킹할 수 있습니다. Rally의 가장 큰 이점은 사용자가 조건을 변경해 가며 테스트를 반복 실행할 수 있다는 점입니다. 이는 엘라스틱서치 클러스터 아키텍처링 단계 초기에 샤드 및 복제본 수, 단일 노드 문서 수와 같은 설정이 색인과 쿼리 응답 속도에 어떤 영향을 미칠지 테스트하는 데 특히 유용합니다.

환경에 따른 프로그램 구성 방법은 Rally 설치 가이드 문서[6]를 참고하세요.

이어지는 예시에서는 Rally에서 제공하는 벡터 트랙을 사용하겠습니다. 이 트랙은 밀집 벡터 필드를 대상으로 한 고급 검색을 벤치마킹하기 위해 특별히 설계됐습니다. 'StackOverflow 벡터 트랙'으로 알려진 이 트랙의 데이터 세트는 스택 오버플로 데이터를 기반으로 밀집 벡터 필드를 포함한 다양한 유형의 필드를 포함해서 필터링과 하이브리드 검색과 같은 고급 검색 기능을 테스트할 수 있습니다. 이 벡터 트랙을 사용함으로써 엘라스틱서치에서 벡터 검색의 성능을 측정하고 최적화할 수 있으며 고차원 벡터 데이터를 포함하는 엘라스틱서치 클러스터를 다루기 위해 필요한 지식을 습득할 수 있습니다.

> Note
>
> 기본적으로 Rally는 로그 파일에 대규모 메트릭 세트를 출력하는데, 엘라스틱서치 클러스터를 구성해 테스트 결과를 수집할 수 있습니다. 그리고 키바나 대시보드에서 이 결과를 검색하고 시각화해 테스트를 비교합니다.

이제 Rally가 무엇인지 알았으니 세부적인 실행 방법을 알아보겠습니다.

6 https://esrally.readthedocs.io/en/stable/install.html

Rally 실행을 위한 파이썬 환경 설정

이 섹션에서는 예제로 사용할 수 있는 코드와 설명을 제공합니다. 예제를 실행함으로써 벤치마킹 절차를 따라 해볼 수 있습니다.

1. 파이썬 가상 환경을 만듭니다.

```
sudo apt-get install python3-venv
python3 -m venv rally_testing
source rally_testing/bin/activate
pip install --upgrade pip
```

2. 필요한 종속성 패키지를 설치합니다.

```
sudo apt-get install gcc libffi-dev python3-dev
pip install elasticsearch
```

3. Rally와 StackOverflow 트랙을 설치합니다.

```
pip install esrally
esrally --version
esrally list tracks
```

이제 Rally 실행을 위한 파이썬 환경을 설정했으니 Rally를 구성하는 방법을 알아보겠습니다.

Rally 구성

Rally를 구성해서 메트릭을 엘라스틱서치 클러스터로 전송합니다. 가장 좋은 방법은 벤치마킹 중인 클러스터와 별도의 클러스터로 메트릭을 전송하는 것입니다.

리포팅을 위한 상세한 옵션은 Rally 가이드 문서[7]에서 확인할 수 있습니다.

텍스트 편집기로 `rally.ini` 파일을 열고 `[reporting]` 섹션을 다음과 같이 수정합니다. 다음 예제는 엘라스틱 클라우드의 전용 모니터링 클러스터에 연결하고 있습니다. **모니터링 클러스터**를 사용하면 시간에 따른 리포팅 메트릭을 수집할 수 있습니다.

7 https://esrally.readthedocs.io/en/stable/configuration.html?highlight=reporting#reporting

```
vim ~/.rally/rally.ini
[reporting]
datastore.type = elasticsearch
datastore.host = my_monitoring_cluster.es.us-central1.gcp.cloud.es.io
datastore.port = 9243
datastore.secure = true
datastore.user = rally
datastore.password = rally_password
```

이제 Rally가 구성됐으니 엘라스틱서치 클러스터를 벤치마킹해 보겠습니다.

클러스터에 벤치마킹 실행

엘라스틱서치 테스트용 클러스터가 요구사항을 충족하는지 확인하기 위해 테스트 클러스터를 대상으로 벤치마킹을 실행해 보겠습니다. 트랙 정보와 테스트 클러스터 정보는 명령어의 인수로 전달합니다.

경고

운영 클러스터에서 벤치마킹을 수행하지 마십시오! 벤치마킹은 성능의 한계를 찾기 위해 설계된 것으로 일반 운영 환경에서 속도 저하를 발생시킬 수 있습니다. 이는 테스트 중에 발생하는 당연한 현상이지만 비즈니스 운영 환경에는 치명적일 수 있습니다.

추가 정보는 Rally 가이드 문서[8]에서 확인할 수 있습니다.

esrally 명령어의 인수를 자세히 살펴보겠습니다.

- race: 벤치마킹을 실행하게 지시합니다.
- --track: 사용할 트랙을 정의합니다.
- --target-hosts: 벤치마킹 대상인 호스트를 지정합니다. 예제의 경우 엘라스틱 클라우드의 테스트 클러스터입니다.
- --pipeline=benchmark-only: 새 클러스터를 만들지 말고 기존 클러스터를 사용하게 합니다.
- --client-options: 보안이 활성화된 경우 필요한 옵션을 지정합니다.

8 https://esrally.readthedocs.io/en/stable/recipes.html#benchmarking-an-existing-cluster

이 모든 인수를 esrally 명령어로 실행하는 예시는 다음과 같습니다.

```
esrally race --track=so_vector --target-hosts=deployment_name.es.us-central1.gcp
.cloud.es.io:9243 --pipeline=benchmark-only --track-params ingest_percentage:100
--client-options="use_ssl:true,verify_certs:true,basic_auth_user:'elastic',basic_auth_pas
sword:'elastic_password'"
```

so_vector 트랙 용량이 32GB가 넘는다는 점에 유의해야 합니다.

명령어를 실행하면 Rally가 실행되고, 트랙 데이터가 없으면 다운로드됩니다.

이제 Rally를 실행하는 방법을 이해했으므로 다음 단계는 엘라스틱서치 노드를 테스트할 준비를 하는 것입니다. 이를 위해 단일 노드에 얼마나 많은 벡터를 '저장할 수 있는지' 추정해야 합니다.

메모리(RAM) 사용량 예측

kNN 검색 성능이 좋아지려면 벡터가 사용하는 메모리 크기가 데이터 노드의 오프힙(off-heap) 메모리 크기에 '맞아야' 합니다. 자세한 내용은 kNN 성능 튜닝 가이드 문서[9]를 참고하십시오.

엘라스틱서치 버전 8.7 이상에서 벡터가 사용하는 대략적인 메모리 크기는 다음과 같습니다.

```
num_vectors × 4 × (num_dimensions + 12)
```

자세히 살펴보면 다음과 같습니다.

- num_vectors: 벡터의 수입니다. 900만 개의 문서가 있고 각 문서당 1개의 벡터가 있다면 총 900만 개가 됩니다. 복제본이 1개이면 1,800만 개가 됩니다.
- num_dimensions: 임베딩 모델이 만드는 벡터의 차원 수입니다.

참고로 이 공식은 float 유형의 벡터에만 적용됩니다.

---

9 https://www.elastic.co/guide/en/elasticsearch/reference/current/tune-knn-search.html#_ensure_data_nodes_have_enough_memory

예를 들어 총 900만 개의 문서가 있고 각 문서당 768차원의 벡터가 1개씩 있다면 다음과 같이 계산할 수 있습니다.

```
9000000 × 4 × (768 + 12) =~ 26.2GB
```

kNN 검색을 수행하기 위해 데이터 노드 전체에 필요한 메모리(엘라스틱서치 JVM의 오프힙) 크기는 대략 26GB입니다. 추가된 각 복제본은 동일한 양의 메모리가 필요합니다. 일반적인 엘라스틱서치 노드는 사용 가능한 메모리의 절반을 힙 메모리(Heap Memory)로 사용하게 설정돼 있습니다. 따라서 64GB 메모리를 가진 엘라스틱 클라우드 데이터 노드가 9백만 개의 768차원 벡터를 캐시로 처리하는 데 충분할 것으로 예측됩니다. 그러나 정확한 확인을 위해 테스트가 필요합니다.

메모리 사용량을 예측했으므로 이제 벤치마킹을 시작할 수 있습니다.

벡터 검색 벤치마킹

Rally는 다양한 용도와 구성을 가진 성능 벤치마킹 도구입니다. Rally에 대한 모든 것을 다루려면 별도의 책이 필요할 정도입니다. 따라서 여기서는 간단한 개요만 제공하겠습니다. Rally 웹페이지[10]에는 많은 문서가 있습니다.

Rally를 사용해 벡터 검색, 특히 kNN 검색을 벤치마킹할 때 접근 방식은 간단하지만, 체계적으로 이루어집니다.

1. 60GB 또는 64GB RAM 정도의 단일 노드를 사용합니다. 기본적으로 엘라스틱서치 JVM은 힙 메모리로 절반을 사용지만 16GB JVM 힙을 구성해서 테스트할 수도 있습니다.
2. 테스트 인덱스는 1개의 기본 샤드와 0개의 복제본으로 구성합니다.
3. 앞서 설명한 벡터의 메모리 크기 계산을 사용해 총 벡터의 60% 정도의 문서를 단일 노드에 인덱싱합니다.
4. 검색 질의에 대한 사용자 정의 트랙만 구성해 Rally를 실행합니다.
5. **서비스 시간**과 **지연 시간**을 확인하면서 결과를 분석합니다.
    - 서비스 시간은 엘라스틱서치에서 실제 쿼리를 실행하는 데 걸리는 시간입니다.

10 https://esrally.readthedocs.io

- 지연 시간은 Rally가 쿼리를 실행하기 시작할 때부터 작업을 완료할 때까지의 전체 시간입니다. 일반적으로 낮은 지연 시간이 좋습니다.

6. 10% 정도의 문서를 추가로 클러스터에 인덱싱합니다.
7. Rally 테스트를 반복하고 결과를 분석합니다.
8. 응답 시간이 일정하게 유지되면 메트릭이 급격히 증가할 때까지 문서를 계속 인덱싱하고 Rally를 다시 실행합니다.
9. 응답 시간이 급증하면 바로 직전에 응답 시간이 '양호'했던 문서 수가 노드의 RAM으로 처리 가능한 문서 수라고 생각할 수 있습니다.
10. 이 장의 뒤에서 논의되는 `GET /_nodes/hot_threads`를 실행해 이를 확인할 수 있습니다.

이 방법을 사용해 오프힙 RAM에 '맞는' 최대 벡터 수를 결정할 수 있습니다. 그러나 엘라스틱서치에서는 샤드당 용량을 10GB~50GB로 권장하고 있으며, 각 샤드는 단일 스레드로 실행된다는 점이 중요합니다.

더 많은 기본 샤드는 들어오는 문서를 더 많은 데이터 노드에 분산시켜 (노드가 있다면) 인덱싱 시간을 향상할 수 있습니다. 빠른 검색 응답 시간이 필요하면 권장하는 샤드 크기의 하단을 목표로 설정하는 것이 좋은 성능을 얻는 데 도움이 됩니다.

결과 평가

이 섹션에서는 다음과 같은 값을 사용하는 몇 가지 테스트 실행 예시를 살펴보겠습니다.

- 기본 설정을 사용한 `cohere_vector` Rally 트랙[11]
- 768차원 `float32` 벡터
- DATAHOT.N2.68X10X45 엘라스틱 클라우드 구성을 사용하는 64GB RAM 핫 노드 1개
- 엘라스틱서치 8.10.3 버전에서 1,100만 개의 벡터가 대략 32GB의 RAM을 사용할 것으로 예상

각 사용 사례에는 자체적인 요구 사항이 있을 것입니다. '허용할 수 있는' 응답 시간은 다음과 같은 요소를 고려해서 결정돼야 합니다.

---

11 https://github.com/elastic/rally-tracks/tree/master/cohere_vector

- 데이터 사용 방법 – 외부 사용자, 내부 사용자, 프로그램에 의한 쿼리
- 조회할 데이터 크기
- 예산

이것은 몇 가지 예시일 뿐입니다. 프로젝트의 응답 시간이 어떤 수준이어야 하는지 결정할 때 이러한 모든 요소를 고려해야 합니다.

테스트 예제에서는 응답 시간을 300밀리초 미만으로 설정하고 있습니다. 이 테스트는 운영 환경 구성을 위해 여러 노드로 확장하기 전에 단일 노드의 성능을 이해하는 데 도움이 되도록 설계됐습니다.

710만 벡터로 테스트하는 경우

응답 시간은 허용 가능하다고 판단됩니다.

```
| 50th percentile service time | standalone-knn-search-100-1000-single-client | 63.2092 | ms |
| 90th percentile service time | standalone-knn-search-100-1000-single-client | 70.9459 | ms |
| 100th percentile service time | standalone-knn-search-100-1000-single-client | 204.182 | ms |
```

900만 벡터로 테스트하는 경우

응답 시간은 여전히 허용 가능하다고 판단됩니다.

```
| 50th percentile service time | standalone-knn-search-100-1000-single-client | 63.3707 | ms |
| 90th percentile service time | standalone-knn-search-100-1000-single-client | 71.7568 | ms |
| 100th percentile service time | standalone-knn-search-100-1000-single-client | 303.927 | ms |
```

1,380만 벡터로 테스트하는 경우

여기서는 서비스 시간이 허용할 수 있는 값 이상으로 급증한 것을 볼 수 있습니다. 이것은 아마도 벡터의 크기가 사용할 수 있는 오프힙 RAM 크기를 초과해서 kNN 검색 응답 시간이 많이 증가한 결과일 것입니다.

```
| 50th percentile service time | standalone-knn-search-100-1000-single-client | 763.32 | ms |
| 90th percentile service time | standalone-knn-search-100-1000-single-client | 1045.13 | ms |
| 100th percentile service time | standalone-knn-search-100-1000-single-client | 1655.94 | ms |
```

이 경우에는 단일 노드의 kNN 검색을 위한 밀집 벡터 용량이 약 1,000만 개 정도라고 할 수 있습니다. 이 숫자를 기반으로 노드 수를 확장하고 필요에 따라 복제본을 추가할 수 있습니다.

속도 저하 문제 해결

벡터를 캐시하고 실행할 수 있는 단일 노드의 대략적인 용량을 확인했지만, 속도 저하가 발생하는 이유를 점검하거나 확정하기 위해 다른 지표를 살펴보는 것이 도움이 될 수 있습니다.

kNN 검색에서 속도가 느려지면 오프힙 RAM이 충분하지 않은 경우가 많습니다. 문제를 진단하는 데 도움이 되는 추가적인 방법을 살펴보겠습니다.

핫 스레드 API

엘라스틱서치의 핫 스레드 API는 클러스터 전체 노드 또는 특정 노드에서 가장 바쁜 스레드에 대한 정보를 제공해 성능이 떨어지는 요소를 식별하는 데 도움이 됩니다. 핫 스레드 API의 출력을 분석하면 성능 병목 현상과 속도 저하를 진단하는 데 도움이 될 수 있습니다. 이제 핫 스레드 API의 출력을 분석하는 방법을 배워보겠습니다.

가장 바쁜 스레드에 대한 세부 정보를 얻으려면 핫 스레드 API를 사용하십시오. 이 API는 다음 엔드포인트를 통해 접근할 수 있습니다.

```
GET /_nodes/hot_threads
```

특정 노드를 대상으로 하거나 반환할 스레드 수나 스냅샷 간격과 같은 추가 변수를 지정해 출력을 사용자 정의할 수도 있습니다.

```
GET /_nodes/{nodeId}/hot_threads?threads=3&interval=500ms&snapshots=5
```

API의 출력은 가장 바쁜 스레드에 대한 스택 추적으로 구성됩니다. 일반적으로 이러한 스택 추적에서 패턴이나 반복되는 내용을 찾는 것으로 시작해 속도 저하의 원인을 파악합니다. 일반적인 문제로는 과도한 가비지 컬렉션, 느리거나 복잡한 쿼리, 샤드 리밸런싱, 자원 소모가 많은 집계 등이 있습니다.

kNN 검색의 속도 저하 문제를 구체적으로 해결할 때 HNSW와 관련된 스레드를 찾는 것부터 시작합니다. 그러한 스레드 중 하나의 예(일부)는 다음과 같습니다.

```
100.0% [cpu=4.7%, other=95.3%] (500ms out of 500ms) cpu usage by
thread 'elasticsearch[instance-0000000020][search][T#8]'
    2/10 snapshots sharing following 33 elements
        app//org.apache.lucene.codecs.lucene91.Lucene91HnswVectorsReader$OffHeapVectorVal
ues.vectorValue(Lucene91HnswVectorsReader.java:499)
        app//org.apache.lucene.util.hnsw.HnswGraphSearcher.searchLevel(HnswGraphSearcher.
java:182)
```

이 스택 추적에서 다음과 같은 사항을 확인할 수 있습니다.

- 대부분의 시간은 cpu(4.7%)보다 other(95.3%)에 소비됩니다.
- Lucene91HnswVectorsReader$OffHeapVectorValues가 실행 중인 것을 알 수 있습니다.

이 두 가지 정보는 루씬(Lucene)에서 페이지 캐시가 아닌 디스크에서 벡터를 검색해야 하므로 적어도 부분적으로는 속도가 느려지고 있다는 확실한 표시입니다. 여기서 핵심은 낮은 cpu 비율과 높은 other 비율이 디스크에서 벡터를 읽을 때 대기 중임을 나타낸다는 것입니다.

그렇지만 대부분 또는 모든 비율이 cpu에 있어야 하고 other는 아니라는 점에 유의하십시오.

살펴봐야 할 또 다른 훌륭한 지표는 주요 페이지 오류(major page faults)입니다.

주요 페이지 오류

주요 페이지 오류 메트릭을 모니터링하면 엘라스틱서치가 디스크에서 벡터를 읽어 들여야 하는 상황을 파악하는 데 도움이 될 수 있습니다.

리눅스의 주요 페이지 오류는 운영 체제가 프로그램의 메모리 접근 요청을 처리하기 위해 데이터를 디스크에서 가져와야 할 때 발생합니다. 이 문제는 요청된 메모리 페이지가 현재 시스템의 RAM에 적재되어 있지 않을 때 발생합니다.

이 과정을 주요 페이지 오류라고 부르는데, 이는 요청된 데이터가 메모리에 이미 존재하지만, 아직 프로그램의 주소 공간에 대응되어 있지 않은 경우인 마이너 페이지 오류(minor page fault)보다 시간이 오래 걸려 주요 페이지 오류라고 합니다. 디스크 액세스는 메모리 액세스보다 훨씬 느리므로 주요 페이지 오류는 프로그램 성능에 부정적인 영향을 미칠 수 있습니다.

엘라스틱의 메트릭비트(Metricbeat)는 서버에 설치해 운영 체제 및 서버에서 실행되는 서비스에서 메트릭을 주기적으로 수집할 수 있는 경량 수집기입니다. 메트릭비트의 시스템 모듈은 주요 페이지 오륫값을 수집[12]할 수 있습니다.

이 데이터는 엘라스틱서치용 시각화 애플리케이션인 키바나에서 차트로 표시할 수 있습니다. kNN 검색 중의 주요 페이지 오류는 일부 벡터가 페이지 캐시에 저장되지 못하고 디스크에서 적재해야 했음을 나타냅니다. 이 메트릭을 `hot_threads`와 함께 모니터링하면 성능이 우수한 kNN 검색을 위해 더 많은 오프힙 RAM이 필요하다는 것을 가장 잘 알 수 있습니다.

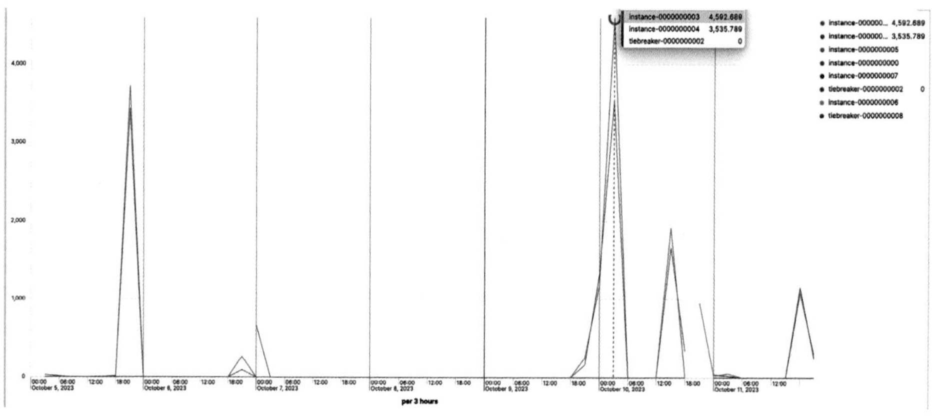

그림 4.2 3시간 버킷의 엘라스틱서치 노드당 주요 페이지 오류 수

12 https://www.elastic.co/guide/en/beats/metricbeat/current/metricbeat-metricset-system-process.html

오류가 최대 급증한 부분을 확대하면 인스턴스 3에 대한 페이지 오류가 4시간 동안 4,592건 이상인 것을 확인할 수 있습니다. 이는 일반적으로 예상하는 것보다 훨씬 높은 수치입니다.

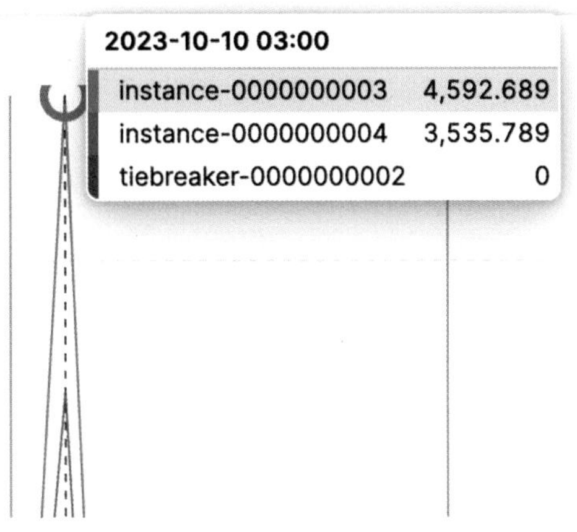

그림 4.3 주요 페이지 결함 차트의 확대 보기

핫 스레드 및 주요 페이지 오류는 검색 속도 저하를 진단하는 데 유용한 도구입니다. 다음으로 인덱싱할 때는 몇 가지 고려해야 할 항목이 있습니다.

인덱싱 고려 사항

다음은 인덱싱에서 고려해야 할 몇 가지 사항입니다.

- 색인과 검색이 동시에 가능하지만, 대량의 색인 작업 시 검색 속도가 느려질 수 있는데 이는 색인 작업이 검색에 필요한 컴퓨팅 자원을 차지하기 때문입니다. 또한 수많은 작은 세그먼트가 만들어지기 때문에 검색 성능이 좋지 않습니다.
- 일반적으로 활발한 색인/업데이트 작업은 가능한 한 검색과 분리할 것을 권장합니다. 따라서 벡터 임베딩을 업데이트하기 위해 재색인이 필요한 경우, 같은 인덱스에서 하는 것보다 별도의 색인(또는 더 좋은 방법으로는 별도의 클러스터)에서 하는 것이 좋습니다. 또는 밤과 같이 사용량이 적은 시간대에 재색인할 수도 있습니다(사용량이 적은 시간이 있다고 가정할 때).
- `_bulk` 요청은 적은 게 좋지만, 요청 시 더 많은 벡터를 포함하는 것이 좋습니다.
- 서버에 대한 요청 횟수를 줄이십시오.
- 10MB 벌크 작업으로 시작해서 거기서부터 조정하십시오.

요약

이 장에서는 엘라스틱서치에서 벡터 검색 성능을 최적화하는 방법을 자세히 살펴봤습니다. ML 모델 배포, 노드 확장, 설정 튜닝의 복잡함을 강조하며 다양한 튜닝 기법을 알아봤습니다. 특정 사용 사례에 대한 부하 테스트에 도움이 되는 Rally와 같은 도구를 소개했고 클러스터 메트릭 모니터링과 핫 스레드 API 이해를 통한 문제 해결에 중점을 두어 느린 쿼리를 효과적으로 처리할 수 있는 기술을 갖추게 됐습니다.

다음 장에서는 텍스트 중심의 시맨틱 검색에서 이미지 중심의 시맨틱 검색으로 방향을 바꿔 이 모델의 역사와 실제 사용 사례를 살펴보면서 벡터 검색 기능을 발전시켜 보겠습니다.

3부

특수 사용 사례

이 섹션에서는 벡터 검색의 특수한 활용 방식을 다양한 분야에 걸쳐 깊이 있게 다룹니다. 이미지 검색부터 복잡한 사이버 보안에 이르기까지 각 상황에 벡터 검색을 어떻게 하면 특별하게 적용할 수 있는지 알아봅니다. 3부에서는 벡터 검색의 다양함에 대해 자세히 설명하고 특정 산업 관련 문제를 해결하는 데 있어 광범위한 영향력과 유용성을 설명합니다.

이 파트는 다음과 같은 장으로 구성되어 있습니다.

- 5장. 이미지 검색
- 6장. 엘라스틱서치를 활용한 개인 식별 정보 제거
- 7장. 벡터 기반 차세대 가관측성
- 8장. 벡터와 임베딩이 사이버 보안 강화에 미치는 영향

05

이미지 검색

이 장에서는 이미지에 대한 유사도 검색 기술을 살펴봅니다. 최근 몇 년간 이미지 검색이 어떻게 발전해 왔는지 살펴보고 이미지를 검색하는 방법을 자세히 알아보겠습니다. 오늘날 유사도 검색 분야는 계속 확장되면서 사용자가 기대하는 없어서는 안 될 요소로 자리매김하고 있습니다.

여기서는 다음과 같은 개념을 다루겠습니다.

- 이미지 검색의 개요
- 이미지를 이용한 벡터 검색의 역할
- 이미지의 벡터를 만들어 엘라스틱서치에 저장하고 검색할 이미지로 kNN 검색하기
- 오늘날 이미지 및 멀티미디어 검색의 실용적인 활용 사례

이미지 검색 개요

이미지 검색은 시각적 콘텐츠를 분석하고 비교해 이미지를 찾는 데 특화된 데이터 검색 방법입니다. 지난 몇 년 동안 인터넷, 소셜 미디어 및 기타 디지털 플랫폼에서 디지털 이미지가 급격히 증가함에 따라 효과적인 이미지 검색 기술에 대한 관심과 수요가 많이 증가했습니다.

이미지 검색 발전

인터넷 초기로 거슬러 올라가 보면 이미지 검색은 검색 엔진이 검색어와 일치하는 파일 이름, 대체(alt) 텍스트 또는 이미지 주변 텍스트와 같은 이미지 관련 텍스트만 분석했습니다. 그러나 이런 방법은 이미지의 시각적 콘텐츠를 반영하지 못하는 한계가 있었습니다.

오늘날 **인공지능** 및 **머신러닝**의 발전으로 이미지 검색 기술은 크게 바뀌었습니다. 이제 이미지 검색 기술은 **합성곱 신경망(CNNs)**, 이미지 특성 추출, **비전 트랜스포머(vision transformers; VIT)** 및 벡터 유사도 검색과 같은 기술의 발전으로 이미지의 시각적 콘텐츠를 분석할 수 있습니다.

이미지 검색 방식

머신러닝에서는 이미지를 픽셀값의 행렬로 변환해 이 값을 머신러닝 모델의 특성으로 사용합니다. 이런 데이터를 관리하기 쉽게 만들기 위해 **차원 축소**[1] 및 **특성 추출**과 같은 기술을 사용합니다.

차원 축소는 고차원 이미지 데이터로부터 중요한 패턴이나 구조를 보존한 상태로 더 낮은 차원의 이미지 데이터로 변환해 보다 효율적으로 처리하고 분석하는 기술입니다. 이상적일 때는 정보의 손실이 거의 없이 변환됩니다. 차원 축소를 함으로써 더 빠른 연산이 가능해지고 이에 따라 전반적인 모델의 성능이 향상될 수 있습니다.

특성 추출은 이미지의 가장자리, 색상 및 모양과 같은 독특한 특성을 식별하고 설명하는 과정을 의미합니다. 이런 특성들은 머신러닝 알고리즘의 입력으로 사용할 수 있습니다.

이미지 검색에서 많이 사용되는 특성 추출 방법은 딥러닝 모델인 CNNs을 사용하는 것입니다. 이 모델은 이미지에서 각 특성을 표현하는 영역을 스스로 찾도록 설계되어 이미지 분류 및 객체 감지와 같은 작업에 매우 효과적인 것으로 알려져 있습니다.

이미지에서 특성이 추출되면 유사도를 쉽게 비교할 수 있는 벡터 표현으로 변환합니다. 이 과정을 **벡터화**라고 합니다. 각 벡터는 다차원 공간에서 한 점을 나타내며 이 점 사이의 '거리'를 계산함으로써 서로 다른 이미지 간 유사도를 계산할 수 있습니다. 거리가 가까울수록 더 유사하다는 것을 의미합니다.

1 3장 '엘라스틱에서의 모델 관리와 벡터 고려 사항' 참고

이렇게 이미지 특성을 적절하게 표현한 벡터로 유사도를 검색하는 기술을 사용하면 검색 질의문과 가장 일치하는 결과를 신속하게 찾아내는 강력하고 효율적인 이미지 기반 검색 시스템을 구축할 수 있습니다.

벡터 유사도 검색의 역할

벡터 유사도 검색은 이미지 검색에서 중요한 역할을 합니다. 이미지를 벡터로 변환해 데이터베이스에 저장하고 검색 질의문이 들어오면 해당 질의문도 벡터로 변환해 데이터베이스에 저장된 이미지 벡터들과 비교합니다. 이 과정에서 가장 유사한 벡터를 찾습니다. 이것을 **kNN** 검색이라고 하며 여기서 'k'는 검색할 유사 항목의 수입니다.

kNN 검색은 **완전 탐색**과 더 효율적인 방법인 **HNSW**[2] 알고리즘과 같은 여러 알고리즘을 사용합니다. 완전 탐색 검색은 질의문 벡터를 데이터베이스의 모든 벡터와 비교하는 것이며 대규모 데이터베이스에서는 계산 비용이 많이 듭니다. 반면, HNSW는 대규모 데이터베이스에서 가장 가까운 이웃을 빠르게 찾는 데 최적화된 알고리즘으로 이미지 검색 시스템의 벡터 유사도 검색에 매우 유용합니다.

이미지 검색은 산업 전반에 걸쳐 다양한 이점이 있습니다. 사용자 경험을 향상하거나 디지털 보안을 보장하거나 디지털 콘텐츠 간 상호 작용을 혁신하는 도구로 널리 활용되고 있습니다.

이미지 검색 사례

이미지 검색은 다양하고 광범위하게 활용할 수 있습니다. 예를 들어 전자 상거래에서는 고객이 찾고 싶은 제품의 사진을 올리면 이미지 검색으로 유사한 상품을 찾을 수 있습니다. 디지털 포렌식 분야에서는 데이터베이스에서 시각적으로 유사한 이미지를 찾아 불법 콘텐츠를 탐지합니다. 소셜 미디어 분야에서는 얼굴 인식, 이미지 태깅(tagging), 콘텐츠 추천에 이미지 검색을 사용합니다.

더 많은 시각적 콘텐츠를 만들고 공유함에 따라 효과적이고 효율적인 이미지 검색 기술의 필요성은 계속해서 증가할 것입니다. 인공지능, 머신러닝 및 벡터 유사도 검색의 결합은 이런 수요

2 HNSW에 대한 더 자세한 내용은 7장 '벡터 기반 차세대 가관측성' 참고

를 충족시키는 강력한 도구로써 시각적 콘텐츠를 분석하고 이해할 수 있는 이미지 검색 기능을 더욱 강화합니다.

기존 이미지 검색 엔진은 이미지와 관련된 텍스트 기반 메타데이터를 사용해 이미지의 내용을 분석했습니다. 그러나 이 접근 방식은 메타데이터가 정확해야 한다는 한계가 있으며 이미지 자체의 시각적 콘텐츠를 분석하지 못합니다.

시간이 지남에 따라 인공지능과 머신러닝의 발전으로 이미지의 시각적 콘텐츠를 직접 분석할 수 있는 보다 정교한 이미지 검색 방법이 개발됐습니다. 이 기술은 이미지에서 **특성 벡터**를 추출하고 이 벡터를 사용해 시각적으로 유사한 이미지를 찾는 기술로 **콘텐츠 기반 이미지 검색**(content-based image retrieval; CBIR)이라고 알려져 있습니다.

특성 벡터는 이미지에 특성 추출 알고리즘을 사용해 시각적 콘텐츠를 수치로 표현한 것입니다. 특성 추출 과정의 세부 내용은 다양하지만, 일반적으로 이미지의 색상, 질감, 모양 분석이 있습니다. 최근 몇 년 동안 CNNs가 이미지 데이터로부터 복잡한 패턴을 추출하는 특성 추출에 많이 사용됐습니다.

이미지에서 특성 벡터가 만들어지면 이 벡터를 데이터베이스에 저장합니다. 새로운 이미지가 질의로 들어오면 해당 이미지의 특성 벡터를 색인된 벡터들과 비교하고 가장 유사한 벡터를 가진 이미지를 검색 결과로 반환합니다. 벡터 간의 유사도는 일반적으로 **유클리드 거리**나 **코사인 유사도**와 같은 거리 측정 방법을 사용해 계산합니다.

CBIR 시스템이 좋기는 하지만 이를 구현하는 데는 몇 가지 어려움이 있습니다. 예를 들어 이미지의 시맨틱 의미를 해석하고 이해하는 것은 이미지를 보는 시각에 따라 다를 수 있으므로 쉽지 않습니다. 그리고 이미지 데이터의 차원 수가 높다면 대규모 데이터베이스에서 검색할 때 계산 비용이 많이 듭니다.

이런 문제를 해결하기 위해 HNSW 그래프와 같은 **근사 최근접 이웃**(ANN) 검색 알고리즘을 사용하여 검색 과정을 최적화합니다. 이 알고리즘은 정확도가 떨어지는 것을 감수하고 검색 속도를 크게 향상시키는데, 그런 이유로 대규모 이미지 검색 응용 프로그램에서 합리적인 선택입니다.

최근 엘라스틱서치에 밀집 벡터 필드 유형이 추가되면서 엘라스틱서치 클러스터 내에서 고차원 벡터를 직접 색인하고 검색하는 것이 가능해졌습니다. 이 기능과 적절한 특성 추출 모델을 결합하면 효율적이고 확장할 수 있는 강력한 이미지 검색 시스템을 만들 수 있습니다.

다음 섹션에서는 이미지 특성 추출과 벡터 색인, 검색 기술을 자세히 살펴보겠습니다. 그리고 엘라스틱서치와 사전 학습된 CNN 모델을 사용해 이미지 검색 시스템을 구현하는 방법을 설명하겠습니다. 최첨단 기술을 사용해 이미지 검색 시스템을 만들고 최적화하는 전체적인 방법을 설명하는 것이 주요 목표입니다.

이미지 벡터 검색

벡터 검색은 엘라스틱서치 및 다른 벡터 저장소의 혁신적인 기능으로 이미지와 같은 복잡한 데이터 유형에서도 검색을 수행할 수 있습니다. 이미지를 벡터로 변환해 색인하고 색인된 벡터와 검색 질의문 벡터를 서로 비교할 수 있게 하여 이미지 데이터를 검색하고 분석하는 방식을 혁신적으로 변화시켰습니다. 이런 벡터 검색의 특징은 다른 미디어 유형에도 적용됩니다. 이 섹션에서는 이미지 벡터 검색 과정을 자세히 살펴보고 이미지 벡터화, 엘라스틱서치에서의 벡터 색인 방법, kNN 검색, 벡터 유사도 측정 및 kNN 알고리즘에 대한 자세한 사용법을 알아봅니다.

이미지 벡터화

벡터 검색 과정의 첫 단계는 이미지 데이터를 벡터로 변환하는 것으로, 이를 이미지 벡터화라고 합니다. 이 과정에는 일반적으로 딥러닝 모델인 CNNs를 사용합니다. CNNs는 이미지의 색상 분포, 모양, 질감 및 패턴과 같은 복잡한 특성을 찾아내고 추출합니다. 이미지는 합성곱 층, 풀링(pooling) 층, 완전 연결 층을 통과하면서 고차원 벡터로 표현됩니다. 이 벡터는 이미지의 주요 특성을 캡슐화해 수치로 나타낸 것입니다.

사전 학습된 CNN의 출력 계층(임베딩이나 특성 벡터로 알려져 있음)은 이 목적으로 자주 사용합니다. 이 벡터의 각 차원은 이미지로부터 학습된 특성을 나타냅니다. 예를 들어 각 차원은 특정 색상이나 질감, 패턴에 해당할 수 있습니다. 벡터의 값은 이미지에서 이런 특성이 얼마나 존재하는지를 수치로 나타냅니다.

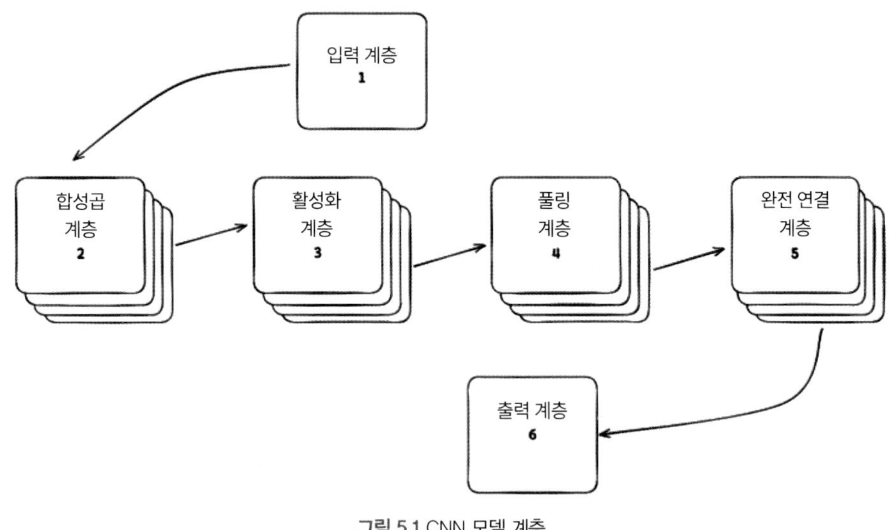

그림 5.1 CNN 모델 계층

앞의 다이어그램에서 볼 수 있듯이 이것은 CNN 모델의 계층입니다.

1. 이미지의 픽셀값들을 입력으로 받습니다.
2. 각 필터는 가장자리, 모서리, 질감 등과 같은 특성을 추출합니다.
3. 비선형성을 도입하고 오류를 학습하며 더 복잡한 함수를 근사화합니다.
4. 계산의 복잡성을 감소시키기 위한 다운샘플링(down-sampling)을 통해 특성의 차원을 줄입니다.
5. 이전 계층에서 나온 가중치와 편향으로 분류합니다.
6. 각 클래스에 대한 확률 분포를 출력합니다.

엘라스틱서치에 이미지 벡터 색인하기

이미지를 벡터화한 후 이를 엘라스틱서치에 색인하여 검색에 사용합니다. 엘라스틱서치는 고차원 벡터 저장을 위한 특수 필드 유형인 `dense_vector` 필드를 제공합니다.

`dense_vector` 필드는 일반적으로 부동 소수점 숫자로 구성된 배열이며 지정된 차원 수(dims)를 가집니다. 현재 색인할 수 있는 벡터의 최대 차원 수는 2,048이지만[3], 앞으로 늘어날 수 있

3 (옮긴이) 8.11 버전에서 최대 차원 수가 4,096으로 늘어났습니다.

습니다. 각 dense_vector 필드는 단일 값으로 설정되어 하나의 필드에 여러 값을 저장할 수 없습니다.

각 이미지(이하 벡터)는 엘라스틱서치 문서에 색인됩니다. 이 벡터는 문서마다 하나일 수도 있고 여러 개일 수도 있습니다. 이미지 벡터는 문서 안의 dense_vector 필드에 저장합니다. 또한 이미지에 관련된 메타데이터는 같은 문서 내 다른 필드에 저장할 수 있습니다.

전체 예제 코드는 이 책의 깃허브 저장소 chapter5 폴더[4]에서 확인할 수 있습니다. 여기서는 주요 코드만 살펴보겠습니다.

먼저 SentenceTransformer 라이브러리를 사용하여 사전 학습된 모델을 초기화합니다.

clip-ViT-B-32-multilingual-v1 모델에 대한 설명은 이 장의 뒷부분에서 다루겠습니다.

```
model = SentenceTransformer('clip-ViT-B-32-multilingual-v1')
```

다음으로 이미지 전처리 함수를 준비합니다.

```
transform = transforms.Compose([
    transforms.Resize(224),
    transforms.CenterCrop(224),
    lambda image: image.convert("RGB"),
    transforms.ToTensor(),
    transforms.Normalize((0.5, 0.5, 0.5), (0.5, 0.5, 0.5)),
])
```

Transforms.Compose()는 다음의 처리 단계를 하나로 묶습니다.

- transforms.Resize(224): 가로세로 비율을 유지하면서 이미지의 짧은 쪽을 224픽셀로 조정합니다.
- transforms.CenterCrop(224): 이미지 가운데 부분을 잘라내어 크기가 224x224픽셀이 되게 합니다.
- lambda image: image.convert("RGB"): 이미지를 RGB 형태로 바꿉니다. 이 방법은 회색조 이미지나 알파 채널이 있는 이미지에 유용합니다. 딥러닝 모델에는 일반적으로 RGB 입력을 사용합니다.

4 https://github.com/wikibook/vector-search/tree/main/chapter5

- `transforms.ToTensor()`: 이미지를 파이토치 텐서(PyTorch tensor)로 변환합니다. 이 작업은 PIL(Python Imaging Library) 이미지 형식의 [0, 255] 범위 데이터를 [0.0, 1.0] 범위의 부동 소수점으로 바꿉니다.
- `transforms.Normalize((0.5, 0.5, 0.5), (0.5, 0.5, 0.5))`: 데이터의 평균과 표준편차를 이용해 텐서 이미지를 정규화합니다. 이때 R, G, B 세 채널의 평균과 표준편차는 0.5로 동일합니다. 이 정규화 과정은 데이터 범위를 [0.0, 1.0]에서 [-1.0, 1.0]으로 바꿉니다.

다음 코드로 이미지를 변환하고 이미지 벡터를 만들 수 있습니다. 실제 이미지 파일에 적용해 보려면 이 장의 파이썬 노트북 코드[5]를 참고하십시오.

```
from PIL import Image

...

def embed_image(image_path):
    # 이미지 파일 오픈
    with Image.open(image_path) as img:
        # 앞서 정의한 방식으로 이미지 전처리
        image = transform(img).unsqueeze(0)

        ...

        # 모델을 활용하여 이미지 벡터 생성
        image_vector = model.encode(image)
```

이제 이미지 벡터와 관련 데이터를 엘라스틱서치에 색인하고 kNN 검색에 활용할 수 있습니다.

```
# 색인 대상 문서 구성
document = {
    "_index":"index_name",
    "_source":{
        "filename":"filename",
        "image_vector":"vector"
```

5 https://github.com/wikibook/vector-search/blob/main/chapter5/Chapter_5_Image_Search.ipynb

```
    }
}
```

깃허브 저장소 chapter5 폴더[6]에서 전체 코드를 확인할 수 있습니다.

벡터가 만들어져 엘라스틱서치에 색인되면 유사 이미지 검색을 할 수 있습니다.

k-최근접 이웃(kNN) 검색

이미지 벡터를 엘라스틱서치에 색인했다면, 다음 단계는 kNN 검색을 사용하는 것입니다. kNN 및 HNSW 검색에 관한 자세한 내용은 **2장 '엘라스틱에서 벡터 검색 시작하기'**에서 확인할 수 있습니다.

텍스트 기반 벡터 검색과 마찬가지로 이미지로 벡터 검색을 수행하려면 먼저 질의 이미지를 벡터로 변환해야 합니다. 이 과정은 색인 시 이미지를 벡터로 변환했던 것과 같습니다.

이미지를 벡터로 바꾸고 벡터를 kNN 검색 함수의 query_vector 매개변수에 전달합니다.

```
knn = {
    "field": "image_vector",
    "query_vector": search_image_vector[0],
    "k": 1,
    "num_candidates": 10
}
```

위 질의의 각 구성요소에 대한 설명입니다.

- field: 검색 대상 이미지 벡터가 색인된 인덱스의 필드명
- query_vector: 질의에 포함된 이미지 벡터
- k: 가장 유사한 이미지 한 개만 검색
- num_candidates: 각 샤드에서 검색할 최근접 이웃 후보의 수

6 https://github.com/wikibook/vector-search/tree/main/chapter5

이미지를 벡터로 변환하고 최근접 이웃 검색을 수행하는 방법을 알아봤으니, 이제 이를 바탕으로 몇 가지 해결 과제에 대해 논의해 보겠습니다.

이미지 검색 분야의 해결 과제와 한계

벡터 검색을 활용하여 이미지 검색 기능을 구현할 수 있지만 해결해야 할 과제와 한계도 있습니다. 주요한 과제 중 하나는 이미지 벡터의 차원이 증가함에 따라 계산 효율이 떨어지고 데이터 시각화와 해석이 어려워질 수 있다는 것입니다.

또한 사전 학습된 모델로 이미지의 다양한 특징을 추출하지만, 특정 사용 사례에는 적합하지 않아 최적화되지 않은 검색 결과가 나올 수 있습니다. 일반적인 해결책 중 하나는 전이학습을 통해 임베딩 모델을 수행하고자 하는 작업에 맞게 미세 조정하는 것이지만, 미세 조정을 위한 추가 데이터와 컴퓨팅 자원이 필요합니다.

벡터 검색을 위한 멀티모달(Multi-modal) 모델

텍스트와 이미지 분류를 결합하면 다양한 유형의 데이터 사이의 관계를 더 포괄적으로 이해할 수 있습니다. 이미지 벡터를 만들고 유사한 이미지를 찾는 방법에 대해 학습한 내용을 바탕으로 멀티모달 벡터 검색과 그 사용 사례를 살펴보겠습니다.

멀티모달의 필요성

멀티모달 모델의 등장은 데이터를 분석하고 표현하는 방식에 큰 변화를 가져왔습니다. 이 혁신적인 기술은 인터넷 언론사, 전자상거래 웹사이트, 소셜 미디어 플랫폼 등의 영역에서 다채로운 멀티미디어 검색을 위해 사용됩니다. 기업은 이를 통해 사용자 경험을 개선하고 성장을 도모할 수 있습니다.

멀티모달 모델의 핵심은 다양한 유형의 정보를 통합하고 서로 다른 데이터 유형 간의 미세한 상호 작용을 파악하여 각각의 데이터 유형을 따로 분석하는 것보다 좋은 결과를 만들어내는 것입니다. 예를 들어 같은 벡터 공간에서 텍스트 설명과 이미지 분류를 결합할 수 있습니다.

이러한 접근방식의 장점은 다음과 같습니다. 첫째, 텍스트와 시각 정보에 대한 검색을 동시에 수행함으로써 검색 사용성을 크게 개선할 수 있습니다. 예를 들어 '녹색 사과'라는 질의로 녹색 사과와 관련된 이미지나 녹색 사과에 대한 텍스트 설명, 또는 두 가지 모두의 조합을 검색할 수 있습니다.

둘째, 검색 결과의 관련성을 크게 개선할 수 있습니다. 모델이 텍스트 정보와 이미지 정보를 함께 고려함에 따라 검색 대상에 대한 더 넓고 깊은 이해가 가능합니다. 이를 통해 관련 없는 결과를 제외하고 질의에 가장 잘 부합하는 결과를 얻기 위한 우선순위를 효과적으로 계산할 수 있습니다.

마지막으로, 텍스트-이미지, 이미지-텍스트 검색과 같은 크로스모달 검색이 가능합니다. 사용자가 텍스트 질의로 이미지를 검색하거나 그 반대도 가능합니다. 이에 따라 검색 시스템의 활용도가 넓어지고 사용자 친화적인 검색 기능을 제공할 수 있습니다.

멀티모달 모델의 벡터 공간에 대한 이해

멀티모달 모델의 작동 및 관련 기능의 핵심은 '공유' 혹은 '공통' 벡터 공간이라고 표현되는 벡터 공간에 있습니다. 이 개념은 선형대수학에서 유래한 것으로 멀티모달 모델의 작동 방식을 설명하고 다양한 유형의 데이터를 조화롭게 나타내고 처리할 수 있는 기반이 됩니다.

이 공유 벡터 공간에서 벡터는 크기와 방향을 가진 매개변수화된 수학적 개체로 여러 데이터 양식을 표현합니다. 모델이 처리하는 텍스트 설명과 이미지와 같은 다양한 데이터 유형을 표현하며 개별 벡터는 각각의 텍스트 설명이나 이미지에 해당하는 다차원 공간의 한 점을 나타냅니다. 벡터를 활용한 표현은 간결하고 유용하며 두 벡터 간의 기하학적 거리를 통해 데이터 간의 유사성 또는 비유사성을 나타내는 데 사용할 수 있습니다.

기하학적 거리를 측정하는 방식은 비교적 명확합니다. 거리 공간 이론에 바탕을 둔 거리 함수(또는 메트릭)를 활용하여 공간에 존재하는 두 개체 사이의 불일치성을 수치화하며 멀티모달 벡터 공간에서는 코사인 유사도나 유클리드 거리를 주로 사용합니다. 거리가 가까울수록 혹은 코사인 유사도가 높을수록 두 벡터(대응되는 두 객체)는 더 유사합니다.

이러한 개념을 적용하기 위해 모델을 통해 이 장 앞부분에서 언급한 벡터화를 진행합니다. 벡터화 과정에서 모델은 텍스트 설명과 이미지를 벡터로 바꾸기 위해 각각의 데이터 유형을 처리하는 두 종류의 인코더를 사용합니다. 인코딩 과정은 텍스트와 이미지의 특징을 모델이 이해하고 분석, 학습할 수 있는 언어로 바꾸는 번역 과정과 비슷합니다.

전통적인 컴퓨터 비전 모델들이 학습을 위해 라벨링된 이미지 데이터 세트가 필요하지만, CLIP은 온라인에서 얻을 수 있는 방대한 텍스트-이미지 데이터를 활용해 이미지를 이해하고 분류합니다. 이러한 CLIP의 고유한 접근방식 때문에 별도의 미세 조정 없이 모델을 다양한 작업에 적용할 수 있으며 시각 데이터와 언어 사이의 간극을 메우는 멀티모달 모델로 활용할 수 있습니다.

OpenAI clip-ViT-B-32-multilingual-v1 모델 소개

일반적으로 **CLIP**이라고 불리는 **OpenAI clip-ViT-B-32-multilingual-v1 모델**은 멀티모달 모델의 대표적인 예입니다. 2021년 1월 5일에 소개된 CLIP은 자연어 지도를 통해 시각적 개념을 효율적으로 학습함으로써 컴퓨터 비전(Computer Vision) 분야에 혁신을 가져왔습니다.[7] 다시 말해 인터넷에서 찾을 수 있는 다양한 텍스트 설명을 기반으로 다양한 이미지를 인식하게 학습했습니다.

대부분의 컴퓨터 비전 모델이 수동으로 레이블링(labeling)된 데이터 세트를 학습하는 것과 달리, CLIP은 인터넷에서 쉽게 구할 수 있는 텍스트-이미지 쌍을 학습했습니다. 이 학습 방법으로 CLIP에 다양한 시각적 개념과 관련된 이름을 학습해 다양한 분류 작업을 수행하게 했습니다. 하지만 CLIP의 능력에는 한계가 있습니다. CLIP의 성능은 학습 데이터의 품질과 다양성에 달려 있으며 미묘한 시각적 세부 사항이나 학습 데이터에서 충분히 포착되지 않은 맥락을 이해해야 하는 작업에서는 제대로 작동하지 않을 수 있습니다.

이제 기본적인 원리를 알아봤으니 이미지 벡터 검색의 실제 활용 사례를 살펴보겠습니다.

7 https://openai.com/research/clip

다양한 미디어 유형에 벡터 검색 적용하기

멀티모달 또는 멀티미디어 검색의 기본을 이해했으니 이를 다양한 콘텐츠 유형에 어떻게 적용하는지 좀 더 자세히 살펴보겠습니다.

- **텍스트**: 관련 문서, 기사 또는 텍스트 조각을 찾는 데 벡터 검색을 사용합니다. TF-IDF나 단어, 문장, 문서 임베딩과 같은 기술을 활용해 각 문서를 벡터로 변환합니다. 사용자가 검색어를 입력하면 시스템은 검색어 벡터에 가장 가까운 텍스트 벡터를 찾습니다.
- **이미지**: 이미지는 딥러닝 모델을 사용해 특징 벡터를 추출하는 방식으로 분석합니다. 이러한 벡터는 이미지의 시각적 내용을 포착합니다. 사용자가 이미지 질의로 검색하면 시스템은 질의 이미지의 벡터와 가장 유사한 이미지 벡터를 찾습니다.
- **비디오**: 비디오는 시각적 정보와 음성 정보를 모두 포함하고 있으므로 조금 더 복잡합니다. 그러나 비슷한 기술을 활용해 비디오와 음성 콘텐츠에서 특징 벡터를 추출할 수 있습니다. 그런 다음 시스템은 이러한 벡터를 활용해 사용자의 질의에 대한 응답으로 관련 비디오를 찾습니다.

멀티미디어 검색의 힘과 잠재력은 실제 상황에서 구현될 때 진정으로 빛을 발합니다.

뉴스 통신사

뉴스 통신사 영역에서 멀티미디어 검색은 콘텐츠 검색을 개선하고 종합적인 뉴스 경험을 제공하는 강력한 도구입니다. 예를 들어, 기자들은 이 기술을 통해 상당한 이점을 얻을 수 있습니다. 기후 변화에 관한 기사를 작성할 때 멀티미디어 검색을 통해 기사와 관련된 다양한 콘텐츠에 접근할 수 있습니다. 관련 기사뿐만 아니라 기후 변화의 영향을 보여주는 이미지, 전문가 인터뷰 동영상 클립, 기후 동향을 보여주는 인포그래픽(infographics), 심지어 기후 운동가들의 연설 오디오 클립까지 다양한 콘텐츠를 활용할 수 있습니다. 이러한 광범위한 멀티미디어 콘텐츠로 보도의 깊이와 풍부함을 향상할 수 있습니다. 또한 소비자의 관점에서 멀티미디어 검색은 독자에게 멀티미디어 스토리보드를 제공해 관련 동영상, 인포그래픽, 사진 갤러리, 팟캐스트가 텍스트 기사와 함께 표시돼 더 풍부하고 몰입감 있는 경험을 선사합니다.

전자상거래 플랫폼

전자상거래 플랫폼은 멀티미디어 검색의 힘을 활용해 제품 추천 기능을 한 단계 더 발전시킬 수 있습니다. 제품 설명, 고객 리뷰와 같은 텍스트 데이터와 이미지 인식을 통한 제품의 시각적 측면을 모두 분석해 보다 정확하고 개인화된 추천 서비스를 제공할 수 있습니다. 예를 들어, 사용자가 빈티지 시계를 검색할 때 멀티미디어 검색 알고리즘을 통해 사용자가 본 시계의 이미지를 분석해서 사용자의 관심을 끌어들이는 특징적인 시각적 요소를 파악할 수 있습니다. 이러한 분석을 통해 시각적 특징을 공유하는 그 밖의 제품을 추천할 수 있습니다. 이는 추천의 정확성을 향상할 뿐만 아니라 전반적인 사용자 경험을 향상해 잠재적인 매출 증가와 고객 유지에 기여할 수 있습니다.

소셜 미디어 플랫폼

멀티미디어 콘텐츠로 가득 찬 소셜 미디어 플랫폼은 멀티미디어 검색을 통해 콘텐츠 검색과 사용자 참여를 개선하는 데 상당한 이점을 얻을 수 있습니다. 사용자가 직접 만든 피자 사진을 게시한다고 가정해 보겠습니다. 이 경우 멀티미디어 검색으로 이 이미지를 분석해서 피자로 인식한 다음 피자 만들기에 대한 동영상 튜토리얼, 피자 레시피에 대한 블로그 게시물, 집에서 만든 피자를 공유한 다른 사용자의 게시물 등 그 밖의 관련 콘텐츠를 제안할 수 있습니다. 이를 통해 더 매력적이고 개인화된 소셜 미디어 경험을 제공할 뿐만 아니라 콘텐츠 관리 노력도 향상됩니다. 텍스트, 이미지, 동영상 콘텐츠를 분석함으로써 부적절하거나 유해한 콘텐츠를 더 잘 감지하고 걸러내 플랫폼의 전반적인 품질과 안전성을 향상할 수 있습니다.

이러한 통합 사례는 언론사와 전자상거래 플랫폼에서 소셜 미디어 네트워크에 이르기까지 다양한 분야에서 멀티미디어 검색의 혁신적 잠재력을 보여줍니다. 멀티미디어 검색은 사용자 참여와 콘텐츠 검색, 개인화를 강화함으로써 디지털 콘텐츠와 상호 작용하는 방식에 혁신을 가져올 수 있는 상당한 이점이 있습니다.

이 예시들은 이미지와 멀티미디어 벡터 검색의 잠재적인 활용 사례의 일부에 불과합니다. 모델이 계속 발전하고 새로운 산업에서 그 가능성을 탐색하기 시작하면서 매일 새로운 활용 아이디어가 나오고 있습니다.

요약

이 장에서는 이미지를 사용한 유사도 검색의 세계를 살펴보면서 그 발전과 실제 작동 방식을 이해할 수 있었습니다. 그리고 오늘날 빠르게 바뀌는 디지털 환경에서 벡터 기반 이미지 검색의 혁신적인 힘에 대해 논의했습니다. 이미지의 벡터 표현을 만들고 이를 엘라스틱서치에 통합하는 것을 배웠고, kNN 검색의 힘을 활용해 사용자 경험을 향상할 무한한 가능성을 알게 되었습니다. 또한 이미지와 멀티미디어 검색이 다양한 영역에 걸쳐 어떻게 확장되는지 확인해 현대 디지털 시대에 이것이 얼마나 중요한지를 확인했습니다.

다음 장에서는 개인 식별 정보를 엘라스틱서치로 수집하기 전에 다른 엘라스틱서치 기능과 함께 NLP 모델을 사용해 개인 식별 정보를 제거하는 방법을 설명하겠습니다.

06

엘라스틱서치를 활용한 개인 식별 정보 제거

이 장에서는 데이터에서 민감한 정보를 효과적으로 식별하고 제거하기 위해 엘라스틱서치에서 **개인 식별 정보**(personal identifiable information; PII) 제거 파이프라인을 만들고 구성하는 과정을 살펴보겠습니다. 데이터 개인정보 보호와 보안이 점점 더 중요해짐에 따라 개인정보를 보호하는 능력은 조직에서 필수입니다.

이 장에서는 다음 내용을 알아보겠습니다.

- 엘라스틱서치의 수집 프로세서를 사용해 PII 제거 파이프라인을 만들고 사용자 정의하는 방법
- 특정 데이터 제거를 원하는 조직의 요구 사항을 충족하는 파이프라인 확장 및 강화

이 과정을 통해 민감한 정보를 보호하고 데이터 개인정보 보호 규정을 준수하는 강력하고 정확하며 효율적인 솔루션을 구축할 수 있습니다.

PII 및 제거(redaction) 개요

PII는 기타 정보와 결합해 직접 또는 간접적으로 개인을 식별하는 데 사용하는 모든 데이터(이름, 주소, 전화번호, 이메일 주소, 주민등록번호, 운전면허증 번호, 신용카드 번호 등)를 말합

니다. 기업이 이러한 데이터를 관리하고 보호하는 방법을 규정하는 법적 및 규제적 필요뿐만 아니라 데이터 개인정보 보호 문제로 인해 PII 보호는 매우 중요합니다.

데이터 개인정보 보호와 관련해 **제거**는 문서, 로그 및 기타 데이터 소스에서 민감한 정보를 지우거나 가리는 과정으로 PII를 노출하지 않고 나머지 데이터를 공유하거나 분석할 수 있습니다. 이 과정에서 상황과 요구 사항에 따라 **마스킹**, **가명 처리** 또는 **암호화**와 같은 기술을 활용합니다. 제거의 목표는 데이터의 유용성을 보존하는 것과 개인의 프라이버시를 유지하는 것 사이의 균형을 맞추는 것입니다.

PII가 포함될 수 있는 데이터 유형

PII를 포함하는 다양한 유형의 데이터가 있으며 기업 시스템 내에서 민감한 정보가 어디에 있는지 이해하는 것이 중요합니다. 대표적인 네 가지 데이터 유형은 다음과 같습니다.

- **로그**: 애플리케이션, 서버 및 기타 시스템에서 만든 로그에는 간혹 PII가 있을 수 있습니다. 로그에 기록된 오류 메시지 등에는 사용자 인증 데이터, IP 주소, 사용자가 만든 콘텐츠, 민감한 정보 등이 의도하지 않게 포함될 수 있습니다. 로그는 시스템의 문제 해결, 모니터링 및 성능 분석에 중요하지만 적절하게 관리되지 않으면 위험 요소가 됩니다.
- **애플리케이션 성능 모니터링 데이터(application performance monitoring; APM)**: APM 도구는 사용자 상호 작용, 시스템 성능 및 오류 데이터를 수집해서 기업이 애플리케이션의 성능을 모니터링하고 관리하는 데 도움을 줍니다. 하지만 적절한 필터링이 되지 않으면 사용자 이름, 이메일 주소 및 심지어 결제 정보와 같은 PII가 포함될 수 있습니다.
- **데이터베이스 및 데이터 저장공간**: 기업은 데이터베이스나 데이터 저장공간에 많은 정보를 저장합니다. 여기에는 고객 정보와 직원 기록, 거래 데이터 등이 있습니다. 이러한 저장공간에는 많은 PII가 있을 수 있으므로 엄격한 데이터 보호 규정의 대상이 됩니다.
- **비정형 데이터**: PII는 이메일, 문서, 이미지 등과 같은 비정형 데이터 원본에도 있을 수 있습니다. 비정형 데이터에서 PII를 식별하고 제거하는 것은 더 복잡하고 어렵습니다. 자연어 처리와 같은 고급 기술로 내용을 구문 분석하고 이해하는 것이 필요합니다.

PII가 포함될 수 있는 주요 영역을 확인했으니 이제 민감한 정보를 부주의하게 다룰 때 발생하는 잠재적인 위험에 대해 알아보겠습니다. 특히 로그를 저장할 때 PII를 고려하지 않으면 어떤 위험을 초래하는지 이해하는 것이 중요합니다. 부주의하게 PII를 로그에 저장했을 때 발생하는 문제점과 결과를 살펴보겠습니다.

로그에 저장된 PII의 위험성

로그와 APM 데이터, 그리고 기타 데이터 원본에 PII를 저장할 때 적절하게 관리하고 보호하지 않으면 기업과 개인 양측에 막대한 결과를 초래합니다. 이에 따른 몇 가지 위험은 다음과 같습니다.

- **금융 제재와 벌금**: **일반 데이터 보호 규정**(general data protection regulation; GDPR)이나 **캘리포니아 소비자 개인정보 보호법**(california consumer privacy act; CCPA)과 같은 데이터 보호 규정을 준수하지 못하는 기업은 막대한 벌금과 제재를 받을 수 있습니다. 벌금은 위반의 심각성과 기업의 규모에 따라 수십억 원에 이를 수 있습니다.
- **기업 이미지 손상**: 데이터 및 개인정보 침해는 기업의 이미지나 고객의 신뢰를 훼손시킬 수 있습니다. 이것의 여파는 사업 손실, 주가 하락, 심지어 파산까지 이어질 수 있습니다.
- **법정 제재와 규제**: PII를 보호하지 못하는 기업은 소송, 규제 조치 및 기타 법정 제재에 처할 수 있습니다. 이런 결과는 비용과 시간이 많이 들며 어떤 경우에는 기업 임원에 대한 형사 고발로 이어질 수도 있습니다.
- **개인에 대한 위험**: PII가 유출되거나 분실되면 개인에게는 큰 타격이 될 수 있습니다. 신분 도용, 금전적 손실 및 여러 형태의 피해를 볼 수 있으며 자신과 자산을 보호하기 위한 조치가 필요할 수 있습니다.

지금까지 PII가 포함될 수 있는 영역과 PII를 저장할 때 발생하는 위험을 알아봤습니다. 이제 PII가 주로 어떻게 유출되거나 분실되는지 살펴보겠습니다.

PII가 유출 및 분실되는 유형

PII는 여러 경로를 통해 유출되거나 분실될 수 있으며 그중 일부는 의도치 않은 유출일 수도 있고 악의적인 활동의 결과일 수도 있습니다. 이러한 데이터 유출 가능성을 이해하는 것은 기업이 PII 유출을 방지하고 줄이는 데 필수적입니다. PII가 유출되거나 분실되는 몇 가지 유형은 다음과 같습니다.

- **개인의 실수**: 직원이나 개인의 실수로 PII가 의도치 않게 노출될 수 있습니다. 여기에는 민감한 데이터를 실수로 공유하거나 잘못 구성한 보안 설정, 보안에 취약한 비밀번호 사용 등이 있습니다.

- **내부 위협**: 직원이나 협력 업체와 같은 사람 중에서 악의적인 의도를 가진 경우 개인의 이익이나 기업에 해를 가하기 위해 의도적으로 PII를 유출할 수 있습니다. 이들은 민감한 데이터를 도용하거나 시스템을 조작해 PII를 유출할 수도 있습니다.
- **외부 공격**: 사이버 범죄자와 해커는 종종 기업의 PII를 훔치려고 하며 이는 다크 웹에서 판매되거나 신분 도용 등 그 밖의 악의적인 목적으로 이용될 수 있습니다. 이들이 공격하는 형태는 피싱, 랜섬웨어 및 시스템의 취약점을 이용하는 것입니다.
- **안전하지 않은 저장 및 전송**: PII를 암호화하지 않거나 그 밖의 안전하지 않은 형태로 저장하면 데이터 유출의 위험이 증가할 수 있습니다. 마찬가지로 민감한 데이터를 보안에 취약한 채널을 통해 전송하면 악의적인 행위자가 PII를 가로챌 수 있습니다.
- **제삼자 침해**: 기업은 PII를 공급 업체, 파트너 및 기타 제삼자 등과 공유할 수 있습니다. 기업 자체가 적절한 보안 조치를 했더라도 PII를 공유받은 조직이 데이터 침해를 당하면 PII가 노출될 수 있습니다.

기업은 이러한 PII 유출과 분실의 잠재적인 원인을 이해하고 적절한 보안 조치를 적용함으로써 PII를 저장하고 처리함에 따른 위험을 최소화해 민감한 데이터를 보호할 수 있습니다. 여기에는 접근 제어 시행, 데이터 보관 및 전송 시 암호화, 정기적인 보안 감사 및 취약점 평가 실시, 개인정보 보호 및 보안 모범 사례에 대한 직원 교육 등이 있습니다.

지금까지 PII가 포함될 수 있는 데이터에 엄격한 보안 조치를 시행해야 하는 중요성을 알아봤습니다. 이제 이런 민감한 정보를 제거하는 실질적인 기술을 알아보겠습니다. 오늘날 디지털 시대에서는 정형 데이터와 비정형 데이터가 구분 없이 사용됩니다. 이 문제를 해결할 방법으로 NER 모델과 정규식 패턴을 함께 활용하는 접근 방식이 부각되고 있습니다. 이것을 어떻게 효과적으로 활용해 PII를 보호하는지 알아보겠습니다.

NER 모델과 정규식 패턴을 사용한 PII 제거

PII를 제거하려면 다양한 데이터 원본에서 민감한 데이터를 정확하게 식별해야 합니다. PII를 제거하는 데 사용되는 두 가지 주요 방법은 **개체명 인식** 모델과 **정규식**(regex) 패턴입니다. 이것을 결합하면 다양한 유형의 PII를 식별해 광범위한 데이터를 보호할 수 있습니다.

NER 모델

NER은 텍스트 내에서 사람 이름, 위치, 조직 그리고 그 외 특정 정보와 같은 명명된 개체를 식별하고 분류하는 **자연어 처리**(NLP) 기술입니다. NER 모델은 일반적인 패턴이나 구조를 따르지 않는 개체를 식별하므로 PII를 제거하는 데 유용합니다. 이를 통해 정규식 패턴만으로 식별이 어려운 불규칙한 PII 유형을 탐지하고 제거하는 것이 가능합니다.

NER 모델 중에서 BERT(Bidirectional Encoder Representations from Transformers) 기반의 모델이 상당한 성공을 거두었는데, 그중 하나는 다양한 개체명을 식별하게 학습된 허깅 페이스의 **dslim/bert-base-NER**입니다. 이러한 NER 모델을 활용함으로써 기업은 이메일, 문서, 로그와 같은 비구조화된 텍스트에 존재하는 PII를 효율적으로 식별하고 제거합니다.

정규식 패턴

정규식은 텍스트에서 패턴을 식별하고 변경하는 데 특화돼 있으므로 표준 패턴이나 구조 내에 있는 PII를 식별하고 제거하는 데 유용합니다. 기업은 공통적인 구조에서 PII를 식별하는 정규식 패턴을 설계함으로써 다양한 데이터 소스로부터 빠르고 정확하게 PII를 식별하고 삭제할 수 있습니다.

텍스트에서 패턴을 찾을 때 정규식보다 사용자 친화적인 대안인 **Grok 패턴**이 있습니다. 이 패턴은 미리 정의된 정규식 패턴을 결합하고 재사용해 복잡한 표현을 쉽게 만들 수 있게 합니다. 이 접근 방식은 패턴 매칭 규칙을 작성하고 유지하는 과정을 단순화시켜 정규식 구문에 익숙하지 않은 사용자가 더 쉽게 사용하게 합니다.

엘라스틱서치의 제거 파이프라인에서는 **redact** 프로세서라는 새로운 프로세서를 사용합니다. 이 프로세서는 패턴 매칭에 전통적인 정규식 대신 Grok 패턴을 사용합니다. 다음 섹션에서는 redact 프로세서의 구현과 사용에 대해 자세히 알아보고 데이터 소스에서 PII를 식별하고 제거하는 데 Grok 패턴을 어떻게 활용하는지 살펴보겠습니다.

정규식과 Grok 패턴을 사용해서 식별할 수 있는 PII 유형의 예시는 다음과 같습니다.

- **신용카드 번호**: 신용카드 번호는 일반적으로 특정 패턴을 보이며 일정한 자릿수와 인식할 수 있는 형식이 있습니다. 정규식 패턴은 카드 발급자와 관계없이 이러한 번호를 식별하고 제거하는 데 사용될 수 있습니다.
- **주민등록번호**: 주민등록번호는 하이픈으로 구분된 13자릿수로 구성돼 있습니다(예: 750101-1234567). 이 표준 형식을 사용하면 주민등록번호를 식별하고 제거하는 정규식 패턴을 간단하게 만들 수 있습니다.
- **은행 계좌 번호**: 은행 계좌 번호는 형식과 길이가 금융 기관에 따라 다를 수 있지만, 대부분의 은행은 정규식 패턴으로 식별할 수 있는 공통 패턴을 따릅니다. '계좌 번호'나 '은행 코드'와 같은 특정 키워드가 함께 있다면 더 정확하게 식별하고 제거할 수 있는 정교한 정규식 패턴을 만들 수 있습니다.
- **이메일 주소**: 이메일 주소는 사용자 아이디, '@' 기호, 도메인으로 구성된 표준 형식을 따릅니다. 정규식 패턴으로 이메일 주소를 식별하고 제거함으로써 개인의 프라이버시를 보호하고 잠재적인 데이터 유출을 방지합니다.
- **전화번호**: 전화번호는 일반적으로 고정된 자릿수와 표준 형식(예: (123) 456-7890, +1 123 456 7890)을 따릅니다. 정규식 패턴을 사용해 다양한 데이터 소스에서 전화번호를 식별하고 제거함으로써 연락처 정보를 보호합니다.

Grok 패턴은 신용카드 번호나 이메일 주소와 같은 정형 데이터 형식을 식별하는 데 뛰어나지만, 비정형 데이터는 잘 식별하지 못합니다. 여기서는 Grok의 정밀도와 NER의 문맥 깊이를 결합함으로써 PII가 식별되지 않을 가능성을 크게 줄이는 더 포괄적인 제거 전략을 만들고자 합니다. 이런 방법으로 더 강력하게 데이터를 보호하는 방법을 알아보겠습니다.

PII 제거를 위한 NER 모델과 정규식(Grok) 패턴의 결합

기업은 NER 모델과 정규식 패턴을 결합해 PII 제거의 효과를 극대화할 수 있습니다. 이런 이중 접근 방식은 PII의 구조화 여부와 관계없이 정확하게 식별하고 데이터 소스에서 제거할 수 있게 합니다.

첫 번째 단계에서 NER 모델은 텍스트에서 PII가 포함될 수 있는 개체명을 식별합니다. 그런 다음 NER 모델의 출력을 가지고 텍스트에서 식별된 개체를 제거하거나 마스킹하는 데 활용할 수 있습니다.

PII를 식별하기 위한 정규식과 NER 모델의 결합에 관해 설명했으니 이제 엘라스틱서치에서 PII 제거 파이프라인을 운영하는 방법을 알아보겠습니다. 엘라스틱서치 플랫폼은 수집 시 데이터를 전처리하는 데 사용하도록 설계된 강력한 수집 파이프라인을 제공합니다. Grok 패턴을 수집 파이프라인에 추가하면 민감한 데이터 처리에 대한 종합적인 솔루션이 될 수 있습니다.

엘라스틱서치의 PII 제거 파이프라인

엘라스틱서치의 PII 제거 파이프라인은 데이터가 엘라스틱서치 클러스터로 수집될 때 민감한 정보를 자동으로 제거하는 것을 목표로 합니다. 개인을 식별하는 개인정보(이름, 주소, 전화번호, 주민등록번호 등)를 처리할 때 중요하며 민감한 데이터의 보호를 보장합니다.

이 섹션에서는 엘라스틱서치에서 PII 제거 파이프라인을 구성하기 위한 단계에 관해 설명하겠습니다.

전체 코드는 이 책의 깃허브 저장소 `chapter6` 폴더[1]에 있는 주피터 노트북 파일에서 확인할 수 있습니다.

파이프라인의 주요 항목을 알아보겠습니다.

가짜 PII 만들기

파이프라인을 실행하려면 데이터 세트가 필요한데, 파이썬 라이브러리인 `faker`를 사용하면 특정 유형의 가짜 데이터를 만들 수 있습니다. 다음 두 단계의 작업을 수행합니다.

- faker를 사용해 데이터 만들기
- 데이터를 엘라스틱서치에 대량 색인

다음은 데이터를 만드는 코드입니다. (Faker가 설치돼 있지 않다면 `pip install` 명령을 사용해 Faker를 설치합니다.)

```
from faker import Faker
import json
from pprint import pprint
```

1 https://github.com/wikibook/vector-search/tree/main/chapter6

```
# Faker 클래스 인스턴스 생성
fake = Faker('ko_kr')

# 가짜 PII 생성 함수 정의
def generate_fake_pii(num_records):

    fake_data = []

    for x in range(num_records):
        # 가짜 PII 생성
        fn = fake.first_name()
        ln = fake.last_name()
        pn = fake.phone_number()
        sn = fake.ssn()
        ai = fake.random_element(elements=('활성화', '비활성화'))

        call_log = {
            'message' : f'{ln}{fn}의 전화번호는 {pn} 이고 주민등록번호는 {sn} 입니다.',
            'status' : ai
        }

        fake_data.append(call_log)
    return fake_data

# N 명의 가짜 PII 정보 생성
num_records = 10 # 가짜 PII 정보를 생성할 숫자 설정
fake_pii_data = generate_fake_pii(num_records)

pprint(fake_pii_data)
```

출력 결과는 다음과 같습니다.

```
{
    'message': '김예은의 전화번호는 061-445-7146 이고 주민등록번호는 460801-1293602
입니다.',
    'status': '비활성화'
}
```

앞의 코드로 원하는 만큼 문서를 만들 수 있습니다. 이 데이터 세트에는 제거 파이프라인을 테스트할 만큼 충분한 가짜 PII가 있어야 합니다.

테스트 문서를 충분히 만들면 두 번째 단계를 실행해서 엘라스틱서치로 대량 색인할 수 있습니다.

```
from elasticsearch import Elasticsearch, helpers
# 대량 인덱서
# 엘라스틱서치 문서 배열을 만드는 함수 정의
def generate_documents_array(fake_data, index_name):

    # 문서를 저장할 빈 배열 만들기
    documents = []

    # 가짜 데이터 목록을 문서 형식에 맞게 변환
    for call in fake_data:
        # _index와 _source 키를 사용해 문서 만들기
        document = {
            '_index': index_name,
            '_source': call
        }

        # 문서 배열에 문서 추가
        documents.append(document)
    return documents
# 엘라스틱서치 문서 배열 만들기
index_name = 'pii_data-book'  # 인덱스 이름 설정
documents_array = generate_documents_array(fake_pii_data, index_name)

# 엘라스틱서치 클라이언트 초기화
es = Elasticsearch(['HOSTNAME:PORT'], basic_auth=('USERNAME', 'PASSWORD'),
verify_certs=False)

# 대량 색인 요청 본문을 개행 후 한 줄로 출력
print("Bulk request: ")
print(documents_array)
```

```
try:
    response = helpers.bulk(es, documents_array)
    print ("\nRESPONSE:", response)
except Exception as e:
    print("\nERROR:", e)
```

이 코드를 실행한 후에는 엘라스틱서치 클러스터의 "pii_data-book" 인덱스에 다음과 같은 유형의 문서가 표시돼야 합니다.

```
{
    "_index": "pii_data-book",
    "_id": "sVHwtY0BBWv799QXc01P",
    "_score": 1.0,
    "_source": {
        "message": "김예은의 전화번호는 061-445-7146 이고 주민등록번호는 460801-1293602
입니다.",
        "status": "비활성화"
    }
}
```

가짜 데이터 목록을 색인했으므로 이제 인덱스 템플릿을 만들고 NER 모델로 수집 파이프라인을 구성해 보겠습니다.

기본 파이프라인 설정

PII 제거 파이프라인을 엘라스틱서치에 설정하기 위해 허깅 페이스에서 다운로드한 NER 모델을 사용해 기본 파이프라인을 설정합니다. 설정 단계는 다음과 같습니다.

1. 수집 파이프라인은 엘라스틱서치에 색인되는 데이터를 수정하거나 더 풍부하게 만드는 프로세서들을 연결한 것입니다. PII 제거 관점에서 수집 파이프라인을 활용해 데이터에 포함된 민감정보를 제거할 수 있습니다. 깃허브 저장소에서 JSON 예시를 복사해서 해당 설정으로 엘라스틱서치에 새로운 파이프라인을 만들 수 있습니다. 다음의 엘라스틱서치 REST API를 사용해 파이프라인을 만듭니다.

```
PUT _ingest/pipeline/pii_redaction_pipeline
{
    "description":"PII redacting ingest pipeline",
```

```
"processors":[
    {
        "set":{
            "field":"redacted",
            "value":"{{{message}}}"
        }
    },
    {
        "inference":{
            "model_id":"dslim__bert-base-ner",
            "field_map":{
                "message":"text_field"
            }
        }
    },
    {
        "script":{
            "lang":"painless",
            "source":"""String msg = ctx['message'];
            for (item in ctx['ml']['inference']['entities']) {
                msg = msg.replace(item['entity'], '<' + item['class_name'] + '>')
            }
            ctx['redacted']=msg""",
            "if":"return ctx['ml']['inference']['entities'].isEmpty() == false",
            "tag":"ner_redact",
            "description":"Redact NER entities"
        }
    },
    {
        "redact":{
            "field":"redacted",
            "patterns":[
                "%{PHONE:PHONE}",
                "%{SSN:SSN}"
            ],
            "pattern_definitions":{
                "SSN": """\d{6}-?\d{7}""",
```

```
                "PHONE": """\d{3}-?\d{3}-?\d{4}"""
            }
        }
    },
    {
        "remove":{
            "field":[
                "message",
                "ml"
            ]
        }
    }
],
"on_failure":[
    {
        "set":{
            "field":"failure",
            "value":"pii_script-redact"
        }
    }
]
}
```

2. 허깅 페이스에서 NER 모델을 적재하고 시작합니다.

3. 파이썬 eland 라이브러리를 사용해 허깅 페이스에서 호환되는 NER 모델을 불러옵니다. 예제에서는 dslim/bert-base-NER 모델을 사용했으나 엘라스틱에서 지원하는 그 밖의 NER 모델도 사용할 수 있습니다.

4. 모델을 시작하려면 다음 단계를 거쳐야 합니다.

```
# 필요한 파이썬 패키지를 설치
!pip install eland elasticsearch transformers sentence_transformers torch

# 관련 라이브러리 가져오기
from pathlib import Path
from eland.ml.pytorch import PyTorchModel
from eland.ml.pytorch.transformers import TransformerModel
from elasticsearch import Elasticsearch
```

```
from elasticsearch.client import MlClient

...

es = Elasticsearch(cloud_id=es_cloud_id, api_key=es_api_key)
es.info() # 클러스터 정보 확인

# 허깅 페이스에서 모델을 다운로드해 엘라스틱서치로 가져오기
hf_model_id='dslim/bert-base-NER'
tm = TransformerModel(model_id=hf_model_id, task_type="ner")

es_model_id = tm.elasticsearch_model_id()
es_model_id

# 엘라스틱 클러스터에 모델을 적재2
# (깃허브 저장소에서 모델을 적재하는 파이썬 코드를 확인할 수 있습니다)
```

5. 위의 모델 아이디를 사용해 추론 프로세서를 설정합니다.

추론 프로세서는 수집된 데이터에 NER 모델을 적용합니다. 이러한 동작을 위해 앞서 적재한 NER 모델의 아이디를 프로세스의 `model_id`로 설정해 주어야 합니다. 수집 파이프라인의 JSON 예시의 다음 부분이 관련된 설정입니다.

```
{
    "inference": {
        "model_id": "dslim__bert-base-ner",
        "field_map": {
            "message": "text_field"
        }
    }
}
```

`model_id` 값(`"dslim__bert-base-ner"`) 부분을 엘라스틱서치에 적재한 실제 NER 모델의 `model_id`로 변경합니다.

2 (옮긴이) 깃허브 저장소의 파이썬 코드에서 'MlClient.start_trained_model_deployment()' 메서드를 실행할 때 머신러닝 노드의 메모리가 부족하면 'not enough memory on node~'라는 오류 메시지가 나타납니다. 3장에서 실습한 모델 때문에 메모리가 부족한 상황에서는 Kibana | Management | Dev Tools 메뉴 Console에서 다음과 같은 명령어를 실행하여 모델을 삭제할 수 있습니다.

```
DELETE _ml/trained_models/sentence-transformers__msmarco-minilm-l-12-v3?force
```

6. 파이프라인과 NER 모델을 세팅한 후에는 데이터가 엘라스틱서치 인덱스에 색인될 때 설정한 파이프라인을 먼저 통과하게 해야 합니다. 파이프라인을 색인의 일부분으로 정의하는 것이 필요하며 데이터 소스나 인덱스 세팅 설정을 통해 적용할 수 있습니다. 색인 과정에서 수집 파이프라인을 추가하는 방법에 대한 예시는 엘라스틱 가이드 문서[3]를 참고하십시오.

수집 파이프라인 설정과 NER 모델 적재가 완료되면 다음으로 인덱스 템플릿을 설정합니다. 인덱스 템플릿은 제거 파이프라인을 거쳐 인덱스에 색인되는 데이터에 대한 설정과 필드 데이터 유형을 정의합니다.

제공된 파이썬 노트북에 관련 코드가 포함돼 있으며 코드에서는 다음의 세팅을 통해 파이프라인을 정의했습니다.

```
"index.default_pipeline": "pii_redaction_pipeline_book"
```

마지막으로 엘라스틱서치 벌크 인덱싱 API를 사용해서 테스트 데이터를 색인하고 민감정보가 제거됐는지 확인합니다.

모든 단계가 정상적으로 적용됐다면 다음과 유사한 형태의 데이터를 확인할 수 있습니다.

```
{
    '_source': {
        'redacted': '<LOC>[4] 전화번호는 <PHONE> 이고, 주민등록번호는 <SSN> 입니다.',
        'status': '비활성화'
    }
}
```

예시 데이터에서는 이름, 전화번호, **주민등록번호**가 삭제됐습니다.

기대 결과

PII 제거 파이프라인이 엘라스틱서치에 구성된 후에는 다음과 같은 결과를 기대할 수 있습니다.

3 https://www.elastic.co/guide/en/elasticsearch/reference/current/ingest.html#addpipeline-to-indexing-request

4 (옮긴이) dslim/bert-base-NER은 영어 기반의 모델로 한글 사용자명을 인식하지 못해 LOC, ORG 등으로 분류됩니다.

- NER 모델에 의해 삭제 대상 항목이 식별되면 해당 항목을 홑화살괄호(〈〉)로 묶은 형태에 대응하는 텍스트로 바꿉니다. 예를 들어, NER 모델에 의해 식별된 이름은 `<PERSON>`으로 변경됩니다.
- 정규식 패턴에 부합하는 텍스트는 `<redacted>`로 바꿉니다. 이로써 전화번호, 주민등록번호와 같은 민감 정보가 색인 데이터에 포함되지 않습니다.

이제 PII 제거 파이프라인을 조직의 요구사항에 맞게 사용자 정의하는 방법을 알아보겠습니다.

PII 제거 파이프라인 확장 및 상세 설정을 위한 옵션

엘라스틱서치의 수집 프로세서는 데이터 처리와 조작을 각 기업의 요구사항에 따라 세부 조정하는 강력하고 유연한 방법을 제공하며 기업의 개별 PII 데이터 제거 요구 사항에 맞게 조절할 수 있습니다. 이번 장에서는 특정 활용 사례와 요구사항에 더욱 잘 대응하도록 기본 PII 제거 파이프라인을 확장하고 강화하는 여러 가지 옵션을 살펴보겠습니다.

기본 PII 예시 사용자 정의(customizing)하기

조직이 보유한 데이터의 특징과 요구사항에 따라 예시로 제시된 기본 PII 제거 파이프라인을 사용자 정의할 수 있습니다. 이때 다음과 같은 사용자 정의가 가능합니다.

- **엘라스틱과 함께 활용할 수 있는 기타 NER 모델로의 교체**: 예시 파이프라인에서는 허깅 페이스에서 `dslim/bert-base-NER` 모델을 다운로드해 사용했으나 요구사항에 맞는 기타 엘라스틱 호환 NER 모델을 사용할 수 있습니다.
- **개체 식별 필요성을 고려한 NER 모델의 선택적 사용**: NER 모델을 활용한 개체 식별이 필요하지 않으면 파이프라인에서 NER 모델을 제거할 수 있습니다. 파이프라인을 단순화하면 성능이 개선될 수 있습니다.
- **정규표현식 기반 패턴 식별 단계에 대한 손쉬운 수정**: 기본 파이프라인에서는 정규표현식과 Grok 패턴을 사용해 주민등록번호와 전화번호와 같은 데이터의 특정 패턴을 식별하고 제거합니다. 다음과 같은 단계로 이 과정을 쉽게 수정합니다.
  - **새로운 PII를 찾거나 식별할 때 새로운 패턴 추가**: 처리해야 할 PII가 추가로 확인되거나 데이터의 패턴이 변경되면 새로운 정규표현식과 Grok 패턴을 파이프라인에 추가해 새롭게 확인된 PII를 제거합니다.
  - **통과했거나 잘못 매칭된 패턴과 일치하게 기존 패턴 수정**: 기존 패턴이 예상대로 작동하지 않으면 패턴을 수정해서 제거 프로세스를 개선할 수 있습니다.

- **정상적으로 작동하지 않거나 더 이상 필요하지 않은 패턴 삭제**: 특정 패턴이 유효하지 않거나 지속해서 이슈를 발생시키면 해당 패턴을 삭제해 성능을 개선하고 오탐지 가능성을 줄입니다.

신규 데이터 스트림을 위한 파이프라인 복제 및 신규 버전 만들기

조직의 데이터 처리 요구사항에 따라 여러 종류의 데이터 스트림에 대해 다양한 PII 제거 파이프라인이 필요할 수 있습니다. 기본 제거 파이프라인을 복제하고 사용자 정의함으로써 데이터의 원천 시스템과 유형에 맞춰 수정된 파이프라인을 여러 버전으로 만들 수 있습니다. 이를 통해 각 데이터 스트림에 대한 PII 제거 과정을 정확하고 효율적으로 처리할 수 있습니다.

특정 데이터 세트를 위한 NER 모델 미세 조정

예시에 포함된 NER 모델이 모든 데이터 세트에 적합한 것은 아닙니다. 데이터에 적합한 형태로 NER 모델을 미세 조정해 모델의 성능과 정확도를 높일 수 있습니다.

- **데이터의 특성에 맞는 PII 식별**: 기본 NER 모델은 일반적인 이름, 조직, 지역명과 같은 개체를 식별합니다. 하지만 실제 데이터에는 조직 내 혹은 특정 산업에서 통용되는 PII가 존재할 수 있습니다. 조직이 보유하고 있는 데이터로 모델을 미세 조정함으로써 이러한 특정 PII를 식별하고 제거할 수 있습니다.
  이러한 개체의 예로 의료 기록 번호, 고객 ID, 조직이나 산업에 고유한 기타 민감한 식별자가 있습니다.

- **미세 조정의 일반적인 과정**: 미세 조정은 사전 학습된 NER 모델을 조직이 보유한 데이터로 다시 학습시키는 프로세스입니다. 이러한 과정의 결과로 특정 데이터 세트에 더욱 적합한 모델을 확보해 정확하게 PII를 탐지하고 삭제할 수 있습니다.
  NER 모델을 미세 조정하는 대략적인 절차는 다음과 같습니다.

  1. NER 모델이 PII 개체로 인식해야 하는 예시가 포함된 레이블 데이터를 수집하고 가공합니다.
  2. 레이블이 지정된 데이터 세트를 학습용 데이터와 검증용 데이터로 분할합니다. 이때 인식돼야 하는 PII 개체의 대표적인 샘플이 양쪽에 모두 포함돼야 합니다.
  3. 학습용 데이터 세트를 사용해 모델의 성능이 극대화되는 방향으로 사전학습된 NER 모델의 파라미터와 하이퍼파라미터를 미세 조정합니다.
  4. 과적합을 방지해 새로운 패턴의 데이터에서도 잘 작동하는 모델을 얻기 위해 미세 조정 과정에서 검증 데이터 세트로 모델의 성능을 평가합니다.
  5. 미세 조정 과정이 끝나면 검증 데이터 세트로 모델의 성능을 측정해 새로운 모델이 PII 제거와 관련된 정확도와 성능에 대한 조직의 요구사항에 부합하는지 확인합니다.
  6. 기존 NER 모델을 대체해 미세 조정된 모델을 엘라스틱서치의 PII 제거 파이프라인에 통합합니다.

PII 제거에서 맥락 인식은 미묘한 뉘앙스를 구분해 데이터 보호를 가능하게 합니다. 일괄 제거 방식과 달리 엘라스틱서치 PII 제거 파이프라인은 앞뒤 내용을 고려한 데이터 삭제가 가능합니다. 이를 통해 불필요한 데이터 유실 없이 개인정보를 보호합니다.

맥락 인식 기술의 필요성과 적용 방법

특정 문맥 혹은 앞뒤로 정해진 단어나 표현이 존재할 때만 정보를 제거해야 하는 경우가 있습니다. 예를 들어 전화번호 패턴이 로그 메시지에 포함돼 있다고 가정하겠습니다. 이때 단순한 패턴 일치 방식으로 전화번호를 식별해 제거하는 대신 같은 로그 메시지 내에 사용자의 전화번호와 이름이 포함돼 전화번호를 특정 사람과 매칭시킬 수 있을 때만 제거할 수 있습니다. 이와 같은 맞춤 로직을 PII 제거 파이프라인에 적용함으로써 특정 상황에서만 제거가 발생하게 적용할 수 있습니다.

맥락 인식을 PII 제거 파이프라인에 적용하려면 다음의 과정이 필요합니다.

1. 데이터를 분석해 PII 제거가 수행돼야 하는 맥락이나 앞뒤 단어를 식별합니다. 맥락에는 특정 키워드나 구문, 민감정보를 나타내는 패턴 등이 있습니다.
2. 파이프라인을 수정해 제거를 일으키는 맥락을 찾기 위해 데이터를 분석하는 스크립트를 추가합니다. 스크립트 프로세서 구성 시 엘라스틱서치의 스크립팅 언어인 Painless를 사용합니다.
3. 구성된 스크립트 프로세서에 제거 대상 맥락을 식별하는 로직을 적용합니다. 해당 맥락이 확인될 때 스크립트 프로세서는 제거를 진행하기 위해 연관된 PII 플래그를 데이터에 추가합니다.
4. 전체 파이프라인에서 NER 모델과 정규표현식을 통해 수행되던 패턴 인식 단계를 수정해 커스텀 스크립트 프로세서에 의해 추가된 플래그가 있을 때만 PII를 제거합니다.

앞서 살펴본 방식으로 파이프라인을 확장하고 상세 설정을 추가함으로써 데이터의 특성과 요구사항에 부합하는 맞춤형 PII 제거를 수행할 수 있습니다. 이를 통해 정확하고 효율적인 파이프라인 구성이 가능해지며 오탐지나 불완전한 제거로 인한 위험을 최소화할 수 있습니다.

PII 제거 파이프라인을 포함한 모든 수집 파이프라인을 구성할 때 반드시 고려할 사항은 데이터 수집 과정에서 발생하는 지연 시간입니다. 수집 파이프라인에 포함되는 모든 단계는 처리에 시간이 소요됩니다. 허용하는 지연 시간은 개인이나 조직의 요구사항에 따라 달라집니다.

이 상황에서 사용자는 몇 가지 중요한 사항들의 영향을 이해해야 합니다. 첫째, 데이터가 검색할 수 있는 상태로 색인되기까지 제거 파이프라인에 의해 추가되는 시간을 측정해야 합니다. 이 데이터는 개인정보 보호와 운영 효율성 사이의 균형을 유지하는 데 활용될 수 있습니다.

둘째, 파이프라인이 구성된 각 데이터 유형을 제거하는 것의 중요도를 평가해야 합니다. 이 과정을 통해 각 데이터 유형에 대한 민감도와 잠재적 영향도, 그리고 컴플라이언스 관점의 이슈를 파악할 수 있습니다.

셋째, 모든 메시지를 검사할지, 일부 데이터를 샘플링할지 결정해야 합니다. 샘플링을 수행할 때 샘플링되지 않은 PII를 포함한 데이터를 나중에 어떻게 쉽게 제거하거나 삭제할 수 있는지 확인해야 합니다.

클러스터 벤치마크 테스트에 대한 자세한 내용은 **4장 '성능 튜닝 – 데이터를 통한 확인'**에서 다루었지만, 여기서는 몇 가지 상위 수준의 접근 방식을 소개합니다.

- 엘라스틱서치 Rally를 사용해 PII 제거 파이프라인이 포함된 경우와 그렇지 않은 경우를 비교합니다.

> Note
>
> 데이터를 스캔하는 것이 아니라 제거에 소요되는 시간을 시뮬레이션하기 위해 테스트용 PII를 로그에서 확인해야 합니다. 테스트용 가짜 PII를 생성하는 예제는 Faker 라이브러리를 다루는 '가짜 PII 만들기'(131쪽)를 확인하세요.

- 미리 세팅된 커스텀 스크립트나 그 밖의 성능 측정 도구를 사용합니다.
- 메트릭비트에 포함된 `ingest_pipeline` 측정 지표를 사용해 프로세서 작동 시간 정보를 수집합니다. 그러면 테스트 과정에서 발생하는 데이터뿐 아니라 실시간 운영환경에서 발생하는 전체 파이프라인의 데이터를 모니터링할 수 있습니다.

PII 제거 파이프라인을 적용할 때 이러한 고려 사항을 검토함으로써 개인정보를 보호하면서 운영 효율성을 저해하지 않을 수 있습니다.

요약

엘라스틱서치에서 PII 제거 파이프라인을 만들고 요구사항에 맞게 설정 변경과 사용자 정의하는 방법을 다루었습니다. PII 제거 파이프라인은 오늘날과 같은 데이터 중심의 세계에서 민감 정보를 보호하는 필수 도구입니다. 이제 기본 파이프라인을 구성하는 방법, 그것을 조직의 특별한 요구 사항에 맞게 조정하는 방법, NER 모델을 미세 조정하거나 문맥 인식을 추가함으로써 파이프라인을 강화하는 방법을 잘 알게 됐습니다. 이 장의 내용을 바탕으로 개인정보 보호와 보안 관련 요구사항을 해결하고 관련 법규를 준수하며 고객의 개인정보를 보호함으로써 고객과의 신뢰를 유지할 수 있습니다.

다음 장에서는 엘라스틱 플랫폼을 활용한 가관측성 솔루션에서 벡터 검색이 활용되는 사례를 살펴보겠습니다.

07

벡터 기반 차세대 가관측성 (Observability)

이 장에서는 다양한 사례에 벡터를 적용하는 과정에서 가관측성과 이를 결합하는 방법을 살펴보겠습니다. 이 영역은 엘라스틱 플랫폼에서 제공하는 솔루션의 일부입니다. 가관측성은 로그 분석, 지표(metric) 분석, **애플리케이션 성능 모니터링(APM)**과 같은 개념을 포함하며, 시스템의 상태를 파악하고 운영 팀이 인시던트(incident)가 발생할 때마다 근본 원인을 진단하고 개선하게 돕는다는 공통된 목적이 있습니다.

시스템이 점점 더 복잡해짐에 따라 운영 팀의 시스템 관리도 마찬가지로 복잡해집니다. 이 시스템이 만들어내는 데이터의 양은 계속 증가하고, 사람이 그것을 일일이 확인하는 것은 불가능하지는 않더라도 어려워집니다. 게다가 데이터의 변동성과 분산의 정도도 점점 커집니다. 모든 인시던트 관리 워크플로의 주요 측면 중 하나는 쿼리나 대시보드, 알림을 통한 데이터와의 상호 작용입니다. 이러한 모든 작업은 하나 이상의 검색 쿼리로 귀결됩니다. 시장에 있는 모든 솔루션은 데이터를 쿼리하는 고유한 방식을 가지고 있으며, 실제로 기업이 관리해야 하는 여러 시그널(로그, 지표 등)를 위한 단일 솔루션이 있는 경우는 거의 없습니다. 지표, 로그, APM 등을 위한 별도의 솔루션이 있을 수도 있는데, 이는 워크플로를 더 복잡하게 만들 뿐입니다.

벡터, 임베딩, 시맨틱 검색을 통해 쿼리 언어를 정규화함으로써 앞서 언급한 복잡성을 줄일 수 있습니다. 본질적으로 데이터와 상호 작용하는 모든 가관측성 상황에서 NLP가 활용될 수 있습니다. 그러나 이를 위해서는 운영 팀에게 가관측성과 전통적인 검색, 시맨틱 검색 기능을 모두 제공할 수 있는 우수한 플랫폼이 필요합니다. 엘라스틱은 이러한 모든 필수 기능을 하나로 묶어 제공하여 시장에서 상당한 우위를 차지하고 있습니다.

이 장에서는 가관측성의 가장 일반적인 요소인 로그에 초점을 맞춰 다음 주제를 다루겠습니다.

- 가관측성의 기본 개념
- 로그에 대한 시맨틱 검색 기능을 운영 팀에 제공하기 위한 두 가지 접근 방식
- 엘라스틱을 활용한 이 워크플로의 전체 구현

현대 소프트웨어 시스템에서 가관측성과 그 중요성에 대한 소개

가관측성에 벡터를 적용하기 전에 가관측성 자체에 대한 상위 수준 개념을 이해하는 것이 중요합니다.

가관측성이란 외부 출력을 바탕으로 시스템을 구성하는 모든 계층의 내부 상태를 이해하는 능력입니다. 이러한 시스템이 여러 계층으로 구성된 모놀리스(monoliths)일 때는 비교적 쉬운 작업이었습니다. 왜냐하면 이러한 시스템의 동작을 설명하는 중앙 집중식 로그 결과를 만들었기 때문입니다. 그러나 기업이 마이크로서비스와 같은 분산형 클라우드 네이티브 아키텍처를 채택하면서 이 과정은 점점 더 복잡해졌습니다. 여기서 가관측성을 위한 출력은 연관성이 없어지고 분산되고 다양한 시그널과 로그, 지표, 트레이스 등으로 구성됩니다. 엘라스틱을 비롯한 대부분 업체는 **평균 해결 시간**(mean time to resolve; MTTR) 통계를 줄이는 것을 주요 목표로 삼고 가관측성 환경을 제공하기 위해 노력해 왔습니다.

이 분야는 많은 참여자의 활동과 함께 고객에게 훌륭한 솔루션을 제공하며, 소프트웨어 시스템 모니터링을 쉽게 하는 것을 목표로 빠르게 발전하고 있습니다.

이제 가관측성의 주요 구성요소인 시그널을 살펴보겠습니다.

가관측성 – 주요 요소

시그널은 IT 시스템의 상태를 관찰하는 데 활용되는 데이터 소스입니다. 시그널은 이벤트를 보고하는데, 구조화된 이벤트와 비구조화된 이벤트로 나눌 수 있습니다. 예를 들면, 아파치(Apache) 로그와 같이 매우 표준화된 로그가 있지만 사용자 정의 자바 애플리케이션에서 발생하는 로그와 같이 표준화되지 않은 로그도 있습니다. 운영 팀이 운영 환경의 런타임(runtime)을 관찰하고 무슨 일이 일어나는지 파악하려면 여러 시그널을 수집 및 집계하고 상관 관계를 분석해서 이에 대한 알림을 생성할 수 있어야 합니다. IT 시스템이 발전함에 따라 새로운 시그널이 등장하지만, 항상 접하게 되는 기본적인 시그널은 다음과 같습니다.

- **로그**: 로그는 시스템 내에서 발생하는 이벤트의 타임스탬프가 찍힌 기록입니다. 인프라, 애플리케이션, 운영 체제, 네트워크 장치, 시스템의 수많은 구성 요소가 로그를 만듭니다. 여기에는 간단한 상태 업데이트, 사용자 작업부터 오류와 장애에 이르기까지 다양한 정보를 담을 수 있습니다. 로그는 구조화되지 않을 때가 많으며 실제로 대부분의 로그는 사용자 정의 로그입니다. 어느 정도 표준화된 시스템(예: 아파치 서버)에서 이러한 로그를 만들 때도 사용자 정의로 인해 배포 버전마다 차이가 발생할 수 있습니다.
- **지표**: 지표는 특정 시점의 시스템 상태 또는 성능을 나타내는 수치화된 측정값입니다. 일반적인 지표에는 CPU 사용량, 메모리 사용량, 응답 시간, 스토리지 용량, 오류율, 처리량이 있습니다. 지표는 체계적이고 요약될 때가 많으며 매우 구조화돼 있고 일정한 간격으로 수집됩니다. 지표 간의 차이는 지표에 포함된 레이블의 기수성(cardinality, 고유한 값의 개수)에 있습니다. 예를 들어, 작은 크기에도 불구하고 그 자체로 이미 복잡한 쿠버네티스 클러스터에서 지표의 기수성은 쿠버네티스 클러스터에 정의된 네임스페이스가 많을수록 증가할 수 있습니다.
- **트레이스(traces)**: APM과 관련된 트레이스는 비즈니스 애플리케이션에서 발생하는 트랜잭션과 직접적으로 관련된 일종의 상위 수준 시그널을 의미합니다. 이를 더 잘 이해하려면 로그를 전화 요금 청구서에 표시되는 전화 통화로, 트레이스를 실제 대화 내용이라고 생각하면 됩니다. 트레이스는 로그와 지표의 조합이라는 점이 흥미롭습니다. 여기서의 복잡성은 분산된 탈중앙화 시스템에서 동일한 전체 트랜잭션에서 관련된 서로 다른 트레이스를 상호 연관시키는 능력에 있습니다.

이쯤 되면 눈치챘겠지만 로그, 지표, APM 데이터를 결합해서 시스템의 상태와 동작을 종합적으로 파악할 수 있습니다. 이를 바탕으로 운영 팀은 알림을 받고 문제를 조사하고 진단하며 인시던트의 근본 원인을 파악할 수 있습니다.

이제 이 장에서 벡터를 활용해 로그 관리 프로세스를 개선하면서 로그 분석에 대해 자세히 알아보겠습니다.

로그 분석과 가관측성에서의 그 역할

특정 시스템의 로그 분석을 구현하는 프로세스는 수십 년 동안 존재해 왔으며 시간이 지남에 따라 다양한 방식으로 바뀌어 왔지만, 이 프로세스의 핵심은 여전히 같습니다. 로그 분석에 대한 전통적인 기본 접근 방식은 운영 팀이 문제가 있는 서버에 연결해 로그 파일을 살펴보고 내용을 검색한 후 문제를 조치하는 것입니다. 이 프로세스는 아주 작은 규모의 배포에서는 작동할 수 있지만 로그 양과 호스트 수가 증가하면 금방 골칫거리가 됩니다. 이러한 점을 고려해 다양한 출처의 로그를 중앙 저장소에 모으고 구문 분석(parsing)해 분석에 활용하는 솔루션이 개발됐습니다.

시중에 나와 있는 대부분의 솔루션은 다음과 같은 과정으로 이 작업을 수행합니다.

1. 에이전트를 시스템에 배포합니다.
2. 에이전트는 로그 소스를 보강하거나 간단한 데이터 변환을 적용해서 일정 수준의 처리를 합니다.
3. 에이전트는 로그를 중앙 저장소로 전송하고 추가적인 처리를 합니다.
4. 사용자는 제공되는 UI에서 쿼리 언어를 활용해 로그를 검색, 필터링, 집계하고 대시보드를 구축합니다.

로그는 앞으로 계속해서 활용될 것입니다. 사실 가관측성 측면에서 보면 업계가 시그널을 특정 범주에 넣으려고 해도 모든 시그널은 결국 로그의 한 형태입니다.

다른 책에서 다룰 내용이지만, 업계는 시그널을 추상화하고 데이터 활용과 주어진 페르소나에 맞게 맥락화된 사용자 경험을 일으키는 솔루션을 제안하는 데 중점을 두어야 합니다. 로그는 시스템을 관찰하는 가장 대중적이고 간단한 방법이지만, 다음과 같은 다양한 문제점이 있습니다.

- 대량의 로그를 사용자가 분석할 때 적절한 성능을 내는 확장 가능한 솔루션이 필요합니다.
- 로그 볼륨이 증가함에 따라 가관측성 플랫폼을 지원하는 데 필요한 인프라가 증가하고, 이는 결국 처리와 저장 비용 증가로 이어집니다.
- 로그의 양이 압도적으로 많아질 수 있으며 잡다한 정보가 포함된 로그에서 중요한 정보만 추출하는 것은 쉬운 과정이 아닙니다. 기존에는 수작업으로 이뤄진 이 프로세스를 이제 비지도 학습과 이상 징후 탐색과 같은 머신러닝 기술을 통해 가속할 수 있습니다.
- 로그를 검색하고 응답 시간을 줄이려면 로그를 구조화해야 합니다. 로그를 구조화하지 않은 상태로 두면 검색과 분석 성능이 저하됩니다. 하지만 로그를 구조화하는 과정 자체가 비전문가인 사용자에게는 부담스러울 수 있습니다.

여기에 나열된 과제에는 모두 구체적인 해결책이 있습니다. 여기서는 운영 팀 분석가 경험, 특히 NLP로 이러한 경험을 강화하는 방법에 초점을 맞출 것입니다.

로그 분석에 벡터와 임베딩을 적용하는 새로운 접근 방식

1장 '벡터 및 임베딩 소개'에서 배운 것처럼 벡터와 임베딩은 모든 종류의 관념과 개념을 설명하는 데 활용되며 특정 분야를 대표하는 벡터 공간을 구축할 수 있습니다. 로그를 벡터화할 때는 몇 가지 접근 방식이 가능합니다. 다음 섹션에서 두 가지 일반적인 접근 방식을 알아봅니다. 첫 번째는 로그를 위해 기존 모델을 훈련하거나 미세 조정하는 것이고, 두 번째는 사람이 이해할 수 있는 설명을 만들어 이를 벡터로 변환하는 것입니다.

접근 방식 1 – 로그를 위한 기존 모델 훈련 또는 미세 조정

이 접근 방식에서는 word2vec, BERT 또는 GPT와 같은 기존 언어 모델을 로그 데이터에 맞게 특별히 훈련하거나 미세 조정합니다. 즉, 원시 로그 데이터 세트를 이용해 로그 데이터에서 발견되는 고유한 특성과 패턴을 효과적으로 포착할 수 있도록 모델의 매개변수를 조정합니다. 그런 다음 이 모델로 원시 로그를 벡터화해 로그의 시맨틱 콘텐츠를 나타내는 임베딩을 만듭니다.

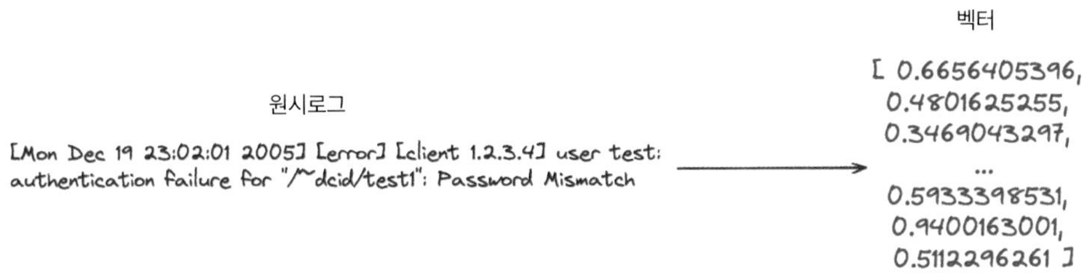

그림 7.1 직접 벡터화된 로그

이 접근 방식의 장단점을 살펴보겠습니다.

장점

- **높은 정확도**: 로그에 대해 모델을 훈련하거나 미세 조정을 수행하는 과정에서 모델은 해당 로그와 그 구조를 이해하는 데 특화됩니다. 따라서 이 모델로 만든 로그 임베딩은 훨씬 더 정확하고 주어진 로그의 실제 의미를 더 잘 반영합니다.
- **직접적인 벡터화**: 특화된 모델을 쓰면 중간 과정을 거치지 않습니다. 별도의 처리나 사람의 개입 없이 원시 로그를 직접 벡터화하므로 프로세스의 효율성과 확장성이 더욱 높아집니다.
- **사용자 지정**: 이 모델은 특정 유형의 로그(예: 서버 로그 또는 응용 프로그램 로그) 또는 특정 로그 형식에 맞게 사용자 지정할 수 있으므로 적용되는 활용 사례에 따라 어느 정도의 유연성을 확보할 수 있습니다.

단점

- **주석이 달린 데이터의 필요성**: 이 접근법의 주요 결점 중 하나는 훈련 프로세스 자체입니다. 로그에서 모델을 훈련하려면 대규모의 대표 데이터 세트와 라벨이 지정된 데이터가 필요합니다. 이는 그 자체가 고비용 프로젝트로 절대 불가능한 것은 아니나 상당한 양의 작업이 필요하고 비용이 많이 드는 프로세스를 구성합니다.
- **훈련의 복잡성**: 그렇다고 해서 이 과정을 포기할 필요는 없지만 머신러닝 분야에서 데이터 세트의 학습은 여전히 높은 장애물로 남아 있습니다. 이 작업은 계산 집약적이고 특정 기술이 필요하며 일반적인 방법이 많지 않습니다.
- **로그 형식에 대한 민감도**: 이 접근법의 큰 단점 중 하나는 로그 구조의 변동성입니다. 로그 구조는 소스마다 다를 뿐만 아니라 같은 소스라도 배포 환경에 따라 달라질 수 있습니다. 모델은 로그 구조 변경에 직면했을 때 일정 수준의 회복력을 보여야 합니다. 이는 다시 첫 번째 단점, 즉 모델이 회복력을 가지려면 데이터 세트가 매우 다양해야 한다는 점으로 이어집니다.

접근 방식 2 – 사람이 이해할 수 있는 설명을 생성한 후 벡터화

이러한 방식에서는 시스템 로그로부터 사람이 이해할 수 있는 설명을 만들어내기 위해 생성형 모델을 활용합니다. 이후 생성된 설명을 BERT나 GPT처럼 수많은 일반 텍스트 말뭉치로 학습된 범용 언어모델을 통해 다시 벡터로 변환합니다. 이렇게 만든 임베딩 벡터는 로그 원본으로부터 파생된 설명의 시맨틱 내용을 담고 있습니다. **그림 7.2**를 통해 이러한 과정을 살펴볼 수 있습니다.

원시 로그

[Mon Dec 19 23:02:01 2005] [error] [client 1.2.3.4] user test: authentication failure for "/~dcid/test1": Password Mismatch

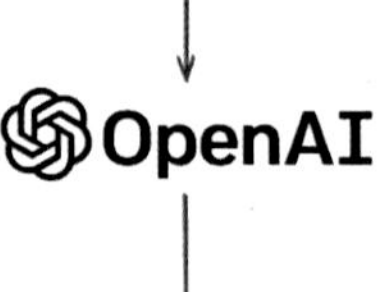

2005년 12월 19일 월요일 오후 11시 2분, IP 주소가 1.2.3.4인 컴퓨터를 사용하는 누군가가 웹사이트의 특정 부분(구체적으로는 "~/~dcid/test" 경로)에 접속하기 위해 사용자계정 'test'로 로그인을 시도했습니다. 안타깝게도 비밀번호를 잘못 입력하여 접속하지 못했습니다.

벡터

[0.7695740226,
0.3839704868,
0.0862441901,
0.9092655184,
...
0.0031517754,
0.7698236583,
0.1823372077,
0.7680199895,
0.6856025958]

그림 7.2 설명 생성 후 벡터화 과정

이제 이러한 방식의 장단점을 알아보겠습니다.

장점

- **가독성**: 사람이 이해할 수 있는 설명을 생성함으로써 로그의 내용을 이해하고 설명하기 위한 가독성을 확보할 수 있습니다.
- **유연성**: 설명을 생성하는 방식이 로그의 구조에 종속되지 않습니다. 이에 따라 다양한 유형의 로그와 로그 형식에 적용될 수 있습니다.
- **사전 학습 모델 활용**: 대량의 텍스트 말뭉치로 사전 학습된 모델을 활용함으로써 처음부터 모델을 학습하는 데 소요되는 시간을 절약하고 빠르게 기능을 구현해 가치를 제공합니다. 때에 따라 정확도가 다소 떨어질 수 있지만, 모델 미세 조정을 통해 정확도를 개선할 수 있습니다.

단점

- **정보 손실**: 원본 로그에서 설명을 생성할 때, 특히 설명이 단순화되거나 추상화될 때 정보 손실이 발생합니다.
- **부가적인 처리 과정**: 설명을 생성하는 과정에서 데이터 수집 파이프라인에 부담을 줄 수 있으며, 이는 성능 저하를 유발할 수 있습니다. 따라서 로그가 저장될 때 설명이 생성되는 것이 바람직할지, 아니면 조회될 때 생성되는 것이 더 효율적일지 검토해야 합니다.
- **설명의 품질**: 생성되는 설명의 품질이 임베딩 벡터의 품질을 결정합니다. 생성된 설명이 부정확하거나 로그의 중요한 부분을 나타내지 못하면 임베딩 벡터의 사용성 또한 저하됩니다.

지금 다루는 두 번째 접근 방식의 흥미로운 점은 로그를 사람이 이해할 수 있는 설명으로 확장한다는 점입니다. OpenAI를 통해 로그를 벡터화할 수 있는 형태로 정규화함으로써 로그 자체를 벡터 공간에 표현하는 별도의 모델을 학습시킬 필요가 없어집니다. 다시 말해 로그 원본에 대한 설명을 생성함으로써 로그 자체에 대한 벡터 공간을 생성하지 않고도 한 벡터 공간에서 그 외 벡터 공간으로의 전환이 가능합니다.

로그 원본에 있는 내용이 벡터화됐다는 점은 매우 유용합니다. 이러한 임베딩 벡터는 특정한 의미를 담고 있으며 공간 내 그 밖의 로그와 시맨틱 유사도를 쉽게 비교할 수 있습니다.

다음 절에서는 벡터 검색 기반 시맨틱 검색을 수행하기 위해 로그를 확장하고 벡터화하는 과정을 살펴보겠습니다.

로그 벡터화

로그 벡터화는 로그를 임베딩 벡터로 변환하는 과정입니다. 이러한 과정은 테스트용 로그를 만들고 이를 확장해 범용 모델 통해 벡터를 만드는 단계를 거칩니다.

또한, 교육 목적으로 구글 Colab 노트북에서 같은 예제를 다시 실행할 수 있게끔 여기서는 모든 작업을 파이썬으로 처리하기로 했습니다.

이 장의 코드는 이 책의 깃허브 저장소 `chapter7` 폴더[1]에서 확인 가능합니다.

1 https://github.com/wikibook/vector-search/tree/main/chapter7

로그에서 바로 벡터를 만드는 첫 번째 접근 방식 대신 가독성 있는 설명을 먼저 만들고 이를 벡터화하는 접근 방식에 대해 알아보겠습니다. 이러한 접근 방식은 별도의 모델을 학습하기 위한 자원과 노력이 들지 않는다는 장점이 있습니다.

먼저 가상의 합성 로그를 만드는 방법에 대해 살펴보겠습니다.

합성 로그

합성 로그를 만들어 실제 로그가 수집되기 전에 로그가 유입되는 모든 파이프라인에 대한 테스트를 진행할 수 있습니다. 마치 개발 프로젝트에서 쓰는 **모의**(mocks) 객체와 같습니다.

이 책에서는 테스트 용도로 각 단계를 실행하게 합성 로그를 만드는 코드 블록을 준비했습니다. 다음 코드 블록은 `Faker` 라이브러리를 활용해 아파치 HTTP 접근 로그, 엔진엑스(Nginx), 시스로그(Syslog), 아마존 웹 서비스 클라우드 트레일(AWS CloudTrail), 마이크로소프트 이벤트 로그(Microsoft event logs), 리눅스 감사 로그(Linux audit logs) 등을 만듭니다.

아파치 HTTP 서버(일반 로그 형식)

다음은 아파치 HTTP 서버 로그를 만드는 코드입니다. 이어지는 그 밖의 로그 형식에 대해서도 같은 코드 구조를 활용하겠습니다.

```
fake = Faker() #이어지는 코드에서 쓸 단일 인스턴스를 만듭니다.
def generate_apache_log():
    return '{RemoteHost} - - [{Timestamp}] "{RequestMethod} \
{RequestURI} {Protocol}" {StatusCode} {ResponseSize}'.format(
        RemoteHost=fake.ipv4(),
        Timestamp=fake.date_time_this_year()
        .strftime('%d/%b/%Y:%H:%M:%S %z'),
        RequestMethod=fake.http_method(),
        RequestURI=fake.uri(),
        Protocol='HTTP/1.1',
        StatusCode=random.choice([200, 404, 500]),
        ResponseSize=random.randint(100, 10000))
```

엔진엑스(혼합 로그 형식)

```
def generate_nginx_log():
    return '{RemoteAddress} - {RemoteUser} [{Timestamp}] \
"{RequestMethod} {RequestURI} {Protocol}" {StatusCode} \
{ResponseSize} "{Referer}" "{UserAgent}"'.format(
        RemoteAddress=fake.ipv4(),
        RemoteUser='-',
        Timestamp=fake.date_time_this_year().strftime('%d/%b/%Y:%H:%M:%S %z'),
        RequestMethod=fake.http_method(),
        RequestURI=fake.uri(),
        Protocol='HTTP/1.1',
        StatusCode=random.choice([200, 404, 500]),
        ResponseSize=random.randint(100, 10000),
        Referer=fake.uri(),
        UserAgent=fake.user_agent()
    )
```

시스로그(RFC 5424)

```
def generate_syslog():
    return '<{Priority}>{Version} {Timestamp} {Hostname} {AppName} \
{ProcID} {MsgID} {StructuredData} {Message}'.format(
        Priority=random.randint(1, 191),
        Version=1,
        Timestamp=fake.date_time_this_year().isoformat(),
        Hostname=fake.hostname(),
        AppName=fake.word(),
        ProcID=random.randint(1000, 9999),
        MsgID=random.randint(1000, 9999),
        StructuredData='-',
        Message=fake.sentence()
    )
```

아마존 웹 서비스 클라우드트레일

```
def generate_aws_cloudtrail_log():
    return '{{"eventVersion": "{EventVersion}", \
"userIdentity": {{"type":"IAMUser", "userName": "{UserName}"}}, \
"eventTime": "{Timestamp}", \
"eventSource": "{EventSource}", "eventName": "{EventName}", \
"awsRegion": "{AwsRegion}", "sourceIPAddress": "{SourceIPAddress}", \
"userAgent": "{UserAgent}", "requestParameters": {{"key":"value"}}, \
"responseElements": {{"key": "value"}}, "requestID":"{RequestId}", \
"eventID": "{EventId}", "eventType": "AwsApiCall", \
"recipientAccountId": "{RecipientAccountId}"}}'.format(
        EventVersion='1.08',
        UserName=fake.user_name(),
        Timestamp=fake.date_time_this_year().isoformat(),
        EventSource='s3.amazonaws.com',
        EventName='GetObject',
        AwsRegion='us-east-1',
        SourceIPAddress=fake.ipv4(),
        UserAgent=fake.user_agent(),
        RequestId=fake.uuid4(),
        EventId=fake.uuid4(),
        RecipientAccountId=fake.random_number(digits=12)
    )
```

마이크로소프트 윈도우 이벤트 로그

```
def generate_windows_event_log():
    return '<Event xmlns="http://schemas.microsoft.com/win/2004/08/events/event">\
<System><Provider Name="{ProviderName}"/><EventID>{EventID}</EventID>\
<Level>{Level}</Level><TimeCreatedSystemTime="{Timestamp}"/>\
<SourceName>{SourceName}</SourceName><Computer>{Computer}</Computer>\
</System><EventData>{Message}</EventData></Event>'.format(
        ProviderName=fake.word(),
        EventID=random.randint(1000, 9999),
        Level=random.randint(1, 5),
        Timestamp=fake.date_time_this_year().isoformat(),
```

```
        SourceName=fake.word(),
        Computer=fake.hostname(),
        Message=fake.sentence()
    )
```

리눅스 감사 로그

```
def generate_linux_audit_log():
    return 'type={AuditType} msg=audit({Timestamp}): {Message}'.format(
        AuditType=fake.word(),
        Timestamp=fake.date_time_this_year().isoformat(),
        Message=fake.sentence()
    )
```

엘라스틱서치

```
def generate_elasticsearch_log():
    return '{{"timestamp": "{Timestamp}", "level": "{LogLevel}", \
"component": "{Component}", "cluster.name": "{ClusterName}", \
"node.name": "{NodeName}", "message": "{Message}", \
"cluster.uuid": "{ClusterUuid}", "node.id": "{NodeId}"}}'.format(
        Timestamp=fake.date_time_this_year().isoformat(),
        LogLevel=random.choice(['INFO', 'WARN', 'ERROR']),
        Component=fake.word(),
        ClusterName=fake.word(),
        NodeName=fake.word(),
        Message=fake.sentence(),
        ClusterUuid=fake.uuid4(),
        NodeId=fake.uuid4()
    )
```

MySQL(일반 쿼리 로그)

```
def generate_mysql_log():
    return '{Timestamp} {ThreadID} {CommandType} {CommandText}'.format(
```

```
        Timestamp=fake.date_time_this_year().isoformat(),
        ThreadID=random.randint(1000, 9999),
        CommandType=fake.word(),
        CommandText=fake.sentence()
    )
```

몽고DB(로그 형식)

```
def generate_mongodb_log():
    return '{Timestamp} {Severity} {Component} [{Context}] {Message}'.format(
        Timestamp=fake.date_time_this_year().isoformat(),
        Severity=random.choice(['I', 'W', 'E']),
        Component=fake.word(),
        Context=fake.word(),
        Message=fake.sentence()
    )
```

아파치 카프카(서버 로그)

```
def generate_kafka_log():
    return '[{Timestamp}] {LogLevel} {Component} ({ThreadName}) - {Message}'.format(
        Timestamp=fake.date_time_this_year().isoformat(),
        LogLevel=random.choice(['INFO', 'WARN', 'ERROR']),
        Component=fake.word(),
        ThreadName=fake.word(),
        Message=fake.sentence()
    )
```

애플리케이션에서 전송되는 로그를 시뮬레이션하기 위한 로그 생성 기반이 준비되었으므로, 이제 로그 확장을 살펴보겠습니다.

OpenAI를 활용한 로그 확장

이제 확장할 로그 세트가 준비됐습니다. 여기서 '확장'이라고 표현한 것은 OpenAI 모델을 활용해 로그를 설명함으로써 결과적으로 로그의 크기가 커진다는 의미입니다. 다음에 나오는 코드는 위에서 설명한 함수를 실행하는 방법을 보여줍니다. 코드는 이 책의 깃허브 저장소 chapter7 폴더[2]에서 확인할 수 있습니다.

이번 예제에서는 아파치 액세스 로그를 만들어 보겠습니다.

```
# 활용 예
sources_to_use = ['apache']
total_logs_to_generate = 15
random_logs_per_source = True
logs = generate_logs(sources_to_use, total_logs_to_generate, random_logs_per_source)
stringifiedPromptsArray = json.dumps(logs)
prompts = [{
    "role": "user",
    "content": stringifiedPromptsArray
}]
batchInstruction = {
    "role": "system",
    "content": "Explain what happened for each log line of the array. Return a python
array of the explanation. Only the array, no text around it or any extra comment, nothing
else than the array should be in the answer. Don't forget in your completion to give the
day, date and year of the log. Interpret some of the log content if you can, for example
you have to translate what an error code 500 is."
}
prompts.append(batchInstruction)

# OpenAI API 키 선언
openai_api_key = "YOUR_OPEN_AI_KEY"

# OpenAI API 클라이언트 초기화
openai.api_key = openai_api_key
stringifiedBatchCompletion = openai.ChatCompletion.create(model="gpt-3.5-turbo",
messages=prompts, max_tokens=1000)
print(stringifiedBatchCompletion.choices[0].message.content)
batchCompletion = ast.literal_eval(stringifiedBatchCompletion.choices[0].message.content)
```

2 https://github.com/wikibook/vector-search/tree/main/chapter7

중요한 점은 OpenAI API가 대량 처리 옵션을 제공하지 않으므로 모든 로그를 쉼표 구분자로 연결해 프롬프트에 전달해야 한다는 것입니다. OpenAI는 프롬프트를 한 번에 하나씩 실행합니다.

로그 생성 함수로부터 만들어진 로그는 다음과 같습니다.

```
['200.19.87.161 - - [23/Mar/2023:23:03:39 ] "PATCH http://www.obrienarias.com/category/
login.php HTTP/1.1" 200 9727', '202.90.114.96 - - [11/Mar/2023:22:11:23 ] "CONNECT
http://clark.com/terms/ HTTP/1.1" 200 7022',
'198.55.207.252 - - [06/Apr/2023:05:43:19 ] "HEAD https://www.ward.com/index.htm HTTP/1.1"
200 3016',
'3.178.238.218 - - [21/Jan/2023:12:08:38 ] "PUT http://www.hobbs.com/ HTTP/1.1" 500 8772',
'110.184.88.144 - - [09/Jan/2023:20:20:37 ] "DELETE https://robertson.com/tag/author/
HTTP/1.1" 404 3548']
```

확장된 로그는 다음과 같습니다.

```
["On March 23rd, 2023 at 11:03:39 PM, a PATCH HTTP request was sent
to http://www.obrien-arias.com/category/login.php and received a 200
response code with a payload size of 9727.",
"On March 11th, 2023 at 10:11:23 PM, a CONNECT HTTP request was sent
to http://clark.com/terms/ and received a 200 response code with a
payload size of 7022.",
"On April 6th, 2023 at 05:43:19 AM, a HEAD HTTP request was sent to
https://www.ward.com/index.htm and received a 200 response code with a
payload size of 3016.",
"On January 21st, 2023 at 12:08:38 PM, a PUT HTTP request was sent to
http://www.hobbs.com/ and received a 500 response code indicating an
internal server error, with a payload size of 8772.",
"On January 9th, 2023 at 08:20:37 PM, a DELETE HTTP request was sent
to https://robertson.com/tag/author/ and received a 404 response
indicating the page was not found, with a payload size of 3548."]
```

로그를 확장하면 벡터로 변환하는 데 사용할 모델을 찾기가 쉬워집니다. 다음 섹션에서 살펴보겠습니다.

로그 시맨틱 검색

이번 섹션에서는 엘라스틱서치를 활용해 확장된 로그를 벡터로 변환시켜 저장하고 시맨틱 검색하는 기능을 구현해 보겠습니다. 확장된 로그를 벡터로 저장하면 로그가 자연어에 가까운 문장으로 저장되므로 지금까지 살펴본 NLP와 시맨틱 검색을 쉽게 적용할 수 있습니다.

로그 벡터 색인

다음 코드는 확장된 로그 목록을 엘라스틱서치에 대량 색인하는 로직입니다.

```
# 일괄 색인을 위한 JSON 문서 생성
bulk_index_body = []
for index, log in enumerate(batchCompletion):
    document = {
        "_index": "logs",
        "pipeline": "vectorize-log",
        "_source": {
            "text_field": log,
            "log": logs[index]
        }
    }
    bulk_index_body.append(document)
```

다음 코드는 파이썬 헬퍼(helpers)를 활용해 대량 색인 작업을 실행합니다. 엘라스틱서치의 Eland를 활용해 적재된 모델로 벡터를 변환하므로 파이썬 코드에는 벡터 변환 로직이 없습니다.

```
try:
    response = helpers.bulk(es, bulk_index_body)
    print ("\nRESPONSE:", response)
except Exception as e:
    print("\nERROR:", e)
```

모델 적재

엘라스틱서치에 모델을 적재하는 더 자세한 방법이 궁금하다면 엘라스틱 웹 사이트에서 제프(Jeff)의 블로그 게시물[3]을 참고하면 도움이 될 것입니다.

Eland를 활용해 모델을 적재하는 예제는 제프의 깃허브 저장소 주피터 노트북 파일[4]을 참고하십시오.

다음 예제는 허깅 페이스에서 모델을 다운로드하고 파이썬 코드만 작성해서 엘라스틱서치에 적재하는 방법입니다.

```
# 허깅 페이스의 모델명과 작업 유형 설정
hf_model_id='sentence-transformers/all-distilroberta-v1'
tm = TransformerModel(hf_model_id, "text_embedding")

# 엘라스틱서치에서 이름으로 사용할 modelID 설정
es_model_id = tm.elasticsearch_model_id()

# 허깅 페이스에서 모델 다운로드
tmp_path = "models"
Path(tmp_path).mkdir(parents=True, exist_ok=True)
model_path, config, vocab_path = tm.save(tmp_path)

# 엘라스틱서치에 모델 적재
ptm = PyTorchModel(es, es_model_id)
ptm.import_model(model_path=model_path, config_path=None, vocab_path=vocab_path,
config=config)
```

최종적으로 키바나의 **Machine Learning | Model Management | Trained Models** 메뉴에서 적재된 모델을 확인할 수 있습니다.

---

3 https://www.elastic.co/search-labs/blog/articles/chatgpt-elasticsearch-openai-meets-private-data
4 https://github.com/jeffvestal/ElasticDocs_GPT/blob/main/load_embedding_model.ipynb

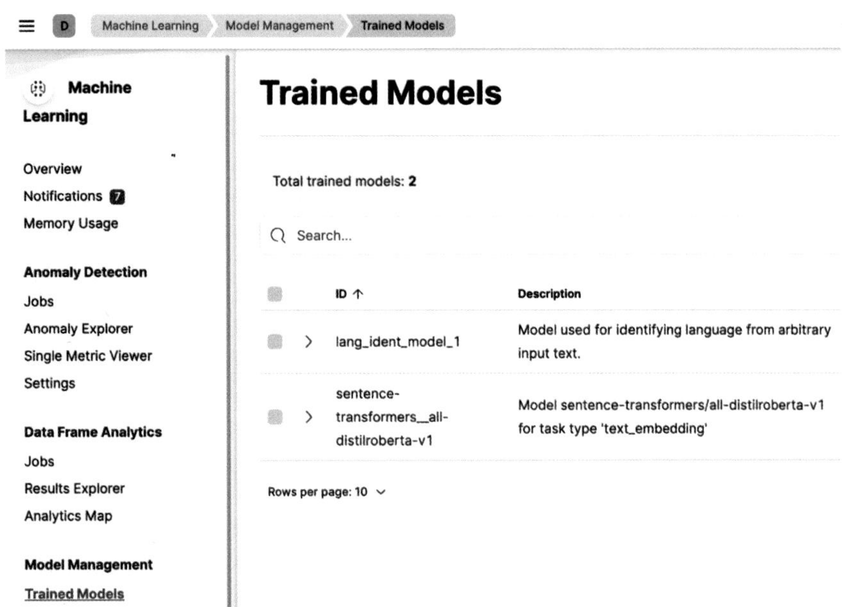

그림 7.3 키바나에서 학습된 모델 확인

수집 파이프라인

이전 대량 색인 코드를 확인해 보면 `vectorize-log`라는 파이프라인을 사용했다는 것을 알 수 있습니다. 이 파이프라인은 엘라스틱서치에 적재된 모델로 확장된 로그를 벡터로 변환합니다. 파이프라인을 만드는 방법은 키바나의 Stack Management | Ingest Pipelines 메뉴를 활용하거나 필자가 선호하는 방법인 create pipeline API[5]를 활용하는 것입니다.

다음은 파이프라인의 정의입니다.

```
[
    {
        "inference": {
            "model_id": "sentence-transformers__all-distilroberta-v1",
            "target_field": "description_vectorized"
        }
```

5 https://www.elastic.co/guide/en/elasticsearch/reference/current/put-pipeline-api.html

```
    },
    {
        "set": {
            "field": "description_vectorized",
            "copy_from": "description_vectorized.predicted_value"
        }
    },
    {
        "grok": {
            "field": "log",
            "patterns": [
                "%{IP:source.ip} - - \\[%{DATE_YMD:@timestamp}\\]
\"%{WORD:http.request.method} %{DATA:url.original} HTTP/%{NUMBER:http.version}\" %{NUMBER
:http.response.status_code:int}"
            ],
            "pattern_definitions": {
                "DATE_YMD": "%{MONTHDAY}/%{MONTH}/%{YEAR}%{SPACE}%{HOUR}:%{MINUTE}:%{SECO
ND}%{SPACE}"
            }
        }
    }
]
```

이 JSON 배열의 각 JSON 객체는 프로세서이며 3개가 있습니다.

- **Inference**: 적재된 모델의 ID를 참고해서 `text_field`라는 필드의 내용을 `description_vectorized`라는 필드로 벡터화합니다.
- **Set**: 출력하기 위한 JSON 값을 만듭니다. 이 프로세서가 없으면 `description_vectorized` 필드 하위의 `predicted_value`라는 필드에 벡터값이 저장되므로 불필요한 하위 필드가 포함됩니다.
- **Grok**: Grok 프로세서를 사용하여 로그를 형식에 맞게 구성합니다. 구조화된 로그는 집계와 분석에 활용합니다.

이제 원본 로그를 유지하면서 구조화된 데이터 모델의 이점을 활용하고, 시맨틱 검색을 시작할 수 있는 벡터화된 콘텐츠로 데이터를 모델링하는 방법을 이해할 것입니다.

시맨틱 검색

kNN API를 호출해 두 가지 작업을 수행하는 함수를 작성할 것입니다.

- description_vectorized 필드가 있는 문서를 필터링하는 질의문을 작성합니다.
- 실제 벡터 검색을 실행합니다.

다음은 ESSearch 함수의 구현 내용입니다.

```
def ESSearch(query_text):
    # 엘라스틱서치 BM25와 kNN의 하이브리드 검색
    query = {
        "bool": {
            "filter": [{
                "exists": {
                    "field": "description_vectorized"
                }
            }]
        }
    }
    knn = {
        "field": "description_vectorized",
        "k": 1,
        "num_candidates": 20,
        "query_vector_builder": {
            "text_embedding": {
                "model_id": "sentence-transformers__all-distilroberta-v1",
                "model_text": query_text
            }
        },
        "boost": 24
    }
    fields = ["text_field"]
    index = 'logs'
    resp = es.search(index=index, query=query, knn=knn, fields=fields, size=1,
source=False)
    print(resp['hits']['hits'][0]['fields']['text_field'][0])
    return resp['hits']['hits'][0]['fields']['text_field'][0]
```

이 코드의 특징은 시맨틱 검색 기능[6]을 활용한 것입니다. 사용자는 질의문을 벡터로 변환하고 kNN에 전달하는 과정 없이 색인된 문서의 벡터 변환에 활용한 모델을 질의문 텍스트와 함께 전달합니다. 그 결과 질의문과 색인된 문서가 동일한 벡터 공간에서 벡터화됩니다.

이 함수를 사용하려면 원하는 질의문을 넣어 호출하면 됩니다.

```
ESSearch("Were there any errors?")
```

결과는 다음과 같을 것입니다.

```
On March 8th, 2023 at 09:27:46 AM, a GET HTTP request was sent to https://www.pratt.com/
faq.htm and received a 404 response indicating the page was not found, with a payload size
of 3510.
```

엘라스틱서치를 활용해 시맨틱 검색을 간단하게 구현할 수 있지만, 시스템에서의 로그 처리 과정을 이해하는 것도 중요합니다. **사이트 신뢰성 엔지니어링(site reliability engineering; SRE)** 측면에서는 운영 팀이 시스템에 자연어 질의를 통해 검색할 수 있으며, 이를 통해 관련성 높은 정보를 얻을 수 있습니다.

로그 확장은 인시던트 관리 프로세스를 크게 개선했습니다. 운영 팀의 기존 로그 관리에 대한 복잡성을 없애 주었으며, 데이터의 상태를 확인하고 분석하는 데 가관측성 솔루션과 관련된 특정 언어를 배우지 않아도 되게 만들었습니다. 대신 운영 팀은 그들의 자체 언어를 쓸 수도 있습니다.

따라서 동일한 시맨틱 검색 쿼리로 알림을 정의할 수 있으므로 데이터 쿼리뿐만 아니라 자동화에 필요한 학습 곡선이 크게 줄어듭니다. 또한 알림의 결과를 추천 솔루션과 함께 티켓으로 확장하여 이를 더욱 발전시킬 수 있습니다. 현재 워크플로에서 운영 팀의 수작업을 자동화하는 데 벡터를 활용하면 MTTR을 줄이고 애플리케이션 사용자의 만족도를 높일 수 있습니다.

6 https://www.elastic.co/guide/en/elasticsearch/reference/master/knn-search.html#semantic-search

요약

이번 장에서는 엘라스틱을 기반으로 로그를 벡터로 변환해 분석하는 과정을 학습했습니다. 이 과정에서 결정해야 할 것은 데이터를 적재할 때 로그를 확장할지 아니면 질의할 때만 로그를 확장할지입니다. 가관측성 인시던트 관리 워크플로에 벡터 검색이나 생성형 AI를 적용하는 것은 현재 시작 단계입니다. 하지만 이 영역이 성장함에 따라 이를 구현하는 데 필요한 지침을 갖추게 되었습니다.

다음 장에서는 벡터와 시맨틱 검색의 또 다른 응용 분야인 사이버 보안에 대해 살펴보겠습니다. 이 분야는 데이터 측면에서는 가관측성과 비슷하지만, 워크플로가 상당히 다릅니다.

08

벡터와 임베딩이 사이버 보안 강화에 미치는 영향

끊임없이 진화하는 사이버 보안 위협에 맞서 지속해서 유입되는 정보는 대규모 데이터 세트를 효율적으로 거를 수 있는 혁신적인 도구와 방법이 필요해졌습니다. 특히 텍스트에 숨겨진 뉘앙스와 의도를 파악하는 것은 어려운 일입니다.

예를 들어, 점점 더 교묘해지는 피싱(phising) 공격이 유해한지 무해한지 어떻게 구별할 수 있을까요? 특히 그것들이 매우 비슷해 보일 때는 어떻게 구별할까요? 시맨틱 수준에서 텍스트를 이해하고 그 이면에 숨어 있는 패턴과 의도를 식별하게 설계된 강력한 도구인 **엘라스틱 학습형 희소 인코더(Elastic Learned Sparse EncodeR; ELSER)**를 소개합니다.

이 장에서는 엘라스틱에서 제공하는 사전 학습 모델인 ELSER에 대해 자세히 살펴봅니다. 이 모델은 벡터 힘을 잘 활용하면서도 사용이 복잡하지 않습니다. 다음과 같은 주요 주제를 다루겠습니다.

- ELSER의 개요. 시맨틱 검색에서 ELSER 모델의 본질과 역할에 대해 자세히 알아본다.
- 데이터 업로드, 시각화, 처리 단계를 포함한 ELSER를 통한 데이터 처리
- 잠재적 피싱 위협을 식별하기 위한 ELSER 활용

이 장을 다 읽고 나면 ELSER의 방대한 잠재력을 이해하고, 사이버 보안을 넘어 다양한 애플리케이션에 ELSER를 통합할 수 있게 될 것입니다.

기술 요구 사항

이 장에서는 ELSER를 사용하기 위해 엘라스틱 환경을 설정하겠습니다. 이를 위해 엘라스틱 클라우드 가입 페이지[1]에서 엘라스틱 클라우드 계정을 만들어야 합니다.

ELSER는 플래티넘 라이선스에 따른 상용 기능입니다. 좋은 소식은 엘라스틱이 이를 테스트할 수 있는 평가 기간을 제공한다는 것입니다. 평가 기간 동안 챗봇을 통해 고객 엔지니어 팀에 질문할 수 있으며 그들이 체험 과정을 안내할 것입니다.

이메일 피싱 탐지의 중요성 이해

사이버 보안에서 ELSER와 스팸 탐지와 같은 응용을 알아보기 전에 피싱에 관해 철저히 이해한 다음 시맨틱 검색을 활용한 고급 기법으로 넘어가겠습니다.

피싱이란?

피싱은 정보통신에서 신뢰할 수 있는 개체로 위장해 사용자 이름과 비밀번호와 같은 자격 증명, 신용카드와 같은 결제 정보 또는 주민등록번호와 같은 민감한 정보를 빼내려고 하는 일반적인 유형의 사이버 공격입니다.

이메일 스푸핑(spoofing)은 피싱을 위해 주로 사용하는 방법입니다. 커뮤니케이션 앱이 증가함에 따라 인스턴트 메시징 서비스를 제공하는 플랫폼에서도 피싱이 발생하고 있으며 사용자가 합법적인 사이트와 모양과 느낌이 똑같은 가짜 웹사이트에 개인 정보를 입력하게 유도합니다.

피싱은 매일 수천 명의 사람들에게 직접적인 영향을 미칩니다. 사이버 범죄자는 사회 공학(social engineering) 기술을 사용해 순진한 사람과 조직을 속여 민감한 정보를 빼내거나 범죄자가 관리하는 계좌로 거래를 유도합니다.

1 https://cloud.elastic.co/registration

'피싱(phishing)'이라는 용어는 **'낚시(fishing)'**라는 단어에서 유래한 것으로 이러한 사기가 피해자에게 미끼를 던지고 낚아채는 모양이 낚시와 매우 비슷하기 때문에 붙여진 이름입니다. 'ph'는 'f'를 대체해서 해커들 사이에서는 흔히 사용되는 표현이며 고전적인 해킹 수법의 일종인 **'프리킹(phreaking)'**에서 이름을 딴 것입니다.

피싱 공격은 단순하고 일반적인 것부터 매우 정교하고 특정 대상을 겨냥한 것까지 다양합니다. 스피어 피싱(spear phishing)과 웨일링(whaling)과 같은 가장 위험한 유형의 공격은 특히 개인이나 조직을 대상으로 삼으며 공격자에게 큰 보상이 돌아오도록 치밀하게 계획됩니다.

피싱에 대해서는 위키피디아에 방대하게 정리되어 있으니 그 내용[2]을 살펴보는 것을 추천합니다.

이제 피싱의 다양한 유형을 살펴보겠습니다.

다양한 유형의 피싱 공격

피싱이 표적으로 삼는 상황이나 사람에 따른 다양한 형태의 피싱을 살펴보겠습니다.

- **스피어(spear) 피싱**: 공격자가 철저히 준비한 표적화된 피싱 형태입니다. 그들은 이름, 직위, 회사, 직장 전화번호, 그리고 기타 정보로 이메일을 개인화해서 이메일이 덜 의심스러워 보이게 만듭니다. 수신자가 공격자와 연결돼 있다고 믿게 속이는 것이 목표입니다.
- **웨일링(whaling)**: 피싱 공격의 한 유형으로, 회사의 중요한 데이터에 대한 전체 접근 권한이 있는 경우가 많은 CEO나 CFO와 같은 고위급 직원을 표적으로 삼아 회사에서 중요한 정보를 훔치는 공격입니다.
- **복제 피싱**: 이 유형의 피싱 공격은 이전에 전송된 이메일의 내용과 수신자 주소를 가져와 거의 같거나 똑같은 이메일을 만드는 과정을 포함합니다. 이메일의 원본 첨부 파일이나 링크를 악성 버전으로 교체한 다음, 원래 발신자가 보낸 것처럼 보이게 가짜 이메일 주소에서 전송합니다.
- **파밍(pharming)**: 파밍은 악성 코드와 사기 웹사이트를 포함하는 더 복잡한 피싱 수법입니다. 공격자는 사용자의 컴퓨터나 서버에 악성 코드를 설치해 사용자가 웹 브라우저에서 클릭한 내용을 사용자의 동의나 자각이 없는 상태에서 사기 웹사이트로 넘겨줍니다.
- **스미싱(smishing)과 비싱(vishing)**: 이 용어는 SMS 문자 메시지(**스미싱**)와 음성 통화(**비싱**)를 통해 발생하는 피싱 공격을 설명하는 데 사용됩니다.

2 https://ko.wikipedia.org/wiki/피싱

- **비즈니스 이메일 침해**(business email compromise; BEC): 해외 공급업체와 거래하거나 정기적으로 전신 송금 결제를 수행하는 기업을 대상으로 하는 정교한 사기 수법입니다. 이 사기는 사회 공학 또는 컴퓨터 침입 기술을 통해 정상적인 비즈니스 이메일 계정을 해킹해 무단으로 자금을 이체하는 방식으로 진행됩니다.

이러한 피싱 공격 유형은 각각 고유한 특성이 있지만 피해자를 속여 민감한 정보를 노출하게 유도한다는 공통된 목표가 있습니다.

피싱은 다양한 방법으로 수행될 수 있지만 이 장에서는 피싱 공격의 가장 일반적이고 널리 퍼져 있는 수단 중 하나인 이메일 피싱에 특히 초점을 맞출 것입니다.

이메일 피싱은 한 번에 수많은 잠재적 피해자에게 도달할 수 있어 상당히 위협적입니다. 이는 간단하고 효과적이라서 많은 사이버 범죄자가 선호하는 방법입니다. 공격자는 버튼 클릭 한 번으로 수천 개의 사기 이메일을 보낼 수 있으며 순진한 한 명의 수신자가 미끼를 물기만 하면 공격에 성공합니다.

이메일 피싱이 어떻게 구조화돼 있는지, 왜 효과적인지, 그리고 가장 중요한 것으로 엘라스틱의 ELSER와 같은 도구를 활용해 어떻게 탐지하고 예방할 수 있는지 살펴보겠습니다. **ham**(합법) 또는 **spam**(피싱)으로 분류된 실제 이메일 데이터 세트를 사용해 이러한 도구가 실제로 어떻게 적용될 수 있는지 보여드리겠습니다.

이메일 피싱에 중점을 두어 이 특정 위협을 깊이 이해하고 효과적으로 대처할 수 있는 지식과 도구를 제공하는 것이 목표입니다. 이는 개인과 직업(사무) 환경 둘 다 디지털 커뮤니케이션에 대한 의존도가 높아지면서 이메일 피싱 시도가 증가하고 있다는 점을 고려할 때 더욱 중요합니다.

피싱 공격의 빈도에 관한 통계

기술적인 고려 사항을 살펴보기 전에 피싱이 사회에 미치는 문제와 그 영향을 이해하는 것이 중요합니다. 물론 피싱 방법은 계속 진화할 것입니다. 하지만 텍스트 의미론에 기반한 지능적인 탐지를 비롯해 기업이 구축할 수 있는 강력한 방어책을 통해 이 문제를 최소화할 수 있습니다. 다음은 피싱 공격의 빈도에 관한 세계적 통계 몇 가지입니다.

- 매일 약 34억 개의 피싱 이메일이 발송되는 것으로 추정됩니다.
- 데이터 유출의 약 90%는 피싱으로 인해 발생합니다.
- 83%의 기업이 작년에 피싱 공격을 당했습니다.
- 피싱 공격에 대응하는 데 드는 평균 비용은 24억 원입니다.
- 가장 일반적인 피싱 사기 수법은 다음과 같습니다.
  - 은행이나 신용카드 회사 등 합법적인 회사에서 보낸 것처럼 보이는 이메일. 이러한 이메일은 링크를 클릭하거나 비밀번호나 신용카드 번호와 같은 개인 정보를 입력하게 요청합니다.
  - 악성 소프트웨어에 감염된 첨부 파일이 포함된 이메일. 이 첨부 파일을 열면 악성 소프트웨어가 컴퓨터를 감염시키고 개인 정보를 훔칠 수 있습니다.
  - 배송업체 등 합법적인 회사에서 보낸 것처럼 보이는 문자 메시지. 이러한 문자 메시지는 링크를 클릭하거나 운송장 번호와 같은 개인 정보를 입력하게 요청합니다.

다음은 피싱 공격의 몇 가지 대표적인 사례와 그 영향입니다.

- **페이스북과 구글 사기**: 2013년에 수백만 명의 페이스북 사용자에게 스피어 피싱 사기 이메일이 발송됐습니다. 페이스북에서 보낸 것처럼 보이는 이 이메일은 계정 정보를 업데이트하기 위해 링크를 클릭하게 만들어졌습니다. 사용자가 링크를 클릭하면 로그인 자격 증명을 도용하게 설계된 가짜 페이스북 웹사이트로 이동했습니다.
- **낫페트야(NotPetya) 악성 소프트웨어 공격**: 2017년에는 클론 피싱 공격이 **낫페트야** 악성 소프트웨어를 전달하는 데 이용됐습니다. 이 악성 소프트웨어는 배송업체의 송장으로 위장되어 머스크(Maersk), 페덱스(FedEx) 등 여러 대기업의 직원들에게 전송됐습니다. 직원들이 첨부 파일을 열자 악성 소프트웨어가 컴퓨터를 감염시키고 네트워크의 다른 컴퓨터로 퍼졌습니다. 이 공격으로 인해 수십억 달러의 피해가 발생했습니다.
- **우크라이나 전력망 공격**: 2015년에는 **샌드웜(Sandworm)**으로 알려진 해커 그룹이 우크라이나 전력망에 접근하기 위해 스피어 피싱 공격을 했습니다. 해커들은 피싱 이메일을 통해 직원들을 속여 링크를 클릭하게 하고 그들의 컴퓨터를 악성 소프트웨어에 감염되게 했습니다. 해커들은 이 악성 소프트웨어를 통해 전력망을 제어하고 우크라이나 일부 지역의 전력을 차단했습니다.
- **유비쿼티 네트웍스 사회 공학적 공격**: 2018년에는 가정과 기업을 대상으로 유무선 제품을 판매하는 유비쿼티 네트웍스(Ubiquity Networks)의 데이터를 훔치기 위해 사회 공학적 공격이 이용됐습니다. 이 스피어 피싱 공격은 **코발트 스트라이크(Cobalt Strike)**라고 알려진 해커 그룹이 수행했습니다. 해커들은 합

법적인 회사로 위장해 유비쿼티 네트웍스의 직원들에게 피싱 이메일을 보냈습니다. 이메일에는 직원들의 컴퓨터를 악성 소프트웨어에 감염시키는 링크가 포함돼 있었습니다. 이 악성 소프트웨어를 통해 해커들은 회사 네트워크에 접근해 데이터를 훔칠 수 있었습니다.

- **FACC[3]사에 대한 BEC 공격**: 2019년에는 웨일링과 BEC 공격이 FACC의 1억 달러를 훔치는 데 이용됐습니다. 이 공격은 여러 이메일을 통해 FACC의 CEO를 사칭한 해커 그룹이 수행했습니다. 이메일에서 직원들에게 사기 은행 계좌로 돈을 송금하라고 지시했습니다. 직원들은 지시를 따랐고 해커들은 돈을 훔칠 수 있었습니다.

이메일 피싱의 영향은 재정적 손실, 데이터 유출, 평판 손상, 운영 중단, 법적 및 규제적 결과에 이르기까지 다양합니다.

피싱의 다양한 유형과 실제 공격 사례를 알아봤으니, 이제 피싱 이메일을 탐지하는 데 있어 어떤 어려움이 있는지 분석해 보겠습니다.

피싱 이메일 탐지의 도전과제

피싱 이메일을 탐지하는 것은 모래사장에서 바늘을 찾는 것과 비슷하며, 최근에는 공격의 정교함으로 인해 점점 더 어려운 작업이 되고 있습니다.

예를 들어, 피싱 이메일은 시중은행에서 보낸 이메일의 브랜드, 스타일, 어조를 완벽하게 복제할 수 있습니다. 이메일 스푸핑과 같은 기술 덕분에 공식 이메일 주소에서 보낸 것처럼 보이게 할 수도 있습니다. 이메일에는 은행의 공식 사이트와 거의 완벽하게 일치하는 웹사이트 링크가 포함돼 있어 수신자가 로그인 정보를 입력하게 속일 수 있습니다.

또한 피싱 이메일을 탐지하는 것은 기술뿐만 아니라 인간의 본성에 관한 것이기도 합니다. 가장 진보된 이메일 필터링 시스템도 사람의 실수를 완전히 막을 수는 없습니다. 사람들은 특히 권위 있는 출처에서 보낸 것처럼 보이는 긴급한 요청을 본능적으로 신뢰하고 응답하는 경향이 있습니다. 잘 만들어진 피싱 이메일은 이러한 경향을 악용해서 아무리 조심성 있는 사람이라도 악성 링크를 클릭하거나 감염된 첨부파일을 다운로드하게 속일 수 있습니다.

---

3 (옮긴이) FACC(Fischer Advanced Composite Components): 오스트리아에 본사를 둔 항공우주 부품 공급 업체로 보잉, 에어버스, 롤스로이스 등 유수의 기업이 주요 고객사입니다.

예를 들어, 한 직원이 회사 IT 부서에서 보낸 것으로 보이는 이메일을 받았는데 보안 침해가 의심되니 즉시 비밀번호를 업데이트하라는 내용의 이메일일 수 있습니다. 계정을 보호해야 한다는 걱정에 이 직원은 이메일의 링크를 클릭하고 자신도 모르게 피싱의 함정에 빠지게 됩니다.

이러한 어려움은 진화하는 사이버 범죄 기술을 따라잡을 수 있는 보다 발전된 탐지 방법이 필요함을 보여줍니다. 그리고 사람들이 피싱 시도를 인식하고 피할 수 있게 하기 위한 지속적인 교육도 필요합니다.

이제 기존의 자동 탐지 방식에서 피싱 공격으로 보이는 이벤트를 감지하는 방법과 그 한계에 대해 알아보겠습니다.

자동 탐지의 역할

피싱 공격을 방어하는 데 있어 자동 탐지는 절대 잠들지 않고 침입 징후를 끊임없이 감시하는 경비견과 같은 중요한 역할을 합니다.

방화벽과 백신 소프트웨어와 같은 기존 보안 요소는 중요하지만 피싱 이메일을 완전히 차단하기에는 충분하지 않습니다. 이러한 방법은 보통 특정 악성 프로그램의 시그니처와 같은 알려진 위협을 감지하는 데 의존합니다. 그러나 피싱 이메일은 알려진 악성 프로그램 대신 사회 공학적 기법을 사용해 이러한 보안 시스템을 피할 수 있습니다. 이는 카멜레온을 잡으려는 것과 유사합니다. 위협이 주변 환경에 맞춰 계속 바뀌고 있습니다.

여기서 자동 탐지가 등장합니다. 자동화 시스템은 머신러닝과 자연어 처리와 같은 고급 기술을 활용해 이메일의 내용과 맥락을 분석함으로써 피싱의 징후를 감지할 수 있습니다. 이메일 주소의 미묘한 차이점이나 이메일 본문의 비정상적인 패턴과 같은 인간의 눈에는 보이지 않을 수 있는 미묘한 요소를 찾을 수 있습니다.

예를 들어, 자동화 시스템을 통해 시중은행에서 보낸 것으로 가장한 이메일이 실제로는 은행의 공식 이메일 주소와 약간 다르다는 것을 알아낼 수 있습니다. 또한 이메일 내용이 비정상적으로 긴급하거나 위협적인 것을 감지할 수도 있는데, 이는 피싱 이메일에서 일반적으로 사용되는 방법입니다.

게다가 자동화 시스템은 방대한 양의 데이터를 빠르게 처리할 수 있어 수신자의 편지함에 피싱 이메일이 도착하기 전에 차단할 수 있습니다.

그러나 어떤 시스템도 완벽하지 않다는 점을 명심해야 합니다. 자동 탐지로 피싱의 위험을 크게 줄일 수는 있지만 완전히 제거할 수는 없습니다. 그러므로 사용자가 감지 필터를 통과한 피싱 시도를 인식하고 대응하는 방법을 알 수 있게 사용자 교육도 함께 하는 것이 중요합니다.

이메일의 내용과 의미, 그 안에 숨겨진 의도는 모두 피싱 공격의 중요한 요소입니다. 실제로 이러한 요소의 조작이 피싱 공격을 교묘하고 효과적으로 만들 때가 많습니다.

피싱 이메일을 양의 탈을 쓴 늑대라고 상상해 보겠습니다. 늑대는 양의 탈만 쓴 것이 아니라 양처럼 행동하고 양처럼 울음소리를 내는 방법도 배웁니다. 늑대는 양의 무리에 섞이기 위해 양의 행동과 의사소통까지 따라 합니다. 마찬가지로 피싱 이메일은 정상적인 이메일처럼 보일 뿐만 아니라 그 내용도 정상 이메일처럼 보이게 하려고 노력합니다. 이메일의 수신자가 받아온 정상적인 이메일의 언어와 어조, 내용을 사용합니다.

여기에서 텍스트의 시맨틱을 파악하는 기술의 힘이 발휘됩니다. 자동 탐지 시스템으로 이메일의 의미를 이해함으로써 이메일의 표면적인 특성뿐만 아니라 내용의 의도도 분석할 수 있습니다. 이는 일반적인 비밀번호 업데이트 요청처럼 보이는 이메일이 실제로는 피싱 시도라는 것을 인식할 수 있습니다. 동료에게서 온 것처럼 보이는 이메일이 사실은 교묘하게 위장된 공격이라는 것도 감지할 수 있습니다.

이것이 텍스트의 의미를 이해하게 설계된 엘라스틱의 ELSER와 같은 기술이 피싱 방지에 매우 중요한 이유입니다. 이러한 시스템을 통해 이메일의 내용과 의도를 이해함으로써 탐지 기능을 향상하고 피싱 공격을 더 효과적으로 막아낼 수 있습니다.

자연어 처리 기술로 기존 기술 보완

복잡한 피싱 공격의 세계를 살펴봤는데, 이어서 엘라스틱이 개발한 사전 훈련모델인 ELSER를 살펴보겠습니다. ELSER는 임베딩과 텍스트의 의미를 이해함으로써 피싱 감지 문제를 해결합니다. 다음 섹션에서는 ELSER가 무엇이며, 어떻게 작동하는지, 그리고 가장 중요한 피싱 공격을 탐지하고 차단하는 능력을 향상하기 위해 어떻게 활용하는지 자세히 알아보겠습니다.

ELSER는 텍스트의 시맨틱을 이해함으로써 피싱 이메일의 숨겨진 의도를 꿰뚫어 보는 새로운 방법을 보여줍니다. 이를 통해 기존 기술의 한계를 극복하고 피싱 위협에 대한 더욱 강력하고 세련된 방어 시스템을 구축할 수 있습니다. 이제 ELSER를 통해 이메일 피싱에 대응하는 방법을 함께 알아보겠습니다.

ELSER 소개

ELSER는 머신러닝을 활용해 시맨틱 검색을 더욱 발전시킨 획기적인 도구입니다. 텍스트의 의미와 의도를 파악할 수 있어 이메일 피싱 감지와 같은 콘텐츠 이해가 중요한 작업에 특히 유용합니다.

텍스트를 분석하는 일반적인 방법은 문장 하나하나를 주의 깊게 분석하고 생소한 단어를 찾아 전체적인 의미를 조합하는 것입니다. 이것은 시간이 오래 걸리고 힘든 작업이 될 수 있습니다. 하지만 ELSER는 텍스트의 상세한 분석을 즉각적으로 할 수 있으며 주요 주제를 강조하고 미묘한 뉘앙스를 설명할 수 있습니다. ELSER의 특별한 기능 중 하나는 텍스트를 확장하는 것인데, 시맨틱 공간을 형성해서 처리되는 모든 텍스트 필드에 대한 더 풍부한 이해를 가능케 합니다.

ELSER의 특징 중 하나는 사용 편의성입니다. ELSER는 엘라스틱서치에 데이터를 저장해 놓기만 하면 시맨틱 검색 기능을 즉시 활용할 수 있는 솔루션입니다. 이는 가치 창출까지의 시간을 크게 단축합니다. 또한, 엘라스틱 플랫폼의 일부로서 대규모 데이터 처리에 대한 확장성과 유연성도 갖추고 있어 작은 프로젝트부터 기업 수준의 애플리케이션까지 다양한 용도로 활용될 수 있습니다. 이는 마치 고성능 스포츠카가 도심의 거리를 천천히 운행하다가 필요하면 전문 트랙에서 고속 레이싱도 할 수 있는 것과 유사합니다.

다음 섹션에서는 ELSER가 이메일 피싱 탐지 작업에 어떻게 적용될 수 있는지 더 자세히 살펴볼 것입니다. 이 혁신적인 도구가 속도, 유연성 그리고 강력함을 결합해 어떻게 사이버 보안을 강화하고 피싱 공격을 막을 수 있는지 살펴보겠습니다.

생성형 AI에서 ELSER의 역할

ELSER는 그 자체가 하나의 도구로 사용될 뿐만 아니라 벡터 검색, **대규모 언어 모델(LLMs)**, **생성형** AI(generative artificial intelligence; GenAI) 같은 고급 기술을 대중화하는 기술 산업의 큰 변화에 일조하고 있습니다. 이는 마치 1980년대 개인용 컴퓨터가 등장한 것처럼 사용자들의 일상에 컴퓨팅 파워를 제공해 일하는 방식, 의사소통하는 방식, 즐기는 방식에 혁신을 일으키고 있습니다.

ELSER 같은 도구는 더 많은 사용자가 고급 AI 기능을 활용하게 해줍니다. 텍스트를 고차원 벡터로 변환하고 유사한 벡터를 검색하는 벡터 검색은 한때 전문적인 지식과 자원이 필요한 복잡한 과정이었습니다. 그러나 ELSER를 사용하면 사용자는 복잡한 내부 원리를 몰라도 벡터 검색을 잘 활용할 수 있습니다.

GPT와 같은 LLMs는 인간과 유사한 텍스트를 생성하는 기술로 주목을 받았지만 주로 연구자와 대규모 기술 회사만 제한적으로 활용하고 있었습니다. ELSER와 같은 도구들은 이러한 모델을 널리 퍼뜨리는 데 도움을 주어 더 광범위한 사용자가 이를 이용할 수 있게 합니다.

이것은 생성형 AI가 만드는 변화의 일부인데 모든 사용자가 생성형 AI를 사용할 수 있고 이를 통해 유익하게 만드는 것을 목표로 합니다. ELSER와 같은 도구들은 고급 AI 기술을 대중화해 이러한 혁신을 주도하고 기술에 대한 진입장벽을 낮춰서 개인과 기업에 새로운 가능성을 열고 있습니다. ELSER가 이메일 피싱 탐지에 어떻게 적용될 수 있는지 살펴보면서 대중화된 AI가 현실 세계에 어떤 영향을 미칠 수 있는지 확인해 보겠습니다.

ELSER에 관해 알아보면서 이 혁신적인 도구가 어떻게 머신러닝과 결합해서 시맨틱 검색 발전에 기여할 수 있는지를 보았습니다. 마치 언어학자처럼 ELSER는 데이터에서 미묘한 언어적 뉘앙스를 해석하고, 문서의 처음 몇 백 단어를 인코딩해 자동으로 풍부한 시맨틱 정보를 만듭니다. 현재의 제한 사항, 즉 영어 텍스트에 중점을 두고 있고 문서의 처음 부분만을 고려한다는 한계가 있음에도 불구하고 ELSER는 텍스트 분석 분야의 큰 발전을 보여줍니다. 이는 패턴을 감지하고 의도를 이해하며 궁극적으로 피싱 이메일과 같은 위협을 식별하는 능력을 향상하는 데 도움이 되는 고성능 현미경을 가지고 있는 것과 같습니다.

이제부터 이러한 능력을 현실적인 도전 과제인 이메일 피싱 탐지에 적용할 것입니다. 다음 섹션에서는 이 작업에 사용할 데이터 세트를 소개할 것입니다. 이것은 합법적인 것을 의미하는 ham과 피싱을 의미하는 spam으로 레이블이 지정된 Enron 이메일 데이터 세트입니다. 이 데이터 세트를 사용해 ELSER의 작동 방식과 시맨틱 이해 능력이 피싱 이메일 감지 능력을 어떻게 향상하는지 확인할 수 있을 것입니다. 이제 이 데이터 세트에서 어떤 인사이트를 얻을 수 있는지 알아보겠습니다.

엔론 이메일 데이터 세트 (ham 또는 spam)

엔론(Enron) 데이터 세트는 텍스트 분석과 머신러닝 분야에서 많이 활용되는 대규모 이메일 데이터 세트입니다. 이는 거대한 도서관처럼 다양한 텍스트로 가득 차 있어 그것을 해석하는 방법을 아는 이들에게 풍부한 인사이트를 제공합니다.

이 데이터 세트는 2001년에 대규모 기업 사기로 인해 붕괴한 미국의 엔론사에 대한 법적 조사 중에 공개됐습니다. 여기에는 엔론의 고위 경영진 약 150명의 사용자로부터 얻은 60만 개 이상의 이메일이 포함돼 있습니다. 이는 공개된 실데이터 이메일 세트 중에서도 몇 안 되는 큰 규모에 속합니다.

엔론 데이터 세트의 이메일은 합법적인 이메일인 ham과 피싱 이메일인 spam으로 레이블이 지정돼 있습니다. 이 레이블을 이용하면 실제와 같은 상황을 제공함으로 피싱 탐지를 위한 모델을 훈련하고 테스트할 수 있습니다. 레이블은 어떤 이메일이 안전하고 어떤 이메일이 위험한지를 알려주어 피싱 이메일의 특성을 이해하고 감지 방법을 개선하는 데 도움이 됩니다.

그러나 엔론 데이터 세트는 모든 데이터 세트와 마찬가지로 제한 사항이 있습니다. 데이터 세트의 이메일은 2000년대 초반에 작성된 것으로, 그 시점의 의사소통 스타일과 보안 위협을 반영하고 있습니다. 피싱의 많은 원칙은 여전히 같지만, 피싱 공격자가 사용하는 구체적인 방법과 기술은 시간이 지남에 따라 진화했습니다. 따라서 엔론 데이터 세트는 피싱 이메일을 이해하고 감지하기 위한 유용한 자료와 예시를 제공하지만, 이 데이터에 최신 이메일 데이터를 지속해서 학습시켜 사용하는 것이 중요합니다.

이 책에서는 마르셀 위크만(Marcel Wiechmann)의 깃허브 저장소에 있는 엔론 데이터 세트[4] 버전을 사용하겠습니다.

이 데이터 세트는 각 행이 이메일을 나타내고 각 열이 해당 이메일의 특정 속성을 나타내는 CSV 파일로 구조화돼 있습니다.

데이터 세트에는 다섯 개의 열이 있습니다.

- `Message ID`: 각 이메일에 대한 고유 식별자로 일종의 일련번호입니다. 개별 이메일을 추적하고 참조하는 데 활용합니다.
- `Subject`: 이메일의 제목입니다. 책의 제목처럼 이메일 내용의 간략한 개요를 제공합니다.
- `Message`: 이메일의 본문입니다. 발신자가 수신자에게 전달하는 메시지의 주요 내용입니다.
- `Spam/Ham`: 각 이메일에 할당된 레이블로 이메일이 피싱 이메일이면 spam, 합법적인 이메일이면 ham으로 나타냅니다. 이는 신호등과 유사한데 이메일이 안전하면 녹색, 잠재적으로 위험하면 빨간색으로 표시되는 것과 같습니다.
- `Date`: 이메일이 전송된 날짜입니다. 각 이메일에 대한 시간을 기록해 의사소통이 언제 일어났는지 확인하는 데 활용합니다.

다음은 CSV 형식의 메시지 예시입니다.

```
Message ID: 3675
Subject: await your response
Message: " dear partner , we are a team of government officials (…) john adams ( chairman
senate committee on banks and currency ) call number : 234 - 802 - 306 - 8507"
Spam/Ham: spam
Date: 2003-12-18
```

이 이메일은 `spam`으로 레이블이 지정돼 있으며, 이는 피싱 이메일임을 나타냅니다. 제목과 본문은 이메일의 내용을 제공하고 날짜는 이메일이 언제 발송됐는지를 알려줍니다. `Message ID`는 데이터 세트 내에서 이메일을 고유하게 식별하는 데 활용됩니다.

4 https://github.com/MWiechmann/enron_spam_data

다음 섹션에서는 이 데이터 세트를 ELSER와 결합해 피싱 이메일을 감지하는 기능을 향상하는 방법을 살펴보겠습니다.

데이터를 살펴보는 또 다른 방법은 엘라스틱서치에 데이터 세트를 저장하고 키바나의 데이터 비주얼라이저를 사용하는 것입니다. 이를 위해 먼저 키바나 인스턴스에 연결하고 **Machine Learning | Data Visualizer | File** 메뉴로 이동하겠습니다.

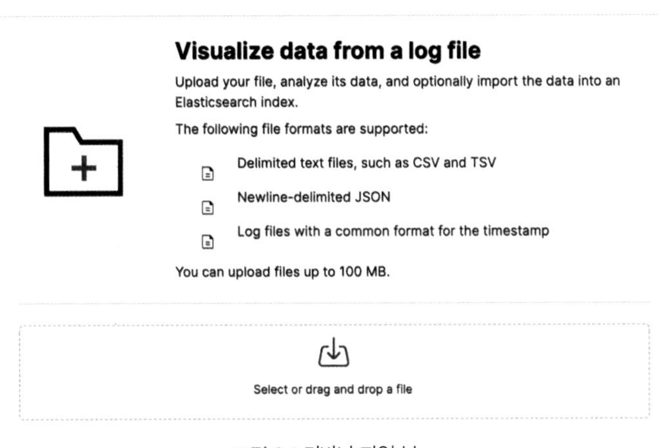

그림 8.1 키바나 파일 뷰

파일 영역에 enron_spam_data.csv 파일을 업로드합니다. 그러면 파일 가져오기를 진행하기 전에 다음과 같은 요약 정보를 확인할 수 있습니다.

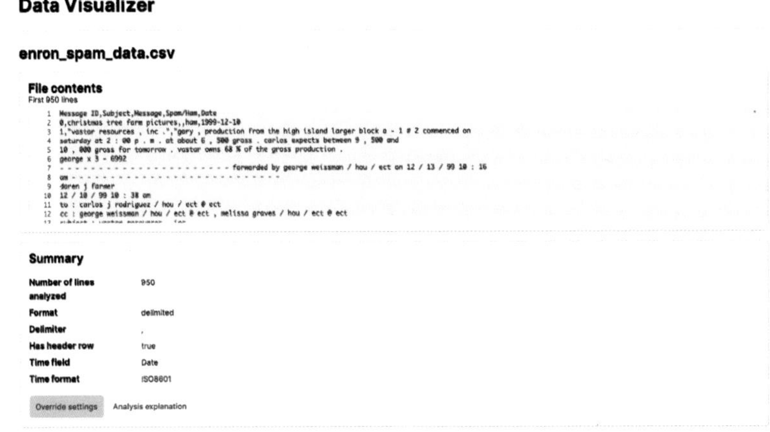

그림 8.2 파일 업로드 요약

데이터 비주얼라이저는 처음 950개의 행을 샘플로 가져와서 요약 정보를 보여줍니다. Import 버튼을 클릭하면 다음과 같은 화면이 표시됩니다. Index name을 설정하고 Import 버튼을 클릭합니다.

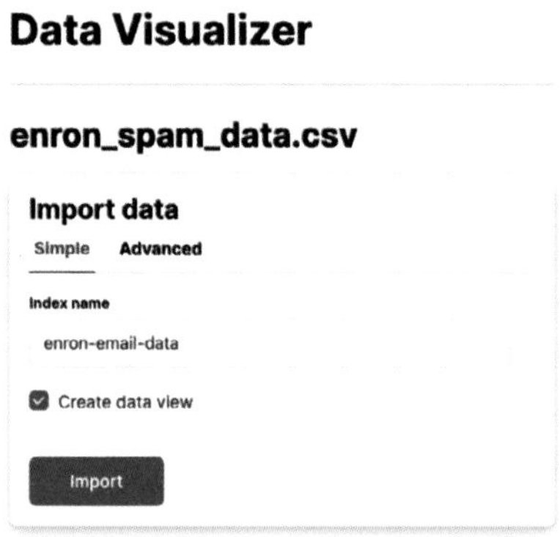

Data Visualizer
enron_spam_data.csv
Import data
Simple Advanced
Index name
enron-email-data
Create data view
Import

그림 8.3 인덱스명 설정

다음과 같은 확인 화면이 표시됩니다.

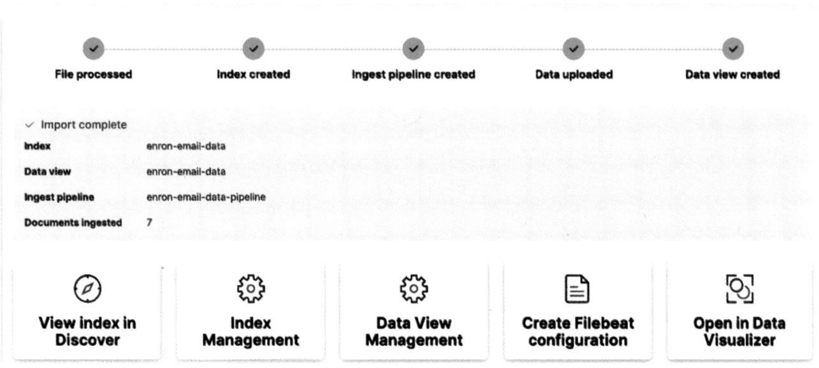

그림 8.4 파일 업로드 확인 화면

모든 작업이 완료되면 Open in Data Visualizer 버튼을 클릭해 다음 차트를 확인합니다.

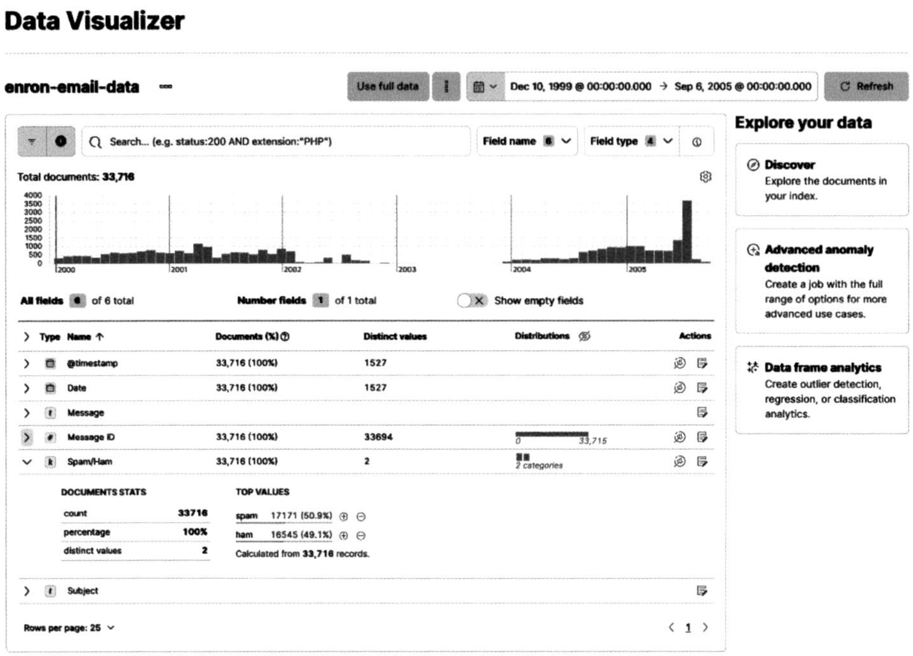

그림 8.5 데이터 분포

인덱스는 33,000개 이상의 이메일을 포함하고 있으며 spam과 ham 두 가지 레이블이 있는 것을 볼 수 있습니다. 전체 이메일 중 절반 조금 넘게는 스팸이며 나머지는 정상 이메일입니다. ELSER와 함께 사용할 수 있는 간단한 데이터 세트와 참고할 자료가 있다는 것은 행운이며, 데이터 구조화 관점에서도 이미 중요한 작업이 수행돼 있어 데이터 가져오기 기능을 사용해서 데이터를 신속하게 엘라스틱서치에 저장할 수 있습니다. 다음으로는 이 데이터 위에서 ELSER가 어떻게 작동하는지 확인하고 데이터 세트 내의 스팸을 탐지하여 이미 레이블링된 것과 근접한 결과를 얻는지 확인할 것입니다.

ELSER가 작동하는 것을 보기

이 섹션에서는 ELSER를 시작하는 것이 얼마나 쉬운지를 설명하고 중요한 결과를 바로 볼 수 있는 몇 가지 방법을 살펴보겠습니다. 먼저 필요한 하드웨어를 살펴보겠습니다. 그런 다음 인덱스를 준비하고, 마지막으로 ELSER의 강력함을 보여주기 위해 몇 가지 질의를 실행할 것입니다.

하드웨어 고려 사항

ELSER 가이드 문서[5]에는 대표적인 데이터에 대한 추론, 인덱싱, 질의 요청에 대한 응답 시간과 각종 비교 분석 결과가 설명돼 있습니다.

여기서 하드웨어 구성이 ELSER의 성능에 큰 영향을 미친다는 것을 확인할 수 있습니다. 다음에서 설명하는 몇 가지 중요한 사항을 고려해 인프라 크기를 조정할 수 있습니다.

- **CPU와 메모리**: ML 노드의 CPU와 메모리가 높을수록 성능이 향상됩니다. 예를 들어, 16GB 메모리와 8개 vCPU를 갖춘 ML 노드는 4GB 메모리와 2개 vCPU를 갖춘 노드보다 추론 시간과 인덱싱 속도 모두에서 성능이 우수합니다.
- **스레드 할당**: 스레드 할당 방식도 중요합니다. 예를 들어, 16GB, 8 vCPU ML 노드에서 다중 스레드(이 경우 8개)의 단일 할당을 한다면 추론 시간이 크게 개선되고 각각 단일 스레드로 다중 할당을 할 때와 비교해 질의 요청에 대한 응답 시간이 감소합니다.
- **데이터 세트 특성**: 문서와 질의문의 길이와 같은 데이터 세트의 특성은 성능에 영향을 미칠 수 있습니다. 문서와 질의문이 길면 추론 시간과 질의 요청에 대한 응답 시간이 증가할 수 있습니다.

요약하면 ELSER 성능을 위해서는 높은 메모리와 CPU를 갖춘 ML 노드를 사용하고 여러 스레드를 단일 할당하는 것이 좋습니다. 이렇게 하면 다중 스레드가 단일 추론을 처리하는 속도가 높아집니다. 그러나 이는 일반적인 지침이므로 항상 데이터 세트를 가지고 사용할 수 있는 하드웨어에 대해 테스트하는 것을 권장합니다.

엘라스틱서치에 ELSER 모델 다운로드

ELSER 모델은 엘라스틱서치에 기본으로 배포돼 있지 않습니다. 키바나의 **Machine Learning | Trained Models** 메뉴로 이동해 목록에서 ELSER 모델 옆의 **Download** 버튼을 클릭하고 모델을 시작하면 다음과 같이 표시됩니다.

5 https://www.elastic.co/guide/en/machine-learning/current/ml-nlp-elser.html#elser-hw-benchmarks

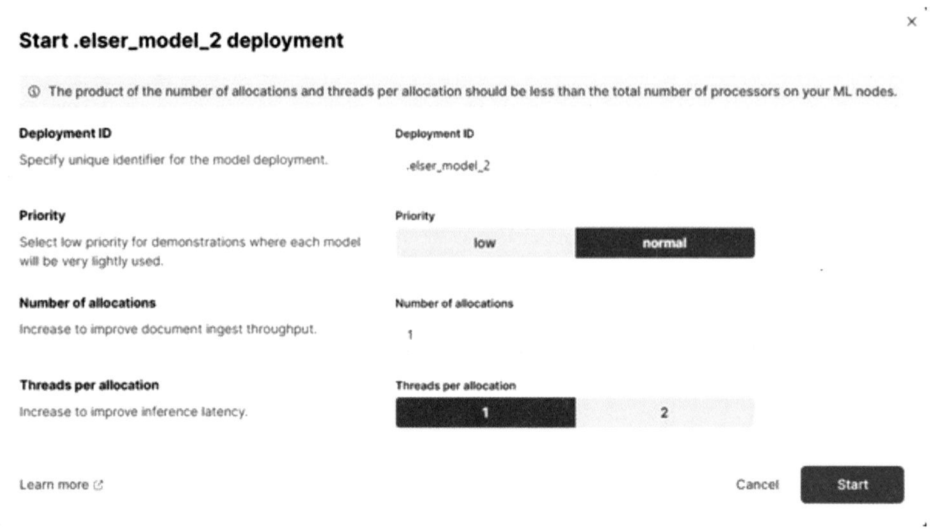

Start .elser_model_2 deployment

ⓘ The product of the number of allocations and threads per allocation should be less than the total number of processors on your ML nodes.

Deployment ID
Specify unique identifier for the model deployment.

Deployment ID
.elser_model_2

Priority
Select low priority for demonstrations where each model will be very lightly used.

Priority
low normal

Number of allocations
Increase to improve document ingest throughput.

Number of allocations
1

Threads per allocation
Increase to improve inference latency.

Threads per allocation
1 2

Learn more

Cancel Start

그림 8.6 ELSER 시작하기

배포 이름을 `.elser_model_2`로 설정하고 모델을 시작합니다. 그러면 다음과 같이 ELSER 모델이 정상 실행됩니다.

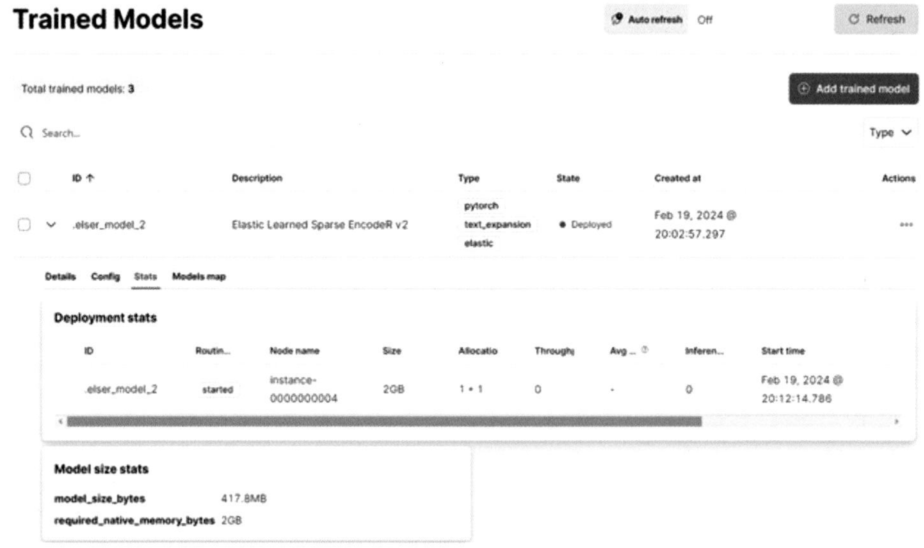

그림 8.7 ELSER 다운로드 후 배포

다음으로 ELSER를 사용하기 위해 인덱스를 만들고 데이터를 재색인(reindex)하는 방법을 살펴보겠습니다.

인덱스 설정과 데이터 수집 파이프라인 세팅

ELSER는 데이터 세트에 포함된 텍스트를 시맨틱 공간 내의 유의미한 토큰들로 확장합니다. ELSER를 통해 만든 토큰이 저장될 필드는 인덱스 매핑에서 `rank_features` 유형으로 정의돼야 합니다.

Rank features 타입 필드에 대한 보다 자세한 설명은 엘라스틱 가이드 문서[6]를 참고하십시오.

인덱스 매핑

다음 예시에서는 `enron-email-data-elsered` 인덱스를 만들어 활용하겠습니다. 이전에 만든 인덱스의 매핑과 거의 유사하지만, ELSER를 통해 만든 토큰이 저장될 필드를 추가로 정의했습니다. 다음의 API를 **Kibana | Dev Tools**에서 실행해 이전에 구성한 인덱스 매핑을 확인할 수 있습니다.

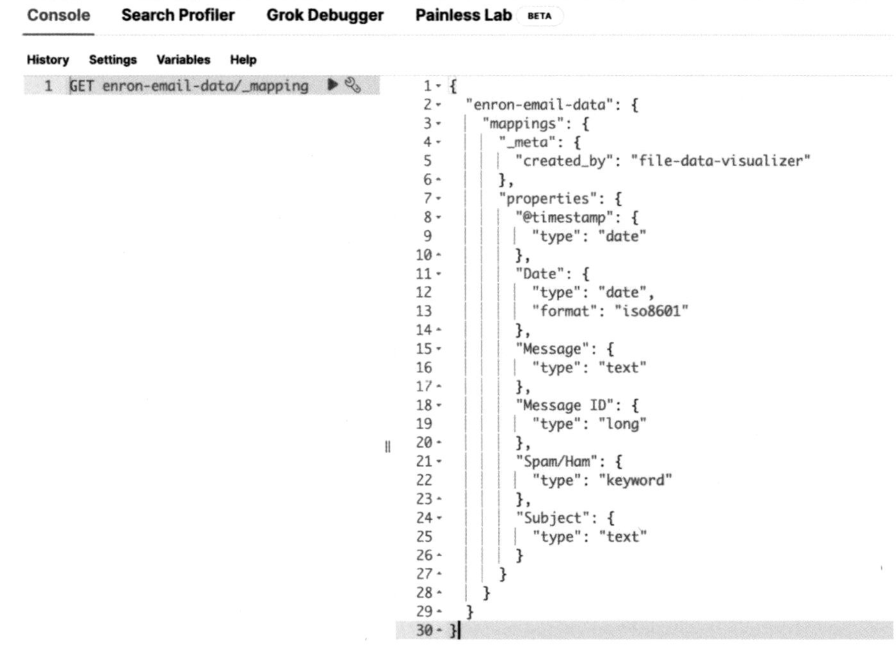


```
{
  "enron-email-data": {
    "mappings": {
      "_meta": {
        "created_by": "file-data-visualizer"
      },
      "properties": {
        "@timestamp": {
          "type": "date"
        },
        "Date": {
          "type": "date",
          "format": "iso8601"
        },
        "Message": {
          "type": "text"
        },
        "Message ID": {
          "type": "long"
        },
        "Spam/Ham": {
          "type": "keyword"
        },
        "Subject": {
          "type": "text"
        }
      }
    }
  }
}
```

그림 8.8 원본 데이터 매핑

6 https://www.elastic.co/guide/en/elasticsearch/reference/current/rank-features.html

동일하게 **Kibana | Dev Tools** 메뉴에서 추가된 필드와 함께 새로운 매핑을 만듭니다.

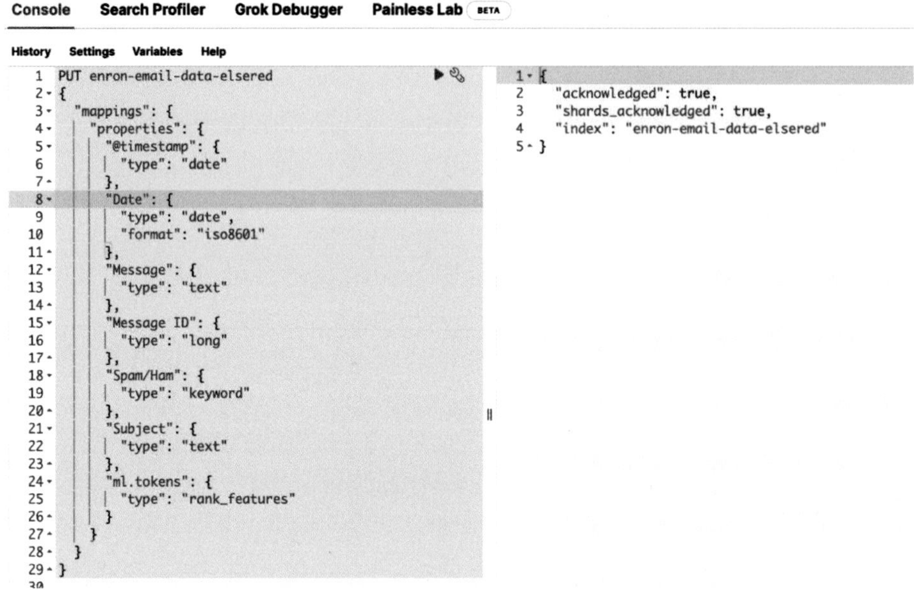

그림 8.9 rank features 필드가 추가된 신규 매핑

데이터 저장소가 준비됐습니다. 이제 최초에 만든 인덱스의 데이터를 새롭게 만든 인덱스로 가져오는 데이터 수집 파이프라인을 만들 차례입니다.

데이터 수집 파이프라인

이번 예시에서는 비교적 간단한 파이프라인을 사용합니다. 이 파이프라인을 통해 데이터를 가져와서 ELSER 모델을 활용한 추론 과정을 통해 텍스트를 확장해 토큰 희소 벡터를 구성합니다. 구성된 벡터는 `ml.token` 필드에 저장됩니다.

(데이터 수집 파이프라인에 활용되는 추론 API에 대한 설명은 엘라스틱 가이드 문서[7]를 참고하십시오.)

이 작업을 수행하기 위해 **Kibana | Dev Tools**에서 다음 API를 실행합니다.

7 https://www.elastic.co/guide/en/elasticsearch/reference/current/inference-processor.html

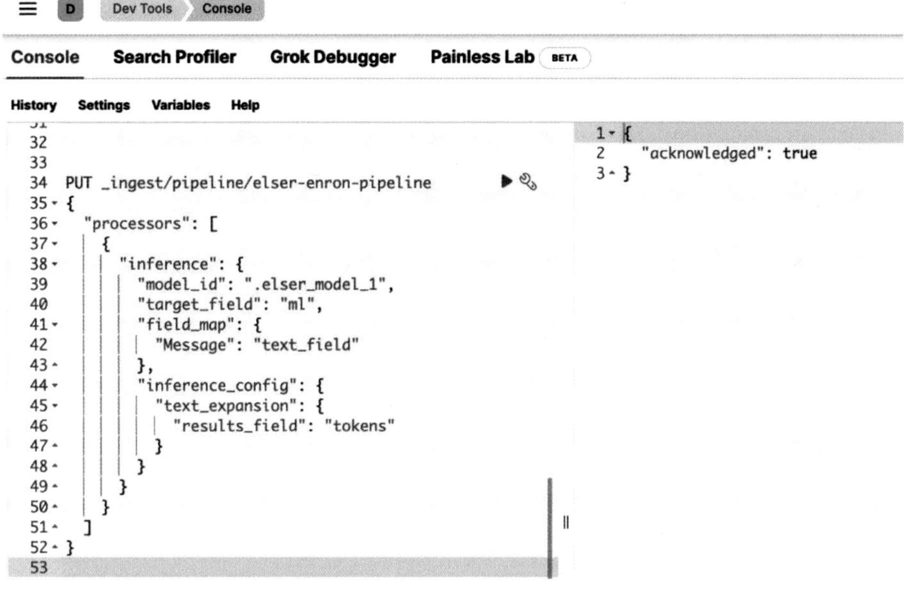

그림 8.10 파이프라인의 추론 프로세서

데이터 수집 프로세서는 다음의 두 가지 항목으로 구성됩니다.

- `field_map` 설정은 변환 대상이 되는 원본 인덱스의 텍스트 필드를 모델이 사용하는 text_field 객체로 매핑합니다.
- `inference` 설정은 ELSER 모델을 사용해 `ml.tokens` 필드에 저장될 토큰 모음을 구축합니다. 구축된 토큰은 사용자 검색 시점에 활용되며 사용자 질의가 담고 있는 의미와 유사도가 높은 문서를 검색하기 위한 시맨틱 공간으로 활용됩니다.

이제 검색을 수행할 인덱스로 데이터를 색인할 준비가 됐습니다.

Reindex API를 활용한 데이터 색인

앞서 원본 텍스트를 ELSER 모델이 확장하는 데 필요한 형태로 변환하는 데이터 매퍼 역할을 수행하는 수집 프로세스를 만들었습니다. Enron 데이터 세트를 data visualizer 메뉴를 통해 저장하고 파이프라인을 만들었으며, 이제 ELSER가 변환한 데이터를 저장할 인덱스에 해당 데이터를 다시 색인할 것입니다. 데이터가 엘라스틱서치 안에 존재하는지 여부에 따라 재색인 과

정이 필요할 수도, 필요하지 않을 수도 있습니다. 데이터가 외부에 존재할 때는 해당 데이터를 목적지 인덱스에 바로 색인할 수도 있습니다. 재색인 과정은 엘라스틱서치 운영 시 일반적으로 사용되는 reindex API 사용과 다르지 않으며, 데이터를 가져올 원본 인덱스와 목적지 인덱스, 그리고 새롭게 만든 데이터 색인 파이프라인이 사용됩니다. 다음의 명령어를 **Kibana | Dev Tools**에서 실행해 50건씩 색인을 수행합니다.

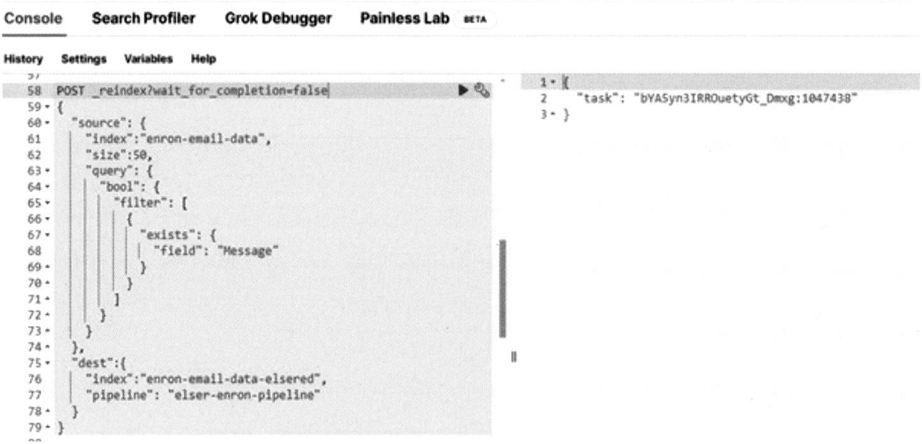

그림 8.11 ELSER 인덱스로 Enron 데이터 재색인하기

reindex API 호출의 응답으로 반환된 작업(task) 아이디를 통해 재색인 프로세스 수행 현황을 확인합니다.

History Settings Variables Help

```
POST _reindex?wait_for_completion=false
{
  "source": {
    "index":"enron-email-data",
    "size":50,
    "query": {
      "bool": {
        "filter": [
          {
            "exists": {
              "field": "Message"
            }
          }
        ]
      }
    }
  },
  "dest":{
    "index":"enron-email-data-elsered",
    "pipeline": "elser-enron-pipeline"
  }
}

GET _tasks/bYASyn3IRROuetyGt_Dmxg:1047438
```

```
{
  "completed": true,
  "task": {
    "node": "bYASyn3IRROuetyGt_Dmxg",
    "id": 1047438,
    "type": "transport",
    "action": "indices:data/write/reindex",
    "status": {
      "total": 33345,
      "updated": 0,
      "created": 33345,
      "deleted": 0,
      "batches": 667,
      "version_conflicts": 0,
      "noops": 0,
      "retries": {
        "bulk": 0,
        "search": 0
      },
      "throttled_millis": 0,
      "requests_per_second": -1,
      "throttled_until_millis": 0
    },
    "description": "reindex from [enron-email-data] to [enron-email-data-elsered]",
    "start_time_in_millis": 1708383766563,
    "running_time_in_nanos": 18729732263400,
    "cancellable": true,
    "cancelled": false,
    "headers": {
      "trace.id": "8cdab39c29b57ae3f647a9a0acb55479"
    }
  },
```

그림 8.12 재색인 작업 수행 현황

앞서 호출한 작업 모니터링 API의 응답에서 `completed` 필드가 `true`로 확인되면 재색인 작업이 완료된 것입니다. 새롭게 채워진 인덱스에서 다음과 같은 내용을 확인할 수 있습니다.

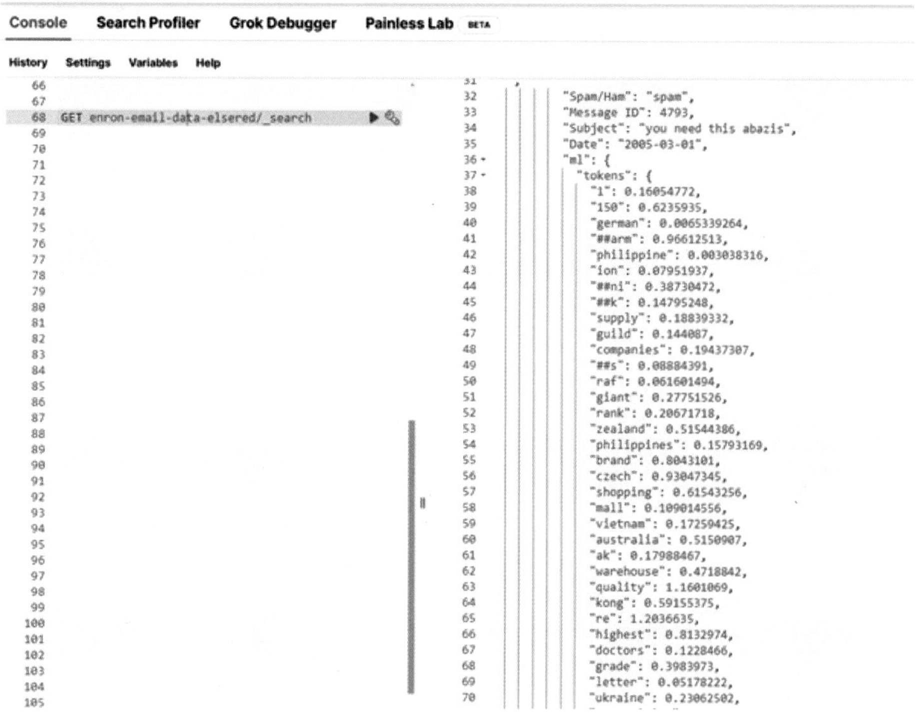

Console Search Profiler Grok Debugger Painless Lab BETA

History Settings Variables Help

```
GET enron-email-data-elsered/_search
```


```
"Spam/Ham": "spam",
"Message ID": 4793,
"Subject": "you need this abazis",
"Date": "2005-03-01",
"ml": {
  "tokens": {
    "1": 0.16054772,
    "150": 0.6235935,
    "german": 0.0065339264,
    "##arm": 0.96612513,
    "philippine": 0.003038316,
    "ion": 0.07951937,
    "##ni": 0.38730472,
    "##k": 0.14795248,
    "supply": 0.18839332,
    "guild": 0.144087,
    "companies": 0.19437307,
    "##s": 0.08884391,
    "raf": 0.061601494,
    "giant": 0.27751526,
    "rank": 0.20671718,
    "zealand": 0.51544386,
    "philippines": 0.15793169,
    "brand": 0.8043101,
    "czech": 0.93047345,
    "shopping": 0.61543256,
    "mall": 0.109014556,
    "vietnam": 0.17259425,
    "australia": 0.5150907,
    "ak": 0.17988467,
    "warehouse": 0.4718842,
    "quality": 1.1601069,
    "kong": 0.59155375,
    "re": 1.2036635,
    "highest": 0.8132974,
    "doctors": 0.1228466,
    "grade": 0.3983973,
    "letter": 0.05178222,
    "ukraine": 0.23062502,
```


그림 8.13 텍스트가 확장돼 만들어진 토큰

기존 Message 필드에 저장된 텍스트가 토큰으로 확장됐음을 알 수 있습니다. 새롭게 만들어진 `ml.tokens` 필드에는 해당 스팸 메일이 포함하고 있는 내용과 관련된 모든 토큰이 담겨 있습니다. 이제 ELSER로 시맨틱 검색을 시작할 수 있습니다.

ELSER를 활용한 시맨틱 검색

텍스트가 적절하게 확장됐다면 이제 `text_expansion` 쿼리를 통해 시맨틱 검색을 진행할 수 있습니다. 이메일이 수신됐고 해당 이메일의 전체 내용 혹은 본문 내용 중 일부가 엘라스틱서치로 전달됐다고 가정해 보겠습니다. 실 운영 환경에서는 전체 이메일 내용이 스팸 탐지 모듈로 전달되지는 않을 것입니다.

대신 이메일에서 추출된 텍스트의 일부분이 엘라스틱서치로 보내질 수 있습니다. 각 부분 데이터는 스팸 탐지 모듈로부터 판별 결과를 전달받게 됩니다. 이후 스크립트를 사용해 각 부분 데이터의 점수를 집계해서 전체에 대한 점수를 집계할 수 있습니다.

이 방법이 이메일을 분석하고 피싱 여부를 판단하는 가장 좋은 방법은 아닐 수 있습니다. 하지만 메일의 나머지 내용으로부터 문장을 분리해 참조 자료를 활용한 일종의 블라인드 테스트를 수행할 수 있다는 장점이 있습니다. 다만 메일의 전체적인 맥락이 유지되지 않는다는 단점도 동시에 존재합니다.

이 절차를 보여주는 예시를 살펴보겠습니다. 다음 쿼리를 통해 문장의 특정 부분과 동일한 의도로 작성된 스팸 메일이 참조 데이터 세트에 얼마나 존재하는지 확인할 수 있습니다.

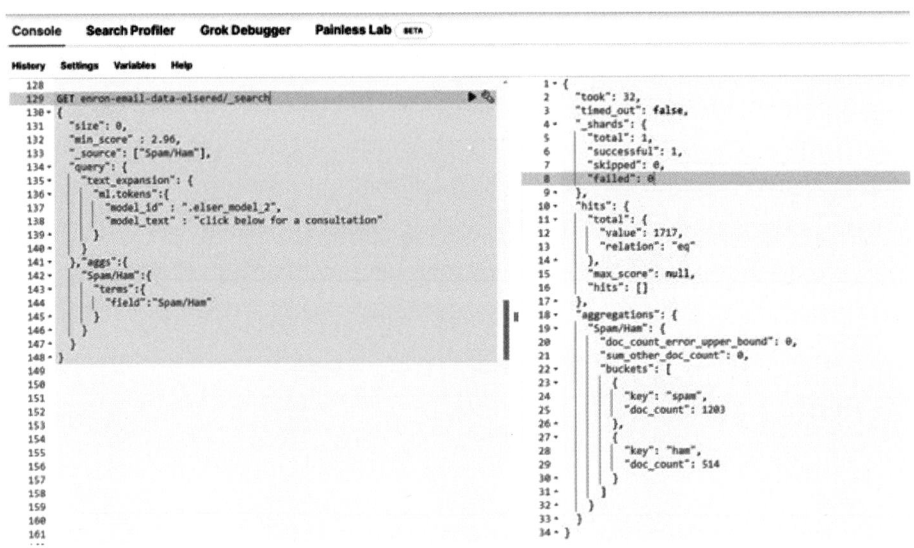

그림 8.14 text_expansion 쿼리를 활용한 시맨틱 검색

위에서 수행한 시맨틱 검색은 입력된 문장과 일정 수준 이상의 유사도 점수를 갖는 문서들 내에서 스팸 메일이 차지하는 비율을 보여줍니다. 총 1,717건의 이메일이 데이터 세트에서 검색됐고 이 중 514건, 약 30%의 스팸 메일이 포함됨을 알 수 있습니다. 이러한 사실을 바탕으로 이 메시지를 스팸으로 볼 수 있을까요? 아직은 섣부른 판단일 수 있습니다.

이제 다음 두 가지 옵션을 생각해 볼 수 있습니다.

- 전체 이메일의 내용으로 쿼리를 수행해 볼 수 있습니다. 전형적인 스팸 메일이 아니면 비교 대상이 되는 유사 메일의 수가 급격히 줄어들 것입니다.
- 또는 일부 내용이 중첩되게 이메일의 텍스트를 분할해 각각 쿼리를 수행한 후 전체 메일에 대한 점수를 계산할 수 있습니다.

어떤 방법을 이용하든 상관없이 메일의 의도를 텍스트 유사성을 통해 확인하고자 했다는 점에 주목해야 합니다. 어떤 방법을 사용하더라도 정량적인 점수를 뽑아낼 수 있으며 그러한 점수를 바탕으로 불필요한 메일을 격리하는 데 사용할 임곗값을 설정할 수 있습니다. 다시 말해 조직은 스팸 메일 분류를 위해 자신들에게 맞는 임곗값을 설정해야 합니다.

ELSER의 한계점

ELSER는 시맨틱 검색을 위한 강력한 도구입니다. 하지만 현재 한계를 이해하는 것이 중요합니다. 이를 통해 ELSER의 기능을 최대한 활용함과 동시에 잠재된 이슈를 파악해 대비할 수 있습니다.

ELSER의 주요 제약 조건 중 하나는 현재 필드당 512개의 토큰에 대해서만 유의미한 확장이 가능하다는 것입니다. 이러한 제약은 각 필드의 첫 300~400단어가 추론 파이프라인을 통과한다는 것을 의미하며 책의 처음 몇 페이지를 읽고 전체를 이해하려는 것과 비슷합니다. 책의 주제나 스타일 정도는 파악할 수 있지만, 나중에 나오는 중요한 정보는 놓칠 수 있습니다. 긴 문서에서는 일부 내용이 시맨틱 검색 대상에서 제외될 수 있습니다.

또 다른 제약사항은 하드웨어 요구 사항입니다. ELSER 적용을 위해서는 최소 4GB[8]의 메모리를 갖춘 독립된 하나의 ML 노드가 필요합니다. 이는 충분한 자원을 가진 큰 조직에는 문제가 되지 않을 수 있지만 작은 조직이나 개인 사용자에게는 부담이 될 수 있습니다.

이러한 제약에도 불구하고 ELSER는 시맨틱 검색 분야의 상당한 발전을 보여줍니다. 엘라스틱은 제약을 해결하고 ELSER의 기능을 개선하는 작업을 적극 진행 중이며, 이 기능을 향후 릴리

8 (옮긴이) 배포 오토스케일링을 적용하지 않을 경우 최소 4GB이며, 엘라스틱에서는 오토스케일링 사용을 권장합니다. https://www.elastic.co/guide/en/machine-learning/8.12/ml-nlp-elser.html 참고

즈에서 정식 오픈하려는 계획이 있습니다. 그 밖의 모든 도구와 마찬가지로 성공적인 적용을 위해서는 도구의 강점과 한계를 명확하게 이해하고 그에 따른 적절한 접근방식을 선택해야 합니다.

적용 전 반드시 유념해야 할 제약조건은 ELSER가 현재 영어에 특화돼 있다는 점입니다. 자연어 처리 분야에서 많은 도구와 모델이 학습 데이터를 확보하기 쉬운 영어를 우선으로 설계됐습니다. ELSER도 동일한 제약이 존재하며 이러한 제약조건은 여러 가지 언어, 혹은 영어가 아닌 언어로 만들어진 텍스트에 대한 처리를 어렵게 만듭니다.

엘라스틱도 다국어 처리의 중요성을 이해하고 있으며 향후 버전에서 ELSER를 다양한 언어로 확장할 계획이 있습니다. 이를 통해 ELSER를 더욱 다양한 상황에서 유용하게 사용할 수 있게 될 것입니다.

영어가 아닌 언어의 텍스트를 다룰 때는 기타 도구나 접근방식을 선택할 필요가 있습니다. 이러한 제약에도 불구하고 시맨틱 이해에 초점을 맞춘 ELSER가 텍스트를 다루는 방식은 텍스트 분석과 검색 분야에서 주목할 만한 내용입니다.

요약

이번 장에서는 ELSER라는 사전 학습 모델을 활용해 사용자가 벡터화 과정을 신경 쓰지 않고 벡터를 활용하는 방법을 소개했습니다. ELSER는 시맨틱 검색 관점에서 즉각적인 가치를 만들어 내는 즉시 사용할 수 있는 모델입니다. 앞선 예제에서는 스팸 메일을 식별해 피싱 공격과 같은 위험 영향을 제한하는 목적으로 ELSER를 사용했습니다. 이제 엘라스틱서치에 데이터를 적재하기 위한 파이프라인을 구성하고 ELSER를 활용한 애플리케이션을 개발함으로써 사이버 보안 혹은 그 이상의 요구사항에 대응할 수 있습니다.

다음 장에서는 검색 증강 생성 애플리케이션을 구성해 벡터 활용의 다음 단계를 살펴보겠습니다.

4부

혁신적인 통합과 미래 방향

이 책의 마지막 파트에서는 미래를 내다보며 엘라스틱과 벡터 검색의 혁신적인 통합과 새로운 동향을 살펴보겠습니다. 검색 증강 생성, 그리고 AI 플랫폼과 엘라스틱의 통합과 같은 획기적인 애플리케이션을 다룹니다. 4부의 각 장에서는 벡터 검색 기술의 확장 가능성과 진화하는 특성을 보여주며 미래의 전망을 제시합니다.

4부는 다음과 같은 장으로 구성돼 있습니다.

- 9장. 엘라스틱을 통한 검색 증강 생성
- 10장. 챗GPT용 엘라스틱 플러그인 구축하기

09

엘라스틱을 통한 검색 증강 생성

이 장에서는 엘라스틱서치의 세계를 계속해서 탐험하며 엘라스틱이 제공하는 가장 진보하고 흥미로운 기능인 **검색 증강 생성**(retrieval augmented generation; RAG)이라는 검색 경험에 대해 자세히 살펴보겠습니다. 이 책을 앞에서부터 쭉 읽었다면 **엘라스틱 학습형 희소 인코더**(Elastic Learned Sparse EncodeR; ELSER) 사전 훈련 모델과 검색 결과에 대한 시맨틱 이해라는 고급 기능을 제공하는 벡터 검색이라는 개념에 익숙할 것입니다. 이번 장에서는 어휘(lexical) 검색과 벡터 검색의 강점을 결합한 **상호 순위 융합**(reciprocal rank fusion; RRF) 알고리즘의 힘에 대해 배웁니다.

이 장에서는 이러한 개념을 종합적인 파이프라인에 통합해 RAG와 함께 **대규모 언어 모델**(LLM)을 확장함으로써 한 단계 더 발전시키겠습니다. 여기서 목표는 어휘, 벡터, 문맥 검색의 강점을 결합해 가장 관련성이 높은 검색 결과를 제공함으로써 사용자 경험을 향상하는 것입니다.

이 장에서는 다음과 같은 주제를 다루겠습니다.

- RAG를 구성하는 기본 개념
- ELSER에 RRF를 적용해 BM25와 함께 활용하는 방법

- RAG로 LLM 지식 확장하기
- 실제 사례 연구 살펴보기 – 요리 챗봇 도우미 CookBot

이 장이 끝나면 엘라스틱서치를 기반으로 RAG 애플리케이션을 구축할 수 있습니다.

ELSER와 RRF를 활용한 RAG 강화 검색 준비하기

시맨틱 검색과 그 다양한 측면에 대한 지속적인 논의에서 이제 ELSER와 RRF를 활용한 RAG 강화 검색의 통합에 주목해 보겠습니다.

RAG, ELSER, RRF의 통합에 대해 자세히 알아보기 전에 여기까지 오게 된 검색 방법론의 여정과 진화에 대해 이해할 필요가 있습니다.

그 여정은 어휘 검색에서 시작합니다. 정확한 용어를 일치시키는 것을 포함한 이 간단하면서도 강력한 방법론은 광범위하게 채택됐고 신뢰할 수 있는 결과를 제공합니다. 이는 앞으로 다가올 변화의 토대입니다.

벡터 검색의 도입으로 다음 도약을 이루었으며, 검색 질의문에 대한 이해에 새로운 차원을 더했습니다. 이 기술을 통해 시스템이 기본적인 어휘 검색 기능을 훨씬 뛰어넘어 질의문 뒤에 숨겨진 '의미'나 시맨틱 내용을 이해하게 합니다.

엘라스틱 RRF는 검색 결과의 관련성을 더욱 향상했습니다. 이 기술은 어휘 검색과 벡터 검색의 강점을 교묘하게 혼합해 두 가지 검색의 최상위 결과를 결합하고 검색 결과의 품질을 더욱 개선했습니다.

마지막으로, 가장 최근에 이루어진 흥미로운 발전은 이 프레임워크에 LLM을 통합한 것입니다. RRF의 출력을 기반으로 이 모델들은 RAG를 구현했습니다. 이 독창적인 기술은 LLM의 문맥 인식을 활용해 검색 결과를 바탕으로 정확하고 관련성 높은 내용을 생성하게 해줍니다.

그림 9.1은 앞서 언급한 정보를 요약한 그림입니다.

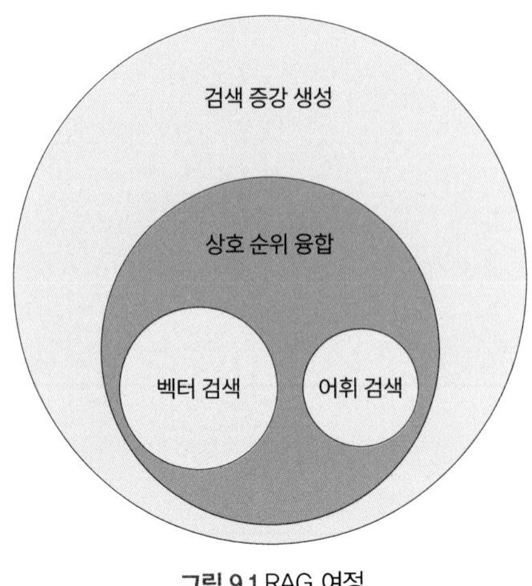

그림 9.1 RAG 여정

이 여정의 각 단계는 검색 기술의 중요한 발전을 나타냅니다. 이러한 점진적인 개선을 통해 더욱 지능적이고 사용자 중심적인 검색 환경을 제공하는 엘라스틱의 능력이 향상되었습니다.

이제 이 진화적 맥락을 바탕으로 RAG, ELSER, RRF가 어떻게 함께 작동해서 검색 기능을 더욱 발전시킬 수 있는지에 대해 구체적으로 살펴보겠습니다.

ELSER를 활용한 시맨틱 검색

앞서 논의한 바와 같이 시맨틱 검색은 사용자 질의를 이해하고 응답하는 방식을 바꿨습니다. ELSER는 사용자 질의의 내용과 맥락을 더 깊이 있게 표현하고 이해하는 독특한 방법을 제공하는 이 분야의 중요한 도구입니다.

앞서 ELSER가 대규모 콘텐츠를 고차원 토큰 공간에 탑재해 일종의 시맨틱 지도를 만들어 맥락적으로 더 정확한 결과를 얻는 방법을 살펴봤습니다. 그렇다면 RAG나 RRF와 같은 요소를 도입했을 때 ELSER는 어떻게 작동할까요? 함께 알아보겠습니다.

RAG에 대한 필수 고려 사항 요약

어떤 검색 시스템에서든 RAG를 성공적으로 구현하려면 문서 저장소, 검색기, 생성기의 세 가지 핵심 구성 요소를 고려해야 합니다. 이러한 요소는 상호 작용을 통해 효과적인 RAG 강화 검색 시스템의 기반이 됩니다.

문서 저장소

엘라스틱서치는 검색 시스템에서 검색할 수 있는 모든 데이터가 있는 플랫폼을 제공하는 문서 저장소입니다. 질의문에서 받을 수 있는 광범위한 정보를 수용하기 위해 데이터는 포괄적이고 다양해야 합니다. 엘라스틱서치는 다양한 데이터 유형을 빠르고 효율적으로 처리하는 것으로 잘 알려져 문서 저장소에 적합한 선택입니다.

또한 엘라스틱서치에는 단순한 저장소 기능을 넘어 성공적인 검색 경험을 가능하게 하는 다양한 기능이 있습니다. 강력한 전문 검색(full-text search) 기능, 효율적인 인덱싱, 대량의 데이터를 처리하는 확장성을 갖춘 엘라스틱서치는 성공적인 RAG 강화 검색 시스템을 구축하기 위한 튼튼한 기반을 형성합니다.

검색기

이 상황에서 검색기는 사용자의 질의와 문서 저장소인 엘라스틱서치 사이에서 작동합니다. 여기서 사전 학습된 모델인 ELSER가 중추적인 역할을 합니다.

ELSER는 엘라스틱서치에서 색인된 문서 집합 내 토큰을 확장합니다. 이를 통해 사용자 질의와 의미적으로 관련된 정보를 이해하고 검색하는 기능을 향상합니다. 이것은 어휘 검색과 ELSER 기반 검색을 혼합하는 기법인 RRF와 함께 작동합니다.

RRF는 어휘 검색의 정확한 용어 일치 정밀도와 ELSER가 제공하는 풍부한 시맨틱 이해를 결합하기 위해 각 하위 쿼리를 만들어 합하는 방식으로 이를 달성합니다. 이 두 기법의 통합으로 더 포괄적이고 효과적인 검색 프로세스가 가능해져 RAG 시스템에서 검색 결과의 관련성과 정확도가 크게 향상됩니다.

생성기

ELSER와 RRF에 기반한 검색기로 엘라스틱서치에서 가장 적절한 문서를 식별했다면 이제 생성기가 빛을 발할 차례입니다. 이 장의 시스템 구성에서 생성기는 현재 가장 진보된 언어 모델인 OpenAI의 GPT-4에 기반합니다.

GPT-4는 검색기의 출력 결과를 사용해 상세하고 일관되며 문맥과 관련된 단편 텍스트를 생성합니다. 이러한 고급 LLM 기능을 활용해 생성기는 사용자 질의에 직접 답변하거나 관련된 유용한 정보를 제공하는 텍스트를 생성합니다.

GPT-4의 도입으로 텍스트 생성 프로세스가 더 역동적이고 정확해져 시맨틱 검색 경험이 완전히 새로운 차원으로 향상됐습니다. RAG 시스템에 GPT-4를 결합함으로써 생성된 응답이 사용자의 질의와 문맥적으로 일치할 뿐만 아니라 일관성과 관련성을 높은 수준으로 유지하게 합니다.

검색기로 엘라스틱서치에서 관련 '정보 조각'을 식별하는 동안 GPT-4로 뒷받침되는 생성기는 이 조각을 이해하기 쉽고 사용자 친화적인 응답으로 합성한다는 점을 기억하십시오. 이러한 구성 요소는 다음 그림에 요약된 것처럼 견고하고, 지능적이며, 효과적인 RAG 강화 검색 시스템을 구성합니다.

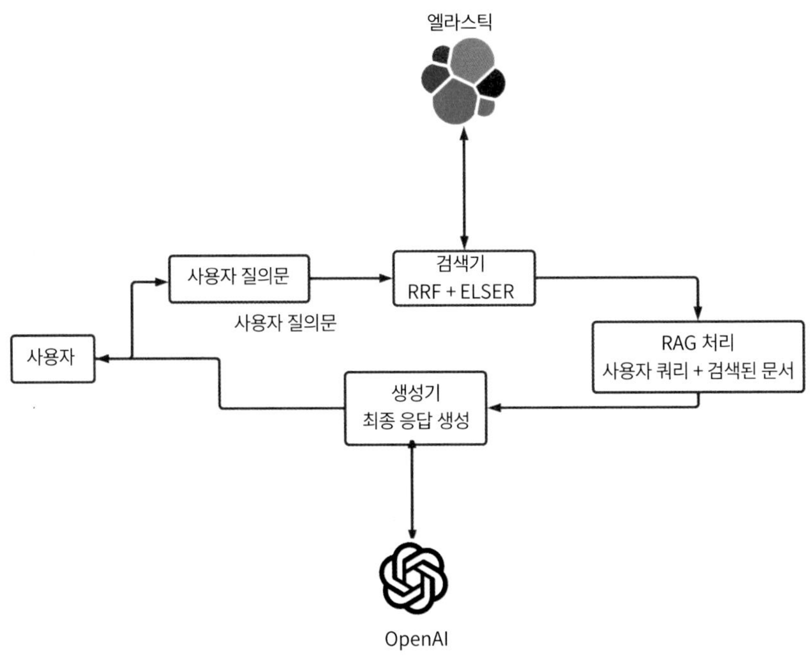

그림 9.2 RAG 검색 시스템

이러한 구성 요소 간의 상호 작용과 조화로 인해 관련성이 높고 맥락이 풍부한 검색 경험을 얻을 수 있습니다.

RAG에 대한 필수 고려 사항을 다시 살펴봤으니, 이제 ELSER가 이 프레임워크에서 어떻게 중요한 역할을 하는지 살펴보겠습니다.

RRF를 활용한 ELSER 통합

엘라스틱 8.9 업데이트에서는 서로 다른 방식의 하위 검색(sub-searches)을 수행하고 그 결과를 종합하는 새로운 기능을 추가했습니다. 이 기능을 활용해 ELSER를 활용한 검색 결과를 RRF를 통해 다른 검색 결과와 통합할 수 있습니다.

하위 검색 기능을 활용하면 여러 개의 독립적인 쿼리를 하나의 요청으로 구성해 아주 간단하게 다양한 검색 방법을 조합할 수 있습니다.

ELSER와 RRF를 사용하는 과정은 두 개의 하위 검색과 검색 결과 종합 단계로 이뤄집니다.

BM25 하위 검색

먼저 BM25 검색을 수행합니다. BM25 검색은 사용자의 검색 질의와 일치하거나 거의 같은 키워드를 찾는 데 사용합니다.

ELSER 하위 검색

동시에 ELSER를 활용한 검색을 수행합니다. 이 검색은 키워드 기반 검색에서 놓치기 쉬운 문맥상의 의미적 차이를 식별합니다.

RRF 통합

다음으로 각 하위 검색 결과를 RRF를 사용해 종합합니다. RRF는 두 하위 검색에서 관련도가 높다고 판단한 문서의 우선순위를 재조정해 하나의 통합된 검색 결과를 만들어냅니다.

이러한 통합 방식은 사용자 의도와 맥락에 따른 검색 결과를 제공함으로써 검색 키워드가 포함된 문서만을 제공하는 기존의 검색과 다른 사용자 경험을 줍니다.

하위 검색 기능을 활용하여 ELSER를 RRF에 통합함으로써 엘라스틱의 검색 기능은 RAG 강화 검색의 다음 단계로 진행할 준비가 되었습니다. ELSER와 RRF를 통해 만든 검색 결과 목록은 GPT-4와 같은 고급 언어 모델의 기본 문맥으로 제공되어 더욱 정확하고 직관적인 답변을 생성할 수 있도록 도움을 줍니다.

검색 성능에 대한 자세한 비교 결과는 엘라스틱 블로그 문서[1]를 참고하십시오

언어 모델과 RAG

이 글을 쓰는 현재 OpenAI와 같은 유료 서비스부터 Meta가 출시한 Llama2[2], 아마존 Bedrock[3]과 같이 무료 사용이 가능한(일부 유료 옵션 제공) 오픈소스까지 다양한 LLM을 선택해서 사용할 수 있습니다. 이 장에서는 OpenAI의 GPT-4를 사용하겠습니다.

사전학습 된 LLM

OpenAI의 GPT-4와 같은 사전 훈련된 LLM은 자연어 처리 분야에 큰 변화를 불러왔습니다. 이러한 모델은 대규모 텍스트를 학습해 언어의 다양한 패턴을 이해합니다. 이 모델은 방대한 말뭉치로 훈련하며 이 과정을 통해 기본 문법부터 복잡한 시맨틱 관계에 이르기까지 언어의 미묘한 패턴을 학습합니다. 그 결과 주어진 프롬프트에 대해 맥락상 적절하고 높은 품질의 문장을 생성해서 검색 결과를 개선하는 데 매우 유용한 도구가 됩니다.

RAG가 LLM을 확장하는 방법

RAG 프레임워크는 생성 단계에서 LLM을 사용함으로써 LLM의 잠재력을 발휘합니다. 먼저 검색 모듈(이번 장에서는 ELSER와 RRF를 활용한 검색)이 사용자 질의와 관련도 높은 문서를 선택한 후, LLM은 이 문서를 답변을 위한 문맥으로 참조합니다. LLM은 사용자 질의에 대한 응답을 생성하는 데 사전 학습된 지식과 문맥으로 전달된 문서를 기반으로 응답을 만듭니다. RAG 프레임워크는 이러한 방식으로 검색과 생성 작업을 결합해 더욱 정확하고 유용한 응답을 생성합니다.

1 https://www.elastic.co/kr/blog/improving-information-retrieval-elastic-stack-hybrid
2 https://ai.meta.com/llama/
3 https://aws.amazon.com/bedrock/

LLM에 시맨틱한 색인 데이터 제공하기

RAG 구조에서 LLM을 더욱 효과적으로 활용하려면 시맨틱하게 색인된 데이터를 검색해 제공하는 것이 매우 중요합니다. 이를 위해 ELSER를 활용해 문서의 의미를 파악하는 시맨틱 토큰을 추가해서 색인 대상 문서를 확장합니다.

엘라스틱서치의 RRF와 ELSER를 통해 키워드 기반 검색과 시맨틱 검색이라는 두 가지 검색 방식을 모두 사용해서 사용자 질의와 연관성이 높은 문서들을 찾아낼 수 있습니다. 이 문서들을 LLM에 전달하면 LLM은 사용자의 질의와 검색된 문서들을 함께 고려해 사용자의 의도에 부합하는 답변을 생성합니다. RRF, ELSER, LLM 간의 이러한 상호작용은 포괄적이고 맥락을 인식하며 더욱 정밀한 검색 경험을 제공하는데, 이것이 RAG 강화 검색의 핵심입니다.

심층 사례 연구 - RAG 기반 CookBot 만들기

누구나 요리할 때 **"내가 가진 재료로 어떤 음식을 만들 수 있을까?"**라는 고민을 한 번쯤 해봤을 것입니다. 많은 사람이 재료는 준비했지만 무엇을 만들어야 할지 몰라 어려움을 겪고 있습니다. 이제 이러한 일상의 문제를 해결하는 데 도움이 되는 CookBot을 만들어 보겠습니다.

CookBot은 일반적인 답변을 제공하는 단순한 AI가 아닌 사용자 질의의 미묘한 뉘앙스를 이해합니다. 사용할 수 있는 재료를 바탕으로 레시피를 제안할 뿐 아니라 개인의 선호와 제약조건을 고려해서 요리를 추천하는 고급 요리 보조를 목표로 합니다.

우리의 목표는 CookBot에 RAG, ELSER, RRF 기술을 통합하는 것이었습니다. 이 기술들을 활용해 사용자 질의의 시맨틱을 더 잘 이해하고, 정보 검색을 최적화하며, 관련성 높고 개인화된 응답을 생성합니다. 이를 통해 CookBot은 각 사용자의 특별한 요구에 맞춰 맥락을 파악하고 자연스럽게 요리 지원을 할 것입니다.

그림 9.3 엘라스틱서치를 기반으로 한 Cookbot

데이터 세트 개요 – Allrecipes.com 데이터 세트 살펴보기

Allrecipes.com 데이터 세트는 원시 CSV 형태로 다양하고 구체적인 요리 정보가 가득한 보물창고와 같습니다. 이 정보는 CookBot의 답변 수준을 높이기 위한 문맥으로 유용하게 활용될 수 있습니다. 이 데이터 세트에는 정보가 풍부하게 담긴 다양한 레시피가 각기 고유한 항목으로 수록돼 있습니다.

데이터 세트는 캐글[4]에서 다운로드해서 사용할 수 있습니다.

데이터 세트가 어떤 정보를 담고 있는지 데이터 한 건을 예시로 살펴보겠습니다.

```
"group","name","rating","n_rater","n_reviewer","summary","process","ingredient"
"breakfast-and-brunch.eggs.breakfast-burritos","Ham and Cheese Breakfast
Tortillas",0,0,44,"This is great for a special brunch or even a quick and easy dinner.
Other breakfast meats can be used, but the deli ham is the easiest since it is already
fully cooked.","prep:30 mins,total: 30 mins,Servings: 4,Yield: 4 servings","12 eggs +
<U+2153> cup milk + 3 slices cooked ham, diced + 2 green onions, minced + salt and pepper
to taste + 4 ounces Cheddar cheese, shredded + 4 (10 inch) flour tortillas + cup salsa"
```

각 데이터는 고유한 레시피를 담고 있으며 다음과 같은 여러 필드로 구성돼 있습니다.

- group: 레시피를 그룹화하는 카테고리입니다. 요리의 타입과 특성에 대한 일반적인 정보를 제공합니다.
- name: 레시피의 제목이나 이름입니다. 이 필드를 통해 요리가 무엇인지 바로 알 수 있습니다.
- rating 및 n_rater: 평점과 평가자 수를 나타내는 필드입니다. 사용자 사이에서 레시피가 어떤 평가를 받는지 확인할 수 있습니다.
- n_reiviewer: 레시피를 리뷰한 사용자의 수입니다.
- summary: 요리에 대한 개략적인 설명을 제공하는 필드입니다. 요리의 맛과 활용법, 준비 방법에 대한 유용한 정보를 담고 있을 때가 많습니다.
- process: 준비시간, 전체 요리 시간, 요리 분량(인분 수)과 같은 중요한 세부 정보를 제공합니다.
- ingredient: 레시피를 위한 모든 재료와 수량 정보를 포함한 상세 목록입니다.

---

4 https://www.kaggle.com/datasets/nguyentuongquang/all-recipes

각 필드에 포함된 자세하고 다양한 정보는 검색 모듈이 관련 레시피를 쉽게 찾을 수 있게 해주며 다양한 요리 관련 질문에 대한 정확한 답변을 생성하는 데 활용됩니다. 이제 데이터 세트를 엘라스틱서치에 색인하는 방법과 ELSER와 RRF가 데이터 검색 단계에서 어떤 역할을 하는지, 그리고 결과적으로 GPT-4 모델이 검색된 데이터에 기반해 관련성 높은 맞춤형 답변을 어떻게 생성하는지 살펴보겠습니다.

RAG 강화 검색을 위한 데이터 준비

`Allrecipes.com` 데이터를 검색할 수 있는 데이터베이스로 전환하려면 CSV 파일을 읽어 엘라스틱서치 인덱스를 만들어야 합니다. 파이썬 코드 예시[5]를 통해 이러한 과정을 살펴보겠습니다.

엘라스틱서치 접속

먼저 `Elasticsearch` 파이썬 모듈을 활용해 `Elasticsearch` 인스턴스와의 연결을 설정합니다.

```
from elasticsearch import Elasticsearch
es = Elasticsearch()
```

위의 예시에서는 `Elasticsearch` 인스턴스가 로컬 환경에 구성돼 있다고 가정했습니다. 별도의 서버 환경에 구성돼 있다면 접속을 위한 호스트와 포트 정보를 `Elasticsearch` 클래스에 명시해야 합니다.

인덱스 정의

다음 단계는 레시피를 저장할 인덱스를 정의하는 것입니다. 엘라스틱서치 인덱스는 전통적인 데이터베이스 시스템의 데이터베이스와 같습니다. 이번 사례에서는 `recipes`라는 이름을 사용하겠습니다.

```
index_name = 'recipes'
```

5 https://github.com/wikibook/vector-search/blob/main/chapter9/data-preparation.ipynb

매핑 정의

이제 인덱스 매핑을 정의할 차례입니다. 매핑은 SQL 데이터베이스의 스키마와 유사하며 인덱스에 저장될 문서에 속한 개별 필드의 데이터 유형을 정의합니다. 여기에서는 파이썬 딕셔너리 데이터 형식으로 매핑을 정의하겠습니다.

```
mapping = {
    "mappings": {
        "properties": {
            "group": {"type": "text"},
            "name": {"type": "text"},
            "rating": {"type": "text"},
            "n_rater": {"type": "text"},
            "n_reviewer": {"type": "text"},
            "summary": {
                "type": "text",
                "analyzer": "english"
            },
            "process": {"type": "text"},
            "ingredient": {
                "type": "text"
            },
            "ml.tokens": {
                "type": "rank_features"
            }
        }
    }
}
```

모든 필드를 전문 검색할 수 있는 text 타입으로 정의했습니다. 특히 `summary` 필드는 영어의 특성을 고려한 어간 추출, 불용어 처리 등을 수행해 영문 검색을 최적화하는 English 분석기를 통해 분석해서 색인합니다. 또한 ELSER를 통해 생성된 토큰 세트를 저장할 필드를 만듭니다.

인덱스 생성하기

매핑을 정의하고 나면 인덱스를 생성할 수 있습니다.

```
es.indices.create(index=index_name, body=mapping)
```

위 코드는 앞서 정의한 인덱스 명과 매핑을 포함해 엘라스틱서치에 인덱스를 생성합니다.

CSV 파일 불러오기

인덱스가 생성되면 CSV 파일로부터 데이터 세트를 읽어 들여 저장할 준비가 된 것입니다. 이 과정은 강력한 데이터 처리 기능이 있는 파이썬 판다스 라이브러리를 활용해 수행합니다.

```
import pandas as pd
with open('allrecipes.csv', 'r', encoding='utf-8', errors='ignore') as file:
    df = pd.read_csv(file)
```

위 코드는 CSV 파일을 열고 내용을 읽어 들여 pandas 데이터프레임으로 저장합니다. 판다스 데이터프레임은 구조화된 데이터를 다루기에 적합한 2차원 테이블 형태의 자료 구조입니다.

딕셔너리로 변환하기

데이터를 엘라스틱서치에 색인하려면 데이터프레임을 파이썬 딕셔너리 리스트로 변환합니다. 여기서 각 딕셔너리는 데이터프레임의 행 데이터(문서 혹은 레시피)입니다.

```
recipes = df.to_dict('records')
print(f"Number of documents: {len(recipes)}")
```

이제 데이터 세트를 엘라스틱서치에 색인할 준비가 됐습니다. 하지만 데이터 세트의 크기를 감안할 때 대량 색인 기능을 통해 데이터를 효율적으로 색인하는 것이 바람직합니다. 이는 다음 절에서 다루겠습니다.

데이터 대량 색인

대량 색인 기능을 사용해 엘라스틱서치에 데이터를 색인하는 과정을 단계별로 살펴보겠습니다.

전처리 파이프라인 구성하기

대량 색인을 진행하기 전에 문서를 전처리할 파이프라인을 구성해야 합니다. 여기서는 ELSER 모델을 활용한 시맨틱 색인을 위해 `elser-v2-recipes` 파이프라인을 구성했습니다. 파이프라인은 다음과 같은 엘라스틱 API를 통해 추가합니다.

```
PUT _ingest/pipeline/elser-v2-recipes
{
    "processors":[
        {
            "inference":{
                "model_id":".elser_model_2",
                "target_field":"ml",
                "field_map":{
                    "ingredient":"text_field"
                },
                "inference_config":{
                    "text_expansion":{
                        "results_field":"tokens"
                    }
                }
            }
        }
    ]
}
```

위 파이프라인은 시맨틱 색인을 수행할 수 있는 사전학습 모델인 ELSER를 활용하는 `inference` 프로세서를 포함하고 있습니다. 프로세서 내부에서 레시피 데이터의 `ingredient` 필드를 ELSER 모델의 `text_field` 객체와 연결하고 ELSER 모델로부터 생성된 확장된 토큰 집합은 `ml` 필드 하위의 `tokens` 필드에 저장됩니다.

대량 색인을 위한 문서 생성

`Allrecipes.com` 데이터 세트의 데이터가 많으므로 각 데이터를 개별적으로 색인하는 것보다는 엘라스틱서치의 대량 색인 API(bulk API)를 사용해 여러 데이터를 한 번의 요청으로 색인

하는 것이 좋습니다. 대량 색인 요청을 하려면 각 데이터를 변환해 문서 배열로 만들어야 합니다.

```
bulk_index_body = []
for index, recipe in enumerate(recipes):
    document = {
        "_index": "recipes",
        "pipeline": "elser-v2-recipes",
        "_source": recipe
    }
    bulk_index_body.append(document)
```

위 코드의 루프 문을 보면 recipe 목록에서 각 레시피를 가져온 후 색인에 필요한 데이터를 추가해 문서로 변환하고 배열(bulk_index_body)로 만들고 있습니다. 문서는 인덱스 이름(recipes), 수집 파이프라인(elser-v2-recipes), 레시피 데이터(recipe)로 구성됩니다.

대량 색인 작업 실행

이제 만들어진 bulk_index_body 배열로 대량 색인 작업을 할 수 있습니다.

```
try:
    response = helpers.bulk(es, bulk_index_body, chunk_size=500, request_timeout=60 * 3)
    print("\nRESPONSE:", response)
except BulkIndexError as e:
    for error in e.errors:
        print(f"Document ID: {error['index']['_id']}")
        print(f"Error Type: {error['index']['error']['type']}")
        print(f"Error Reason: {error['index']['error']['reason']}")
```

엘라스틱서치에서 제공하는 helpers.bulk() 함수를 사용해 색인 요청합니다. chunk_size는 한 번의 요청으로 보낼 문서의 수로 500으로 지정합니다. ELSER를 사용하면 색인 작업에 오랜 시간이 걸릴 수 있어 request_timeout을 180초로 지정해 각 요청에 최대 3분까지 기다릴 수 있게 합니다.

helpers.bulk() 함수는 처리된 문서 수와 오류가 있으면 오류 수를 응답으로 반환합니다.

대량 색인 작업 중에 오류가 발생하면 `BulkIndexError`가 발생하고 `errors` 데이터 배열을 순회해서 확인함으로써 오류를 발생시킨 문서의 ID, 오류 유형, 원인 등을 파악할 수 있습니다.

이 과정이 끝나면 `Allrecipes.com` 데이터 세트에 대한 데이터가 엘라스틱서치에 색인됩니다. 이제 RAG로 CookBot의 검색 기능을 향상할 준비가 됐습니다.

ELSER를 사용한 RRF 검색기

우리의 목표는 사용자의 질문에 대한 답변으로 응답할 요리 레시피의 관련성을 최대로 높이는 것입니다. 이를 위해 전통적인 전문 검색(BM25) 방법과 시맨틱 검색(ELSER) 방법을 순위 계산 방식으로 조합하는 RRF를 활용할 것입니다. 이 방법을 사용하면 더 복잡한 질의를 처리하고 사용자의 의도와 밀접하게 일치하는 결과를 반환할 수 있습니다.

다음 질의문을 살펴보겠습니다.

```
GET recipes/_search
{
    "_source":{
        "includes":[
            "name",
            "ingredient"
        ]
    },
    "sub_searches":[
        {
            "query":{
                "bool":{
                    "must":{
                        "match":{
                            "ingredient":"carrot beef"
                        }
                    },
                    "must_not":{
                        "match":{
                            "ingredient":"onion"
```

```
                        }
                    }
                }
            }
        },
        {
            "query":{
                "text_expansion":{
                    "ml.tokens":{
                        "model_id":".elser_model_2",
                        "model_text":"I want a recipe from the US west coast with beef"
                    }
                }
            }
        }
    ],
    "rank":{
        "rrf":{
            "window_size":50,
            "rank_constant":20
        }
    }
}
```

이 질의문에는 두 가지 유형의 검색이 있습니다. 첫 번째는 전통적인 엘라스틱서치 bool 검색을 사용해 당근(carrot)과 소고기(beef)를 포함하고 양파(onion)를 제외한 요리 레시피를 찾습니다. 이 전통적인 접근 방식은 사용자의 기본적인 제약 조건을 만족시킵니다.

sub_search 구문의 두 번째 검색은 ELSER를 사용해서 질의를 벡터로 변환해 검색합니다. ELSER는 "I want a recipe from the US west coast with beef"라는 질의 요청을 언어 이해를 기반으로 해석하기 때문에 정확한 구절을 포함하지 않더라도 문맥적으로 관련된 문서와 일치시킬 수 있습니다. 이를 통해 검색 시스템은 사용자의 미묘한 뉘앙스를 고려할 수 있습니다.

그런 다음 RRF를 사용해 두 개의 sub_searches 결과를 조합합니다. window_size 매개변수는 50으로 설정했는데, 각 하위 검색에서 상위 50개씩 조회하겠다는 의미입니다. rank_constant

매개변수는 20으로 설정했는데, RRF 알고리즘이 두 개의 sub_searches에서 나온 순위를 합치는 데 영향을 줍니다.

이 질의문은 BM25, ELSER, RRF를 효과적으로 조합해 사용하고 있습니다. 각 요소의 장점을 활용해 CookBot은 단순한 키워드 일치를 넘어 문맥적으로도 관련된 요리 레시피를 제공함으로써 사용자 경험을 향상하고 시스템의 전체적인 유용성을 높일 수 있습니다.

검색기 활용 및 생성기 만들기

이제 엘라스틱서치 검색기를 설정하고 준비가 됐으므로 RAG 시스템의 마지막 부분인 생성기를 살펴보겠습니다. 애플리케이션에서는 GPT-4 모델을 생성기로 사용합니다. 생성기를 recipe_generator.py[6] 모듈에 구현한 다음 스트림릿(Streamlit) 애플리케이션에 통합할 것입니다.

생성기 만들기

먼저 RecipeGenerator 클래스를 생성합니다. 이 클래스는 OpenAI API 키[7]로 초기화하고 이 키는 GPT-4 모델과의 요청을 인증하는 데 사용됩니다.

```
import json

from openai import OpenAI

class RecipeGenerator:
    def __init__(self, api_key):
        self.api_key = api_key
        self.client = OpenAI(
            api_key=self.api_key
        )
```

6 https://github.com/wikibook/vector-search/blob/main/chapter9/recipe_generator.py
7 OpenAI 키를 얻는 방법은 https://help.openai.com/en/articles/4936850-where-do-i-find-my-secret-api-key에서 확인할 수 있습니다.

다음으로, RecipeGenerator 클래스에서 generate 함수를 정의합니다. 이 함수는 요리 레시피를 입력으로 받아서 레시피에 대한 단계별 상세한 가이드를 생성하게 GPT-4 모델에 프롬프트로 요청합니다.

```
def generate(self, recipe):
    prompts = [{"role": "user", "content": json.dumps(recipe)}]
    instruction = {
        "role": "system",
        "content": "Take the recipes information and generate a recipe with a
mouthwatering intro and a step by step guide."
    }
    prompts.append(instruction)

    generated_content = self.client.chat.completions.create(
        model="gpt-4",
        messages=prompts,
        max_tokens=1000
    )
    return generated_content.choices[0].message.content
```

프롬프트는 OpenAI API에서 필요로 하는 형식에 맞게 작성해야 하며 max_tokens 매개변수는 생성된 텍스트의 길이를 제한하기 위해 1000으로 설정합니다. generate 함수는 생성된 요리 레시피를 반환합니다.

스트림릿 애플리케이션에 생성기 통합하기

이제 main.py에서 준비된 RecipeGenerator 클래스를 사용해 스트림릿 애플리케이션에 통합할 수 있습니다. 필요한 모듈을 가져오고 RecipeGenerator 클래스를 초기화한 후 텍스트 입력 필드 등 사용자 인터페이스를 설정합니다.

```
import json

import requests
import streamlit as st
```

```
from config import OPENAI_API_KEY, ES_ENDPOINT, ES_USERNAME, ES_PASSWORD
from recipe_generator import RecipeGenerator

generator = RecipeGenerator(OPENAI_API_KEY)

...

input_text = st.text_input(" ", placeholder="요리에 대해 궁금한 것이 있다면 무엇이든 물어보세요.")
```

사용자가 질의를 입력하면 엘라스틱서치 검색기를 사용해 관련 요리 레시피를 가져옵니다. 그런 다음, 이 레시피를 RecipeGenerator의 generate 함수에 전달하고 생성된 텍스트를 스트림릿 애플리케이션에 표시합니다.[8]

```
if input_text:
    query = {
        "sub_searches": [
            {
                "query": {
                    "match": {
                        "ingredient": {
                            "query": input_text,
                            "operator": "and"
                        }
                    }
                }
            },
            {
                "query": {
                    "text_expansion": {
                        "ml.tokens": {
                            "model_id": ".elser_model_2",
                            "model_text": input_text
                        }
```

8 https://www.linkedin.com/posts/bahaaldine_genai-gpt4-elasticsearch-activity-7091802199315394560-TkPY에서 동영상 예제를 확인할 수 있습니다.

```
                }
            }
        }
    ],
    "rank": {
        "rrf": {
            "window_size": 50,
            "rank_constant": 20
        }
    }
}

recipe = elasticsearch_query(query)
st.write(recipe)
st.write(generator.generate(recipe))
```

이렇게 생성기는 검색기와 함께 작동해 사용자 질의에 기반한 자세하고 단계별 레시피를 제공합니다. 이로써 스트림릿 애플리케이션에서 RAG 구현을 완료했고 관련 정보를 검색해 전달함으로써 일관되고 의미 있는 답변을 생성할 수 있습니다.

요약

CookBot을 만드는 데 필요한 다양한 기술과 고급 방법을 확인한 결과, RAG, ELSER, BM25, 그리고 RRF의 적용이 CookBot의 요리 관련 질문에 대해 보다 정밀하고 깊이 있는 답변을 도출하는 데 중요한 역할을 했다고 결론을 내릴 수 있습니다.

이 장을 통해 문서를 찾는 검색기 역할뿐만 아니라 상세한 답변을 만들기 위한 생성기 역할까지 할 수 있는 RAG의 잠재력을 확인했습니다. ELSER와 BM25를 결합해 검색 구성 요소는 시맨틱 맥락과 키워드 효율성이라는 두 가지 이점을 제공합니다. RAG와 RRF를 함께 사용하는 이 검색 방식은 복잡하거나 모호한 질문에도 매우 관련성 높은 요리 레시피를 검색해 낼 수 있었습니다.

RAG를 CookBot의 아키텍처에 통합해 질문에 대한 답변을 생성할 때 여러 단계를 거치면서 더 관련성 높은 답변을 할 수 있었고 GPT-4를 생성기로 사용해 문맥적으로 정확하면서도 다양하고 풍부한 답변을 생성할 수 있었습니다.

`Allrecipes.com` 데이터 세트를 기반으로 RAG, ELSER, BM25, RRF를 조화롭게 활용해 요리 레시피에 대한 뛰어난 검색 기능을 가진 개인화된 CookBot을 만들 수 있었습니다. 이 모델은 최신 검색 방법을 강력한 언어 모델과 결합함으로써 다양한 도메인에 대한 실용적이고 효과적인 솔루션을 얻을 수 있는 사례를 보여줍니다.

앞으로 CookBot에 더 많은 발전이 있을 것으로 예상되며, AI 기반의 요리 분야에서 끝없는 가능성을 보여줄 것입니다. 이번 예제를 통해 강력한 대화형 AI 시스템을 만드는 데 적용할 수 있는 더 발전된 기술과 전략에 대해 심층적으로 다룰 수 있는 기반을 마련했습니다.

이 장을 통해 AI라는 매력적인 분야를 더 깊이 이해할 수 있게 해주는 이 핵심 개념과 응용에 대해 전반적으로 이해했기를 바랍니다. 다음 장에서는 챗GPT 플러그인 프레임워크를 다루고 RAG에 대해 배운 지식을 챗GPT에 통합하는 것에 대해 다루겠습니다.

10

챗GPT용 엘라스틱 플러그인 구축하기

맥락(context)은 이해력의 근간입니다. 빠르게 변화하는 기술 환경에서 관련성을 유지하려면 챗GPT와 같은 대화형 AI 시스템을 최신 정보로 업데이트하는 것이 중요합니다. 정적인 지식 기반으로 다양한 질문에 답할 수는 있지만, 현재 맥락을 파악하면 시스템 답변의 정확성과 관련성을 크게 향상할 수 있습니다.

동적 맥락 계층(dynamic context layer; DCL)은 이에 대한 해결책을 제시합니다. DCL은 최신 데이터로 모델의 지식을 지속해서 업데이트함으로써 AI의 대답이 정확하고 시기적절하며 맥락에 맞게 합니다. 이 장은 엘라스틱서치의 벡터 기능과 모든 데이터 세트에 대해 LLM 기반 봇을 손쉽게 제작할 수 있게 설계된 프레임워크인 Embedchain을 결합해 챗GPT를 위한 이 계층을 만드는 데 중점을 둡니다. 주요 목표는 최신 분야별 정보를 챗GPT에 전달하고 이해시켜 사용자 질문에 대해 가장 최신의 답변을 내놓게 하는 것입니다.

이 장에서는 다음과 같은 주제를 다루겠습니다.

- 대규모 언어 모델에서 맥락의 중요성
- 맥락의 중요성(Significance of Context)의 개념
- 다양한 데이터 세트에서 LLM 기반 봇을 만들기 위한 프레임워크인 Embedchain
- 엘라스틱서치용 챗GPT 플러그인을 구축하는 방법

진행 과정에서 우리의 시스템을 평가해 보겠습니다. 최신 엘라스틱 맥락을 갖춘 챗GPT가 사용자 질문에 어떻게 응답하는지, 동적인 최신 데이터 세트가 어떤 차이를 만드는지 알아보겠습니다.

이 장을 마치면 DCL 구축 원리를 이해할 뿐만 아니라 대화형 AI에 실시간으로 계속 업데이트되는 데이터 소스를 연결하는 것이 얼마나 중요한지 이해하게 될 것입니다.

맥락의 기초

이번 절에서는 **대규모 언어 모델(LLMs)** 영역에서 **맥락**의 중요성을 다시 한번 탐구하기 위한 토대를 마련합니다. 특히 내용이 끊임없이 변하는 애플리케이션에서 의미 있는 상호 작용을 하려면 관련성 있고 동적인 맥락을 유지하는 것이 가장 중요한 이유를 이해하게 될 것입니다. 이 기초 지식은 이후 섹션에서 살펴볼 혁신의 토대가 될 것입니다.

동적 맥락의 패러다임

어떤 대화에서든 답변의 풍부함과 관련성은 주로 주어진 맥락에 따라 달라집니다. 이 책을 읽으면서 GPT와 같은 LLM이 방대한 지식 저장소를 활용한다는 사실을 알게 됐습니다. 그렇다면 모델이 새로운 데이터의 뉘앙스를 파악하게 하려면 어떻게 해야 할까요? 이 섹션에서는 동적 맥락의 개념과 중요성, 도전 과제, 그리고 최신 챗봇에 가져올 잠재력에 대해 소개합니다. 최신 데이터를 활용해 챗GPT의 응답을 동적으로 강화하는 원리를 살펴보고, 이후 이어질 기술적인 탐구의 발판을 마련합니다.

대규모 언어 모델에서 맥락의 중요성(SoC)의 진화

챗GPT와 같은 대규모 언어 모델과 관련해 맥락을 논의할 때 우리는 사용자의 즉각적인 입력만을 의미하지는 않습니다. 맥락은 모델의 출력을 형성하는 암시적 신호와 명시적 신호의 조합으로 구성되며, 모델의 응답이 중요한 대화의 주제와 특정 뉘앙스에 부합하는 것을 보장합니다.

GPT-4와 같은 대규모 언어 모델은 다양한 데이터 세트에 대한 광범위한 훈련을 통해 맥락에 대한 타고난 이해력을 키웠습니다. 이런 방대한 훈련 과정을 통해 훈련 중에 식별된 패턴에 따라 인간과 유사한 텍스트를 생성하는 능력을 갖추게 됐습니다. 간단히 말해, 수많은 대화를 연구함으로써 인간의 대화 방식을 모방하는 법을 배웠습니다.

챗GPT의 가장 큰 특징은 연속적인 맥락 윈도에서 작동한다는 점입니다. 이 방식은 최근 상호작용을 기반으로 다음 응답을 알려줌으로써 대화의 흐름을 유지합니다. 사용자가 갑자기 주제를 바꾸거나 이전 주제로 돌아가도 이런 맥락의 창을 통해 LLM이 적절하게 대응할 수 있습니다. 이에 따라 사용자는 챗GPT 또는 유사한 모델과의 대화가 단절되지 않고 이어지는 것처럼 느낍니다.

정적 지식만으로는 충분하지 않은 이유 – 동적 맥락의 장점

사람과 대화할 때는 가용한 가장 최신의 관련성 높은 정보에 크게 의존합니다. 결정, 통찰력, 토론은 몇 년 전의 기억에만 국한되지 않고 최신 뉴스, 최근의 경험, 업데이트된 지식을 반영합니다. LLM은 본질적으로 인간 대화의 이 부분을 모방하기 위해 노력해야 합니다. 하지만 정적인 지식에 국한되면 LLM의 잠재력이 억제됩니다.

그 이유를 알아보겠습니다.

- **오래된 정보**: 정적 지식은 특정 시점의 스냅샷을 나타냅니다. 이 스냅샷이 아무리 방대하거나 상세하더라도 결국에는 오래된 정보가 됩니다. 예를 들어, 정적 모델은 마지막 업데이트 시점의 소프트웨어 애플리케이션의 기능을 잘 알 수 있습니다. 하지만 그 이후에 추가된 새로운 기능이나 수정 사항은 어떨까요? 최신 정보를 찾는 사용자는 정적 지식에 불완전하거나 더 심하게는 오해의 소지가 있는 정보를 포함한다는 것을 알게 될 것입니다.
- **관련성 상실**: 몇 년, 몇 달, 심지어 몇 주 전에 관련성이 있거나 필수적이라고 여겼던 정보가 오늘은 더 이상 중요하지 않을 수 있습니다. 트렌드는 발전하고, 글로벌 상황은 변하며, 사용자의 관심도 바뀝니다. 동적 맥락은 접근하는 데이터를 현재 상황에 맞게 조정해서 사용자와의 관련성을 유지하는 것을 보장합니다.
- **최근의 상황에 대처하지 못함**: 기술 발전부터 글로벌 이벤트까지, 세계는 끊임없이 바뀝니다. 동적 맥락을 활용하는 능력이 없다면 LLM에 이러한 발전에 대한 정보가 포함되지 않아 최근 사건과 관련된 질문이나 주제를 다루기 어려울 것입니다.
- **정적 데이터베이스의 깊이**: 정적 데이터베이스는 방대할 수 있지만, 실시간으로 업데이트하거나 확장하지 않습니다. 정적 데이터베이스는 특정 주제에 대한 깊은 지식을 포함할 수 있지만, 새로운 융복합 주제를 다루는 데 필요한 폭넓은 지식이 부족할 수 있습니다.

동적 맥락의 힘

정적 지식의 한계와 달리 동적 맥락은 끊임없이 진화하는 지식 기반을 제공합니다. 이제 동적 맥락의 장점을 살펴보겠습니다.

- **실시간 업데이트**: 실시간 데이터 소스나 최신 데이터베이스에 연결하면 시스템이 항상 최신 정보를 제공합니다. 사용자는 특정 주제에 대한 가장 최신 지식 상태를 반영한 답변을 받게 됩니다.
- **관련성 향상**: 동적 맥락을 통해 LLM에 최신 트렌드, 토론, 그리고 전 세계에서 일어나는 사건에 대한 정보를 전달할 수 있습니다. 이는 LLM이 제공하는 답변이 현재 상황에서 관련성이 높은 것을 보장합니다.
- **확장성**: 세상이 성장하고 진화함에 따라 동적 맥락도 함께 발전시킬 수 있습니다. 새로운 데이터가 유입되면 지식 베이스가 지속해서 확장되게 동적 맥락을 확장할 수 있습니다.
- **상호 작용**: LLM을 현재 맥락과 동기화함으로써 보다 상호적이고 매력적인 대화를 만들어낼 수 있습니다. 이를 통해 LLM은 실시간 이벤트에 대한 응답, 진행 중인 상황에 대한 업데이트 제시, 정보를 잘 아는 사람처럼 새로운 트렌드에 반응할 수 있게 됩니다.

본질적으로 정적 지식은 견고한 기반을 제공하지만, 동적 맥락은 LLM에 생명을 불어넣어 단순한 정보 저장소에서 벗어나 의미 있고, 현재 상황에 맞는, 상호 대화가 가능한 존재로 변화시킵니다.

맥락의 중요성

맥락의 중요성(SoC)의 개념을 소개하는 데 **9장 '엘라스틱을 사용한 검색 증강 생성'**에서 구축한 예제를 활용하는 다음 상황을 고려해 보겠습니다.

저녁 식사를 준비할 때 레시피 애플리케이션을 사용한다고 상상해 보겠습니다. 처음에는 오래된 요리책 한 권의 레시피만 활용할 수 있습니다. 이 레시피는 기본을 알려주지만, 오늘날의 식단 취향에 맞지 않거나 현재 식료품 창고에 있는 재료를 사용하지 않을 수도 있습니다.

일주일 후 애플리케이션을 업그레이드합니다. 업그레이드된 애플리케이션은 여러 출처의 레시피가 포함돼 있을 뿐만 아니라 사용자 리뷰, 재료의 계절성, 개인 식이 제한에 따라 레시피를 조정할 수도 있습니다. 게다가 애플리케이션을 쓸 때마다 선택한 내용을 학습해 사용자의 취향에 맞는 레시피를 제안하기 시작합니다.

이를 맥락의 중요성(SoC) 요소와 연결해 보겠습니다.

- **관련성(R)**: 초기 광범위한 레시피는 일반적 관련성이 있었지만, 사용자의 구체적 선호도를 학습한 뒤 제안하는 레시피는 사용자의 취향과 높은 관련성을 갖게 됩니다. 개인화 기능을 통해 사용자 경험이 향상됩니다.
- **연속성(C)**: 선호하는 식단에 대한 피드백을 애플리케이션에 지속해서 입력하면 추천하는 레시피 유형에 일관성이 생기고 맞춤형 제안이 지속해서 이뤄집니다.
- **시의성(T)**: 이 애플리케이션은 계절과 최신 요리 트렌드도 고려합니다. 이를 통해 제철 식재료를 활용하고 최신 요리 트렌드에 부합하는 시의적절한 레시피를 제안합니다.
- **정확도(A)**: 검증된 요리 출처와 사용자 리뷰를 통합해 애플리케이션이 추천하는 레시피가 인기 있을 뿐만 아니라 재료, 비율, 조리 방법 측면에서 정확함을 보장합니다. LLM과 맥락의 조합은 LLM 환각(hallucinations)을 최소화하는 데 도움을 줍니다. LLM 환각은 학습 데이터 세트의 잘못된 정보나 편향된 정보로 인해 LLM이 거짓이나 조작된 정보, 또는 무의미한 정보를 제시하는 것을 말합니다.

챗GPT의 엘라스틱 문서에 대한 DCL의 목표와 같이 제공된 정보가 정확할 뿐만 아니라 사용자 요구에 매우 관련성이 높고 지속적이며 시의적절해야 한다는 것을 목표로 합니다.

검색 엔진의 관련성 점수와 유사한 SoC는 언어 모델의 맥락 인식의 효율성과 정확성을 평가하는 정량적 척도가 될 수 있습니다. 이 책에서는 SoC의 수학적 표현을 만들어보고자 합니다. 앞서 언급한 요소를 고려할 때 다음과 같이 나타낼 수 있습니다.

$$SoC = \frac{1}{(1 + e^{-k(w_R \cdot R + w_C \cdot C + w_T \cdot T + w_A \cdot A - threshold)})}$$

위 공식에서 가중치는 다음과 같습니다.

- w_R = 관련성 가중치
- w_C = 연속성 가중치
- w_T = 시의성 가중치
- w_A = 정확성 가중치

여기서 **임곗값**(threshold)은 조정된 값(일반적으로 가중치의 합)으로 시그모이드 함수의 중간 점이 매개변수의 원하는 균형점과 일치하는 것을 보장합니다. 시그모이드 함수는 SoC를 0과 1 사이로 제한해 맥락의 중요도에 대한 백분율 또는 확률과 같은 척도를 나타냅니다.

예를 들어 실시간 뉴스 봇에서는 시의성이 더 큰 비중을 차지할 수 있으며, 기술 지원 봇에서는 관련성과 정확성이 더 중요할 수 있습니다.

이를 실행 가능하게 하려면 각 점수(**R, C, T, A**)는 0에서 1 사이인 것이 이상적이며, 1이 최고 점수입니다.

이런 점수 데이터는 사용자 피드백이나 직접 평가, 또는 후속 질문에 든 시간(잠재적 혼란 또는 명확성 부족을 나타냄)과 같은 기타 지표를 통해 얻을 수 있습니다.

시간이 지나 더 많은 데이터를 수집하면 가중치를 조정해 사용자의 요구와 선호도를 더 잘 반영할 수 있습니다.

시그모이드 함수에서 k의 역할

k는 시그모이드 곡선의 가파른 정도를 결정합니다.

k를 높이면 시그모이드 함수가 더 가파르게 되는데, 이는 SoC가 평균 성능에 덜 민감해지고 예외적인 성능을 더 잘 식별한다는 것을 의미합니다.

k를 낮추면 곡선이 완만해져 입력 점수의 작은 변화도 SoC에 눈에 띄게 영향을 미칩니다.

SoC를 평가하면 언어 모델 성능을 평가할 뿐만 아니라 개선할 영역도 파악할 수 있습니다. 또한 모델을 반복적으로 개선하는 방법도 제시합니다. 동적 맥락의 중요성과 필요성을 살펴봤으니 이제 이를 구현하는 방법을 알아보겠습니다. 다음으로 DCL 플러그인의 아키텍처와 흐름을 살펴보고 이론과 애플리케이션 사이의 연결고리를 설명하겠습니다.

예제

데이터 저장소, 즉 벡터 데이터베이스뿐만 아니라 가장 관련성 높은 검색 결과를 도출하는 검색 엔진을 갖추는 게 왜 중요한지 알아보겠습니다. 다음 코드[1]는 관련성이 SoC에 영향을 미칠 때 이를 어떻게 도식화하는지 보여줍니다.

```
# 필요한 라이브러리 가져오기
import numpy as np
import matplotlib.pyplot as plt

# 시그모이드를 사용해 SoC 함수 정의하기
def soc_function(R, C, T, A, k=1, threshold=2):
    return 1 / (1 + np.exp(-k * (R + C + T + A - threshold)))

# 샘플 R, C, T, A 값
R_values = np.linspace(0.8, 1, 50)
C_values = np.linspace(0.8, 1, 50)
T_values = np.linspace(0.8, 1, 50)
A_values = np.linspace(0.8, 1, 50)

# 샘플 R, C, T, A 값에 대한 SoC 값 계산
soc_values = soc_function(R_values, C_values, T_values, A_values)

# 함수 표시
plt.figure(figsize=(10, 6))
plt.plot(R_values, soc_values, label="SoC values", color='blue')
plt.axhline(y=0.5, color='r', linestyle='--', label="Midpoint")
plt.title("Significance of Context (SoC) vs. R (with C, T, A held constant)")
plt.xlabel("Relevance (R)")
plt.ylabel("SoC Value")
plt.legend()
plt.grid(True)
plt.show()
```

코드를 실행하면 다음과 같이 표시됩니다.

1 https://github.com/wikibook/vector-search/blob/main/chapter10/PacktGPT_Plugin/chart_soc.py

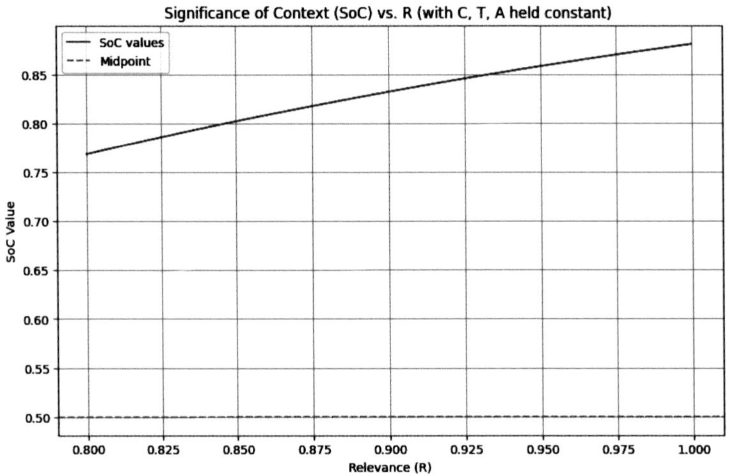

그림 10.1 C, T, A를 일정하게 유지한 상태에서 관련성의 함수로 본 맥락의 중요도 측정값

엘라스틱서치는 사용자가 관련성을 미세 조정할 수 있다는 중요한 장점이 있습니다. 이 그래프는 관련성 외에도 SoC를 구성하는 세 가지 요소가 있지만 데이터 저장소에서 관련성에 대한 제어를 더 많이 할 수 있을수록 동적 맥락의 중요성이 더 커진다는 것을 보여줍니다.

DCL 플러그인 - 구조와 작동 방식

이번 절에서는 DCL 플러그인의 구조와 작동 방식을 설명합니다. 챗GPT, Embedchain, 엘라스틱서치가 어떻게 협력하는지 설명하며 플러그인의 구조를 설명합니다. 기본 아키텍처와 데이터 흐름의 단계를 이해함으로써 실시간 데이터를 챗봇의 응답에 통합하는 방법을 배울 수 있습니다. 또한 이러한 설계 방식을 선택한 배경과 이에 따른 시스템 기능도 논의할 것입니다.

시스템을 구현할 때 구조와 기능을 사전에 명확히 해야 합니다. DCL도 예외는 아닙니다. 챗GPT가 Embedchain을 통해 엘라스틱서치와 함께 작동하는 방식을 이해하려면 먼저 각 구성요소에 대한 이해가 필요합니다. 각 구성요소는 고유의 목적을 가지며 챗봇이 정보를 동적으로 검색하고 이해해 전달할 수 있게 합니다.

DCL은 **벡터 검색 엔진**(vector search engine; VSE), **시맨틱 임베딩 벡터 생성기**(semantic embedding generator; SEG), **대화 엔진**(conversational engine; CE)이

라는 세 가지 주요 구성요소로 이뤄집니다. 이 구성요소는 서로 복잡하게 연결돼 있으며 챗봇이 정확하고 상황에 맞는, 그리고 맥락상 관련 있는 정보를 응답할 수 있게 해줍니다.

이 장에서는 DCL 시스템의 아키텍처와 흐름을 안내하는 구성 요소들을 더 자세히 살펴보겠습니다. 먼저, 이 기본 요소들을 하나씩 이해하는 것부터 시작하겠습니다.

다음 그림은 DCL 시스템을 시각화한 것으로 각 구성요소가 어떻게 상호 작용해 높은 수준의 대화 경험을 만들어내는지 설명합니다.

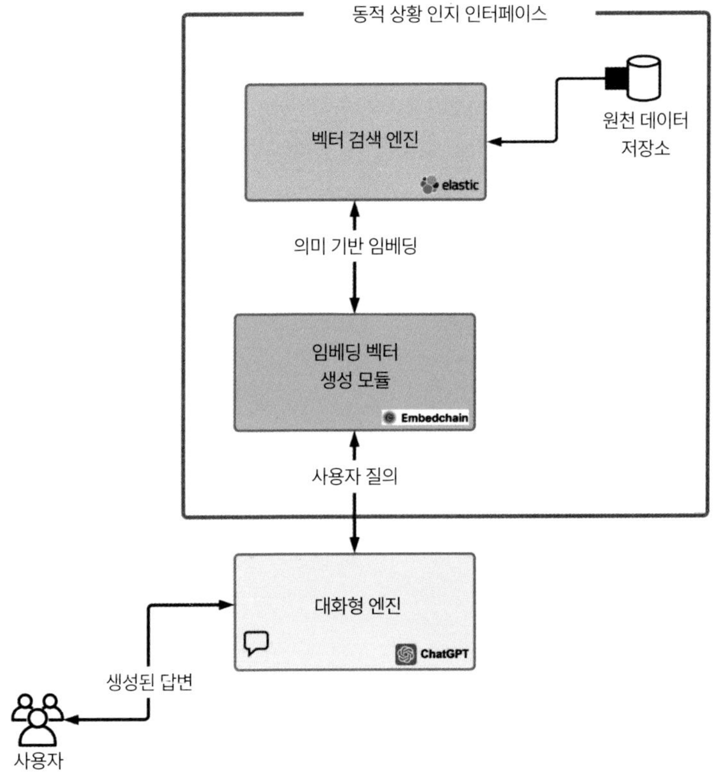

그림 10.2 DCL 시스템 아키텍처

동적 상황 인지 인터페이스(dynamic contextual interface; DCI)는 전체 구조에서 중심 허브 역할을 담당하며 챗봇과 VSE 사이에서 정보를 전달하고 둘 간의 상호 작용을 조율합니다. DCI는 대화형 엔진과 원천 데이터 저장소 사이의 요청과 응답을 이해하고 해석하기 위해 설계된 복합 인터페이스입니다. 반면, **실시간 맥락 수집기(real-time contextual fetcher; RCF)**는 시스템의 동적인 부분을 나타냅니다. RCF는 VSE를 통해 관련성 높은 최신 정보를 검색합니다. 업데이트된 최신 문서를 가져오든 벡터로 임베딩된 인사이트를 추출하든, RCF는 챗봇에 전달되는 데이터가 항상 최신 상태를 유지해 대화를 최대한 관련성 높고 정보에 기반하도록 보장합니다. DCI와 RCF는 데이터와 대화를 활용해 챗봇 대화의 수준을 향상합니다.

DCL 플러그인 구조에 대한 이해를 바탕으로 이제 구현 단계로 넘어가겠습니다. 다음 섹션에서는 동적 계층을 구축하는 데 필요한 세부 단계와 단계별 고려 사항을 살펴봅니다. 이를 통해 챗GPT가 엘라스틱서치와 Embedchain을 활용해 실시간 맥락 정보를 얻을 수 있게 할 것입니다.

DCL 구현하기

이번 섹션에서는 앞서 구상한 시스템을 구현하는 실질적인 단계를 알아봅니다. 엘라스틱서치의 기능을 Embedchain과 통합하는 기술적 방법을 살펴보고 이를 챗GPT와 함께 구성하고 최적화하는 실용적인 내용을 다룰 것입니다. 이 섹션을 통해 DCL을 구동시키는 방법과 사용자 경험을 향상하기 위해 성능을 미세 조정하는 방법을 확인할 수 있습니다.

엘라스틱 문서에서 최신 정보 가져오기

이제 조금 더 실질적인 내용을 다루겠습니다. 여기서는 엘라스틱에서 최신 문서를 가져오는 방법을 다룹니다. 이 방법은 동적 맥락을 최신으로 유지하는 중요한 단계입니다. 이 과정은 관련성 높고 시의적절한 데이터로 맥락을 채우는 초기 단계로 챗GPT가 상황을 인식해 상호 작용하는 토대를 마련합니다.

데이터 추출은 DCL 생성의 기반이 되는 단계입니다. 엘라스틱에 데이터를 업로드하는 방법은 여러 가지 방법이 있으나, 여기서는 엘라스틱 웹 크롤러를 쓰겠습니다. 이 크롤러를 쓰면 URL 입력만으로 웹사이트의 데이터를 수집할 수 있습니다. 엘라스틱 웹 크롤러를 통해 필요한 데이터를 간단하고 직접적인 방법으로 획득할 수 있습니다. 웹 크롤러의 장점은 다음과 같습니다.

- **간단한 설정**: 복잡하게 데이터 파이프라인을 구성하거나 다양한 데이터 소스를 관리하는 대신 URL 정보만 설정하면 추출을 시작할 수 있습니다.
- **엘라스틱서치와의 손쉬운 연동**: 엘라스틱 웹 크롤러가 활성화되면 크롤러는 데이터를 추출해 바로 엘라스틱서치 인덱스로 전송합니다. 이러한 매끄러운 연계는 다음 단계에서 데이터를 바로 활용할 수 있게 합니다.
- **유연한 설정**: 대부분의 경우 기본 설정으로 사용 가능하지만, 웹사이트의 특정 부분을 집중적으로 크롤링하거나 새로운 콘텐츠를 확인하는 빈도를 조정하는 등의 세부 작동에 대한 설정이 가능합니다.

개발하고자 하는 시스템의 기능 요구사항에 따라 `https://www.elastic.co/guide`에서 엘라스틱 가이드 문서를 가져오는 데 엘라스틱 웹 크롤러가 필요합니다. 이 크롤러는 가이드 사이트를 체계적으로 스캔해 최신의 문서를 빠짐없이 수집합니다. 크롤러에 의해 수집된 데이터는 엘라스틱서치에 색인하고 시맨틱 임베딩의 대상이 되며 이후 챗GPT에 전달될 맥락으로 활용됩니다.

엘라스틱 웹 크롤러와 같은 도구를 활용해 데이터 수집 방법에 대한 걱정을 줄이고 이러한 데이터를 효율적으로 활용해 챗봇의 성능을 개선하는 데 집중할 수 있습니다.

먼저 엘라스틱 클라우드상에서 엔터프라이즈 검색 노드가 정상 구동되는지 확인합니다.

1. 엘라스틱 클라우드 배포에 진입한 후, 다음과 같은 노드 정보를 확인합니다.

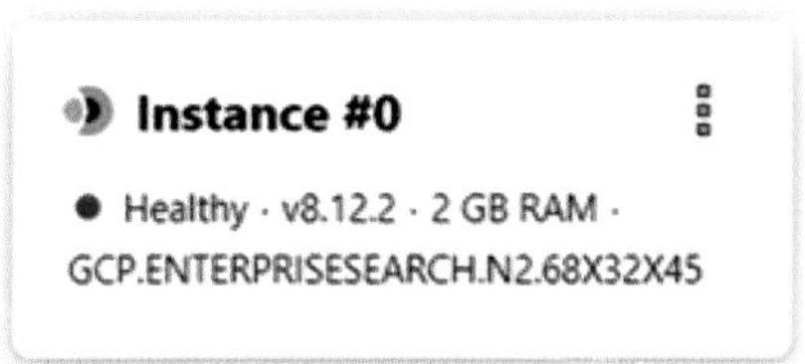

그림 10.3 엘라스틱 클라우드에 구성된 엔터프라이즈 검색 노드

2. 엔터프라이즈 검색 노드가 존재하지 않는다면 배포를 수정해 인스턴스를 추가해야 합니다. 왼쪽 메뉴바에서 Edit 버튼을 클릭합니다.

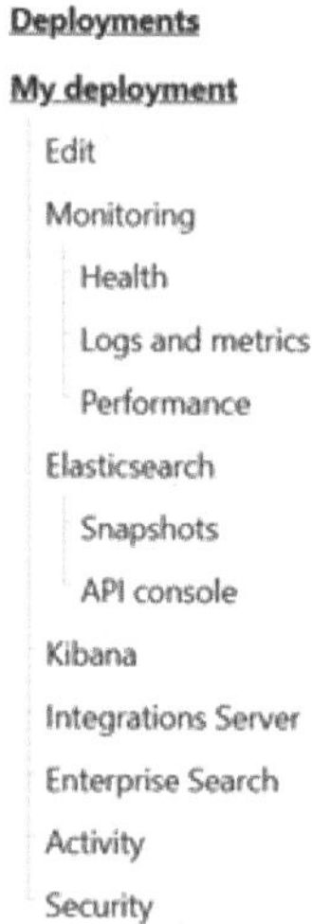

그림 10.4 엘라스틱 클라우드 콘솔 왼쪽 사이드 메뉴

3. 아래로 스크롤하고 엔터프라이즈 검색 노드 섹션에서 다음의 설정으로 인스턴스를 추가합니다.

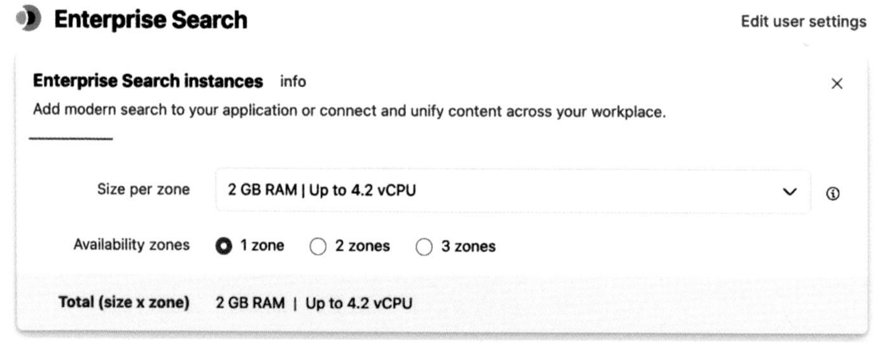

그림 10.5 엔터프라이즈 검색 인스턴스 설정

4. 배포 수정을 통해 엔터프라이즈 검색 노드를 추가한 후, 키바나 인스턴스에 접속합니다. Search 영역의 Content 〉 Web crawlers 메뉴로 진입하면 다음과 같은 New web crawlers 버튼을 확인할 수 있습니다.(엘라스틱 웹 크롤러에 대한 제약사항은 엘라스틱 가이드 문서[2]에서 확인할 수 있습니다.)

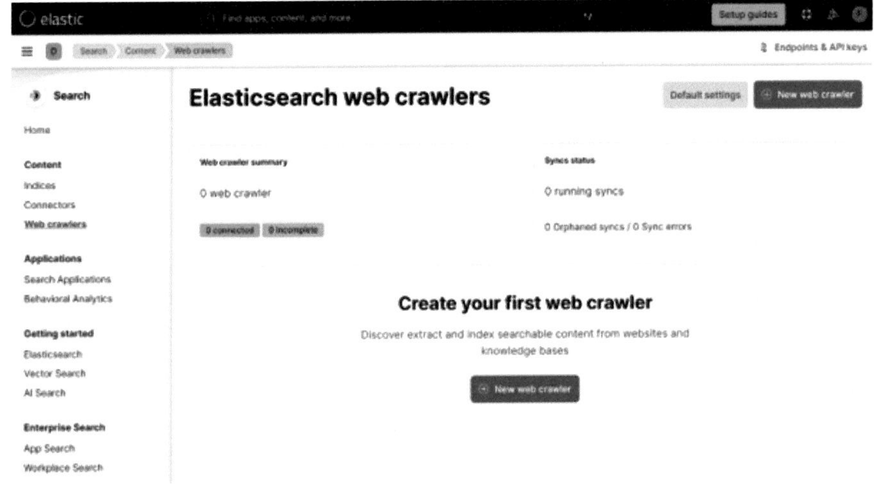

그림 10.6 Web crawlers 생성 메뉴

5. New web crawlers 버튼을 클릭하면 나타나는 화면에서 인덱스 이름을 설정합니다. 여기서는 `wikibook-cdl-source`를 인덱스명으로 쓰겠습니다.

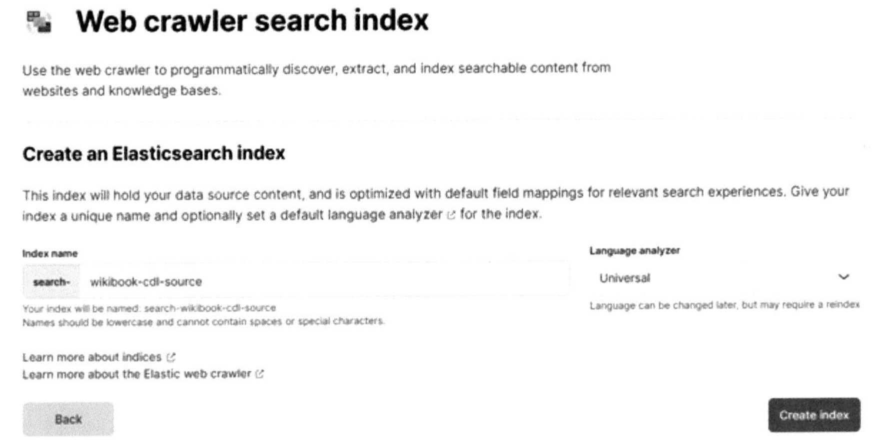

그림 10.7 웹 크롤러를 활용한 검색 인덱스 생성

2 https://www.elastic.co/guide/en/enterprise-search/current/crawler-known-issues.html

6. Create index 버튼을 클릭하면 나타나는 화면에서 Manage Domains 탭의 **Domain URL** 필드에 크롤링 대상 사이트인 https://www.elastic.co를 입력합니다.

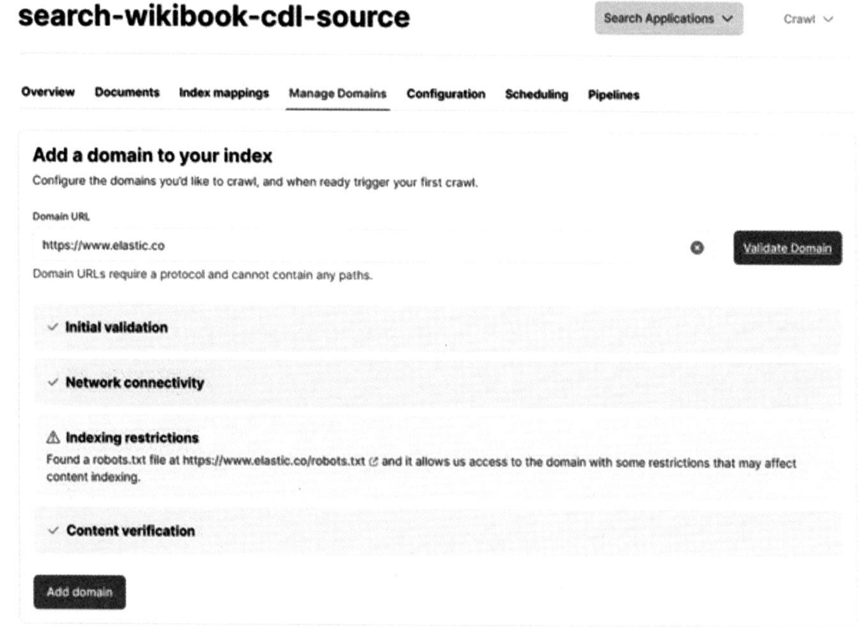

그림 10.8 크롤링 대상 도메인 유효성 체크

7. 엘라스틱서치 가이드 문서만 크롤링할 예정이므로 `/guide`를 추가해 엔트리 포인트를 구성합니다.

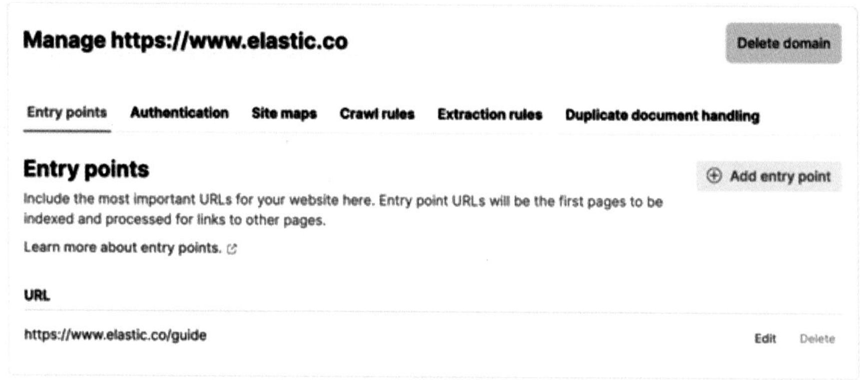

그림 10.9 크롤러 엔트리 포인트 설정

그런 다음 오른쪽 상단에 위치한 Crawl 버튼을 통해 크롤링을 시작합니다.

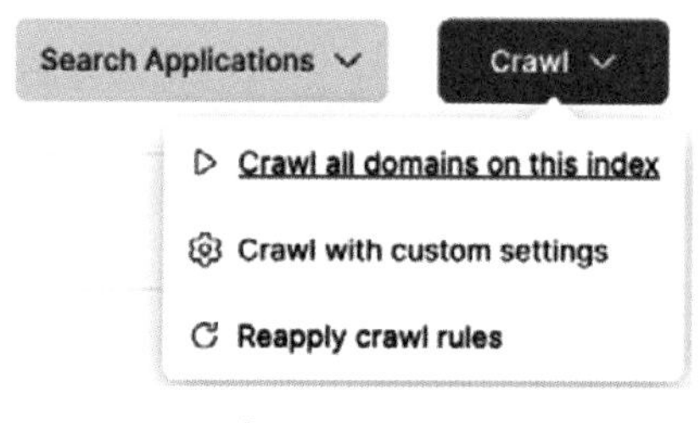

그림 10.10 크롤러 실행

8. 키바나 Dev Tools에서 `GET search-wikibook-cdl-source/_search` 쿼리를 수행해서 크롤러를 통해 인덱스에 데이터가 유입되는지 확인할 수 있습니다.

Embedchain에 색인된 문서를 적용할 때 별도의 변환이나 처리를 하지 않아도 됩니다. 문서에 포함된 URL 필드를 활용하며 이 필드는 DCL 플러그인의 핵심 데이터입니다.

Embedchain을 활용한 데이터 수준 높이기

이번에는 Embedchain[3]의 작동 방식을 자세히 살펴보겠습니다. Embedchain은 LLM을 활용해 데이터를 더욱 강력하게 활용할 수 있는 오픈소스 데이터 플랫폼입니다. Embedchain이 엘라스틱서치와 원활하게 결합되어 챗GPT가 데이터셋의 개선된 시맨틱 맥락을 기반으로 이해하고 대응할 수 있는 방법을 살펴볼 것입니다. 이로써 보유하는 데이터를 챗GPT와의 상호 작용에 활용하는 데 Embedchain을 적용하는 **방법**과 **이유**를 알게 될 것입니다.

Embedchain은 LangChain과 벡터 데이터베이스, 그리고 LLM 위에 있는 또 다른 추상화 계층입니다. 각 구성요소를 제어하기 위한 상위 레벨의 인터페이스를 제공하며 여러 유형의 데이터와 LLM을 활용해 맥락을 인식하기 위해 만들어진 도구입니다. 마치 영화 **매트릭스**에서 트리니티가 헬리콥터 조종 훈련 프로그램을 요청하고 해커 '탱크'가 프로그램을 그녀의 머리에 적재하는 장면과 유사합니다. Embedchain도 이처럼 매우 단순한 사용성을 지닙니다. 예를 들면 다음과 같습니다.

3 https://github.com/embedchain/embedchain

```
elastic_bot.add("https://jobs.elastic.co/jobs/csm/sanfrancisco-ca/customer-architect/5112
073?gh_jid=5112073#/")
```

이렇게 채용 공고 페이지를 `elastic_bot`이라는 Embedchain 애플리케이션에 적재하면, 사용자가 이 직무에 대해 질문할 때 `elastic_bot`이 필요한 맥락을 갖추게 됩니다.

```
elastic_bot.query("Tell me about the Customer Architect role at Elastic")
```

다음은 Embedchain 봇의 답변입니다.[4]

```
elastic_bot.query("Tell me about the Customer Architect role at Elastic")

'The Customer Architect role at Elastic is a position within the Customer Success
Group. Customer Architects at Elastic are responsible for working with customers
to understand their needs and requirements, and then designing and implementing s
olutions using Elastic's technology stack. They help customers optimize their use
of Elastic's products for search, observability, and security purposes. Customer
Architects also provide technical guidance and support to customers throughout th
e implementation process.'
```

그림 10.11 Embedchain 답변

보다시피 정말 간단합니다. 이와 같은 방식으로 Embedchain을 통해 적절한 문서 페이지를 맥락으로 활용해 챗GPT와 커뮤니케이션합니다. Embedchain 애플리케이션이 추가한 콘텐츠는 벡터 데이터베이스에 저장되며 이때 OpenAI **Ada** 임베딩 모델을 활용해 수집한 텍스트에서 임베딩 벡터를 만듭니다. 물론 텍스트 분할과 전처리 과정도 Embedchain 안에서 수행됩니다.

다음은 엘라스틱서치를 벡터 데이터베이스로 연결했을 때 Embedchain이 링크의 내용을 색인한 결과입니다.

```
{
    "_index": "embedchain_store_1536",
    "_id": "635ef64b5a99725d3b2cdf1cca86d5570a70388aa4d8d328cb2a02dd74b232c8",
    "_score": 1,
    "_source": {
```

4 (옮긴이) 위 링크는 채용 공고 페이지로 자주 변경되므로, 답변이 달라질 수 있습니다.

```
        "text": "Aligning with customer business goals, you'll also guide them through
onboarding, ensure they adopt our solutions, and aid in their growth. As a Customer
Architect, you'll stand as the Go-to Technical Counsel, collaborating closely with
the customer and partnering with teams like Field and Services. Your role ensures that
Elastic's offerings consistently surpass customer hopes. Leveraging your technical
knowledge, business acumen, and commitment to value, you'll enhance and elevate the
customer journey.",
        "metadata": {
            "url":"https://jobs.elastic.co/jobs/csm/unitedstates/customer-architect/51120
21?gh_jid=5112021#/",
            "data_type": "web_page",
            "hash": "832c08a036185237195ac37a6133db16"
        },
        "embeddings": [...]
    }
}
```

위 코드는 Embedchain으로 추출한 청크를 나타내는 문서와 OpenAI를 활용한 임베딩 배열을 보여줍니다. 결국 여기에서 문서 활용 사례에 맞게 Elastic에 데이터 소스를 구조화해야 합니다. 사용자가 "`Tell me what the requirements of the Customer Architect job at Elastic are`(Elastic에서 고객 아키텍트 직무 요구 사항이 무엇인지 알려주세요)"라고 입력하면, 이 질문은 플러그인을 통해 챗GPT에서 Embedchain으로 전달됩니다. 그러면 플러그인이 엘라스틱서치를 조회해서 크롤링된 내용 중 가장 적절한 URL을 찾고, 그 후 Embedchain이 이 URL을 맥락에 추가하고, GPT를 사용해 응답을 생성합니다.

엘라스틱서치와 임베딩 기법에 이어 대화형 커뮤니케이션의 중심에 있는 챗GPT를 알아보고 원활한 커뮤니케이션을 위해 검색엔진을 챗GPT와 통합하는 방법을 살펴보겠습니다.

챗GPT와 통합해 실시간 대화 상대 만들기

이 섹션에서는 챗GPT를 엘라스틱서치 데이터 세트에 통합하는 방법을 살펴보겠습니다. 이를 통해 사용자의 질문에 바로 응답하는 것뿐만 아니라 엘라스틱서치의 데이터를 기반으로 응답하는 봇을 만들 수 있습니다. 먼저 챗GPT가 엘라스틱서치에 저장된 다양한 정보에 접근하는 단계를 확인해 보겠습니다.

엘라스틱서치와 챗GPT 간의 실시간 데이터 흐름 처리

원하는 구성 요소와 흐름을 되짚어 보겠습니다.

1. 사용자는 챗GPT와만 상호 작용합니다.
2. 사용자는 플러그인을 활성화합니다.
3. 사용자가 엘라스틱 문서의 최신 정보에 관한 질문을 하면 사용자 프롬프트는 플러그인으로 전달됩니다.
4. 플러그인은 프롬프트를 분석하고 크롤링된 문서 인덱스를 조회합니다.
5. 엘라스틱서치는 하나 이상의 URL을 반환합니다.
6. Embedchain은 이러한 URL을 맥락에 추가합니다.
7. Embedchain은 응답을 생성합니다.
8. 플러그인은 Embedchain에서 반환한 응답을 챗GPT에 출력해 사용자에게 표시합니다.

데이터와 인덱스는 이미 준비됐습니다. 이제 챗GPT 플러그인을 만들어야 합니다. OpenAI의 문서[5]에서 플러그인 프레임워크의 기본 사항을 확인할 수 있습니다. 여기서는 문서를 읽고 플러그인 제작에 필요한 기본 사항을 이해했다고 가정하고 계속 진행하겠습니다.

플러그인 코드[6]

플러그인을 설치하려면 챗GPT에서 유효성을 검사하게 OpenAI 문서를 준수해야 합니다. 먼저 저장소 구조를 살펴보고, 몇 가지 필수 파일과 구현 코드를 만들겠습니다.

저장소 구조

저장소[7] 구조는 다음 스크린 캡처처럼 간단합니다.

---

5 `https://platform.openai.com/docs/plugins/introduction`

6 (옮긴이) 이 섹션에서는 챗GPT의 플러그인 서비스를 이용해 엘라스틱서치와 통합하는 예를 설명합니다. 그러나 2024년 3월 19일부터 챗GPT에서 플러그인 서비스가 종료되어 이 내용은 더 이상 유효하지 않습니다. 대신, 플러그인을 대체하는 GPTs 서비스를 통해 API를 챗GPT에 연동할 수 있습니다. 부록 '엘라스틱 가이드 GPTs 만들기'에서 이 연동 방법을 설명합니다.

7 `https://github.com/wikibook/vector-search/tree/main/chapter10/PacktGPT_Plugin`

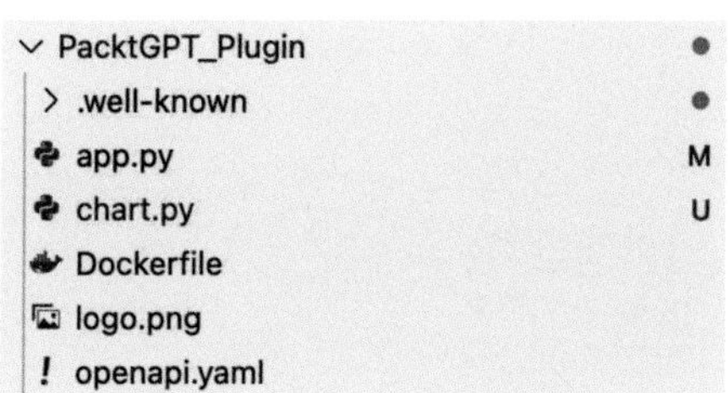

그림 10.12 챗GPT 플러그인 저장소 구조

구조를 자세히 살펴보겠습니다.

- 메인 서비스 코드는 `app.py`에 있습니다.
- 플러그인의 로고(`logo.png`)는 챗GPT 플러그인 스토어에 표시됩니다.
- 플러그인 매니페스트는 `.well-known` 폴더 아래의 `ai-plugin.json` 파일에 저장됩니다.
- OpenAPI에 대한 정의는 `openapi.yaml` 파일에 있습니다.

여기서는 플러그인을 배포하는 데 **Dockerfile**을 씁니다. 플러그인 배포 플랫폼은 사용하는 환경에 따라 다를 수 있으며, 이 예시에서는 구글 클라우드 컴퓨팅을 사용합니다. 개인이 선호하는 배포 플랫폼이나 클라우드 공급자를 선택해야 하므로 이 책에서는 플러그인 코드 배포를 다루지는 않겠습니다. 이제 API를 노출하는 코드를 살펴보겠습니다.

서비스 코드

서비스 코드는 플러그인의 유효성을 검사하고 코드를 실행하기 위해 챗GPT에서 정의한 4개의 REST API 엔드포인트로 구성됩니다.

```
...
@app.get("/search")
...
@app.get("/logo.png")
async def plugin_logo():
    filename = 'logo.png'
    return await quart.send_file(filename, mimetype='image/png')
```

```
@app.get("/.well-known/ai-plugin.json")
async def plugin_manifest():
    host = request.headers['Host']
    with open("./.well-known/ai-plugin.json") as f:
        text = f.read()
        text = text.replace("PLUGIN_HOSTNAME", f"https://{host}")
        return quart.Response(text, mimetype="text/json")


@app.get("/openapi.yaml")
async def openapi_spec():
    host = request.headers['Host']
    with open("openapi.yaml") as f:
        text = f.read()
        text = text.replace("PLUGIN_HOSTNAME", f"https://{host}")
        return quart.Response(text, mimetype="text/yaml")...
```

/search API가 구현의 핵심입니다. 나머지는 표시된 순서대로 로고, 매니페스트, OpenAPI 정의를 반환합니다. /search API 구현의 세부 내용은 다음과 같습니다.

```
async def search():
    query = request.args.get("query")
    url = ESSearch(query)
    return quart.Response(url)
```

ESSearch 함수는 가장 중요한 부분으로, 엘라스틱서치에서 가장 관련성 높은 문서를 검색해 그 링크를 Embedchain에 전달합니다. 여기서는 간단한 BM25 엘라스틱서치 질의를 사용해 Embedchain이 맥락을 구성하는 과정을 보여줍니다. 즉, Embedchain은 전달받은 링크를 바탕으로 맥락을 생성하고, 이를 기반으로 생성된 답변을 반환합니다.

```
def ESSearch(query_text):
    cloud_url = os.environ['cloud_url']
    cid = os.environ['cloud_id']
    cp = os.environ['cloud_pass']
    cu = os.environ['cloud_user']
    es = es_connect(cid, cu, cp)
```

```
# 엘라스틱서치 BM25 질의문
query = {
    "bool": {
        "filter": [
            {
                "prefix": {
                    "url": "https://www.elastic.co/guide"
                }
            }

        ],
        "must": [{
            "match": {
                "title": {
                    "query": query_text,
                    "boost": 1
                }
            }
        }]
    }
}

fields = ["title", "body_content", "url"]
index = 'search-wikibook-cdl-source'
resp = es.search(index=index,
                 query=query,
                 fields=fields,
                 size=10,
                 source=False)

if not resp['hits']['hits']:
    return "No results found."

body = resp['hits']['hits'][0]['fields']['body_content'][0]
url = resp['hits']['hits'][0]['fields']['url'][0]
```

```
print(len(resp['hits']['hits']))

elastic_bot = App()

# 'resp'가 언급한 응답 객체라고 가정
for hit in resp['hits']['hits']:
    for url in hit['fields']['url']:
        print(url)
        elastic_bot.add(url)

return elastic_bot.query("What can you tell me about " + query_text)
```

사용자 입력에 "what can you tell me about"을 접두사로 붙여서 프롬프트를 포괄적으로 유지합니다.

코드를 테스트하려면 URL http://127.0.0.1:5001에서 엔드포인트가 노출돼야 합니다. 테스트를 위해 선택한 도구를 열고 다음과 유사한 질의를 전달합니다.

```
http://127.0.0.1:5001/search?query=detections
```

이 질의는 봇에게 엘라스틱 보안 탐지와 관련된 맥락 구축을 요청합니다. 콘솔에 URL을 출력하면 Embedchain이 맥락에 콘텐츠를 추가하는 것을 볼 수 있습니다.

```
https://www.elastic.co/guide/en/siem/guide/current/rule-api-overview.html
Inserting batches in chromadb: 100%|██████████| 1/1 [00:00<00:00,  1.14it/s]
https://www.elastic.co/guide/en/siem/guide/current/detection-engine-overview.html
Inserting batches in chromadb: 100%|██████████| 1/1 [00:00<00:00,  2.07it/s]
https://www.elastic.co/guide/en/security/current/rule-api-overview.html
Inserting batches in chromadb: 100%|██████████| 1/1 [00:00<00:00,  2.12it/s]
https://www.elastic.co/guide/en/security/current/detection-engine-overview.html
Inserting batches in chromadb: 100%|██████████| 1/1 [00:00<00:00,  1.74it/s]
https://www.elastic.co/guide/en/security/7.17/detections-permissions-section.html
Inserting batches in chromadb: 100%|██████████| 1/1 [00:00<00:00,  2.30it/s]
https://www.elastic.co/guide/en/security/7.17/detection-engine-overview.html
Inserting batches in chromadb: 100%|██████████| 1/1 [00:00<00:00,  1.40it/s]
https://www.elastic.co/guide/en/security/8.13/rule-api-overview.html
```

```
Inserting batches in chromadb: 100%|██████████| 1/1 [00:00<00:00,  3.48it/s]
https://www.elastic.co/guide/en/security/7.17/rule-api-overview.html
Inserting batches in chromadb: 100%|██████████| 1/1 [00:00<00:00,  4.01it/s]
https://www.elastic.co/guide/en/security/8.13/detection-engine-overview.html
Inserting batches in chromadb: 100%|██████████| 1/1 [00:00<00:00,  2.12it/s]
https://www.elastic.co/guide/en/security/current/advanced-behavioral-detections.html
Inserting batches in chromadb: 100%|██████████| 1/1 [00:00<00:00,  2.78it/s]
```

이 예제는 테스트 목적이었으므로 엘라스틱서치 질의를 상당히 넓은 범위로 요청해 검색 결과가 포괄적입니다. 그러나 여기서 SoC(Separation of Concerns)에 영향을 미칠 수 있고 정확성을 감소시킬 수 있습니다. 따라서 찾으려는 내용에 따라 질의를 미세 조정해 더 적거나 더 많은 결과를 생성해야 할 수 있습니다.

REST 호출은 엘라스틱 탐지에 관한 내용을 반환해야 합니다.

```
Detections are alerts that are created based on rules in the Elastic Security Solution.
These alerts are generated automatically when events and external alerts are sent to
Elastic Security. They are displayed on the Detections page, and provide information about
potential security threats or suspicious activities. For more detailed information about
the differences between events, external alerts, and detection alerts, you can refer to
the Elastic Glossary.
```

이 단계에서는 엔드포인트가 작동하는 것을 확인했습니다. 이제 플러그인을 설명해야 합니다.

매니페스트

매니페스트는 플러그인이 어떤 목표를 달성하고 사용자가 요청한 프롬프트에 따라 언제 플러그인을 실행시킬지에 대한 정의를 합니다. 다음은 JSON 내용입니다.

```
{
    "schema_version": "v1",
    "name_for_human": "PacktGPT_Plugin",
    "name_for_model": "PacktGPT_Plugin",
    "description_for_human": "An Assistant, you know, for searching in the Elastic
documentation",
```

```
    "description_for_model": "Get most recent elastic documentation post 2021 release,
anything after release 7.15",
    "auth": {
        "type": "none"
    },
    "api": {
        "type": "openapi",
        "url": "PLUGIN_HOSTNAME/openapi.yaml",
        "is_user_authenticated": false
    },
    "logo_url": "PLUGIN_HOSTNAME/logo.png",
    "contact_email": "info@info.co",
    "legal_info_url": "http://www.example.com/legal"
}
```

위에 언급한 모든 필드는 챗GPT에 등록하는 플러그인을 자세히 설명하는 데 도움이 되고, 플러그인의 이름, API 설명을 가져올 URL, 또는 개발자에게 연락할 이메일과 같은 정보를 포함합니다. 특히 중요한 부분은 description_for_model인데, 이는 챗GPT에 모델에 대한 안내를 설명하는 데 활용됩니다.

플러그인 설명은 챗GPT가 플러그인이 제공하는 내용을 이해하고 모델의 작동을 설정하는 데 도움이 됩니다. 이제 플러그인에서 노출된 API를 설명하겠습니다.

OpenAPI 정의

OpenAPI 정의는 플러그인에 노출된 API의 표준 표현으로 경로, HTTP 메서드, 관련 매개변수를 포함합니다. 다음은 OpenAPI 정의입니다.

```
openapi: 3.0.1
info:
  title: PacktGPT_Plugin
  description: Retrieve information from the most recent Elastic documentation
  version: 'v1'
servers:
  - url: PLUGIN_HOSTNAME
paths:
```

```
/search:
  get:
    operationId: search
    summary: retrieves the document matching the query
    parameters:
      - in: query
        name: query
        schema:
          type: string
        description: use to filter relevant part of the elasticsearch documentations
    responses:
      "200":
        description: OK
```

지금까지 챗GPT와 엘라스틱서치 간의 유기적인 통합을 구축했습니다. 다음 단계는 이 솔루션이 실제 시나리오에서 어떻게 활용되는지 살펴보는 것입니다. 배포와 확장이라는 주제로 화제를 전환해 동적 대화 시스템을 배포하는 방법을 확인하고 더욱 개선하는 방안을 논의하겠습니다.

배포

챗GPT 플러그인 등록을 완료하려면 솔루션을 실제 환경에 배포해서 활용할 수 있게 해야 합니다. 이 섹션에서는 챗GPT에 플러그인을 배포하는 과정을 다루겠습니다. 챗GPT 측면에서 이 과정은 매우 간단하지만, 코드를 공개 엔드포인트에 배포해 챗GPT가 코드를 실행할 뿐만 아니라 플러그인이 규정을 준수하는지 검증할 수 있습니다.

GCP에 플러그인을 배포하는 방법에 대한 가이드는 엘라스틱 블로그 페이지[8]에서 확인할 수 있습니다.

Replit[9]과 같은 브라우저 기반 IDE를 쓰거나 클라우드 공급자(Azure, GCP, AWS)에 배포하는 등 다양한 옵션이 있습니다. 각자에게 적합한 환경을 선택하면 됩니다.

8 https://www.elastic.co/kr/blog/chatgpt-elasticsearch-plugin-elastic-data
9 https://replit.com/

챗GPT와 관련해서는 `https://chat.openai.com/`로 이동한 후, **Plugins**를 선택하고 **Plugin store**로 진입합니다.

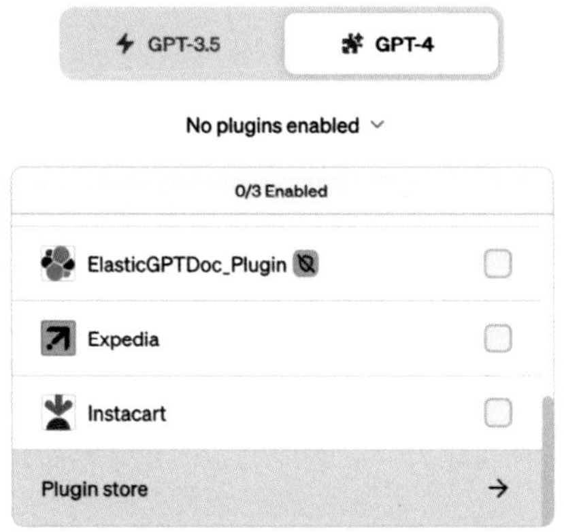

그림 10.13 챗GPT 플러그인 목록

Plugin store를 클릭하고 나타나는 창에서 화면 오른쪽 하단의 **Develop your own plugin**을 찾아 클릭합니다.

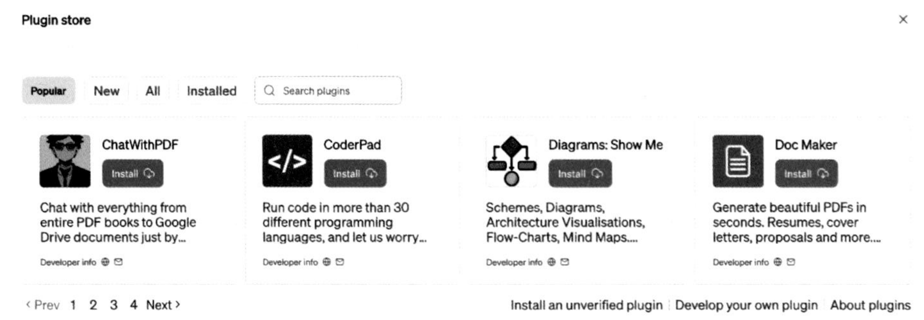

그림 10.14 챗GPT 플러그인 저장소

다음 화면에서 노출된 URL을 복사해 텍스트 필드에 붙여 넣은 후, **Find manifest file**을 클릭합니다.

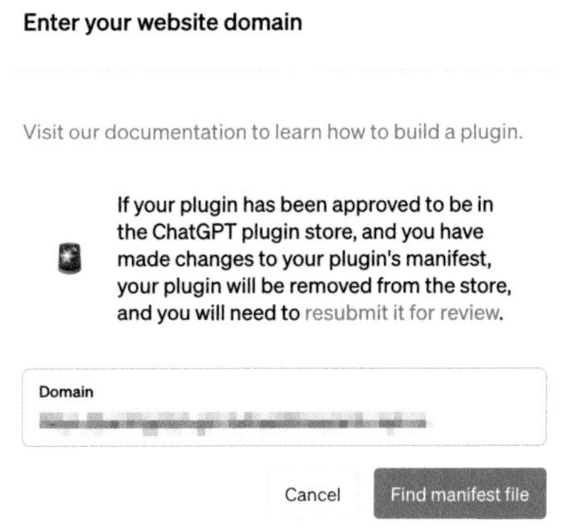

그림 10.15 챗GPT 플러그인 매니페스트 파일 등록

플러그인의 유효성 검사가 필요합니다. 다음 스크린 캡처에서 확인할 수 있듯이 플러그인이 유효성을 통과하면 Next를 클릭해 설치 단계를 계속합니다.

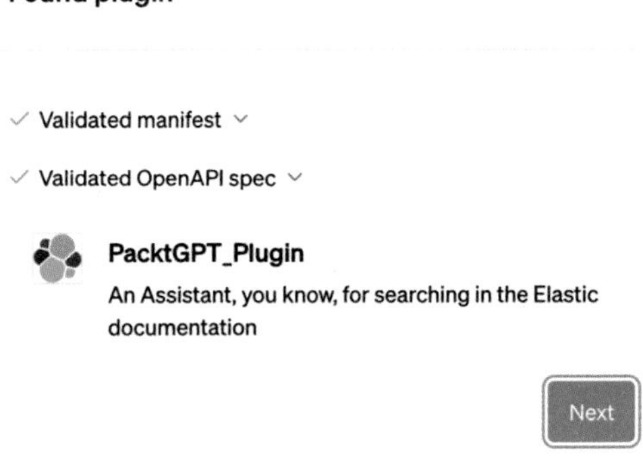

그림 10.16 챗GPT 플러그인 검색 확인

플러그인이 설치돼 목록에 나타날 때까지 설치 과정을 진행합니다. 플러그인이 활성화돼 선택할 수 있는지 확인합니다.

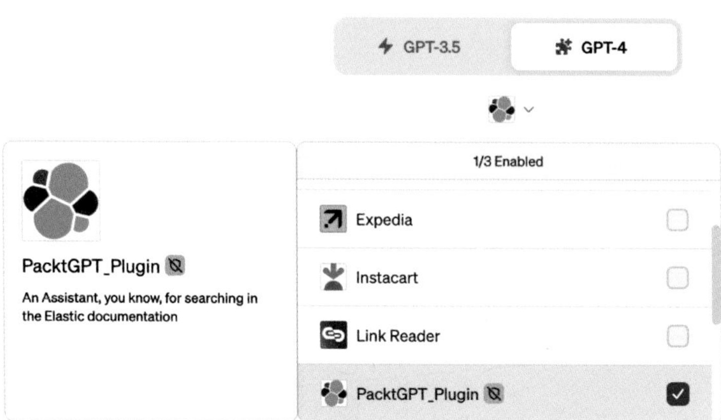

그림 10.17 정상적으로 설치돼 활용 가능한 챗GPT 플러그인 목록

이제 새로운 플러그인으로 챗GPT에 동적 데이터가 반영됩니다. 최신 엘라스틱 문서에 관해 챗GPT에 질문하면 플러그인이 실행돼 응답을 생성할 것입니다. 다음 스크린 캡처에서 이에 대한 예시를 확인할 수 있습니다.

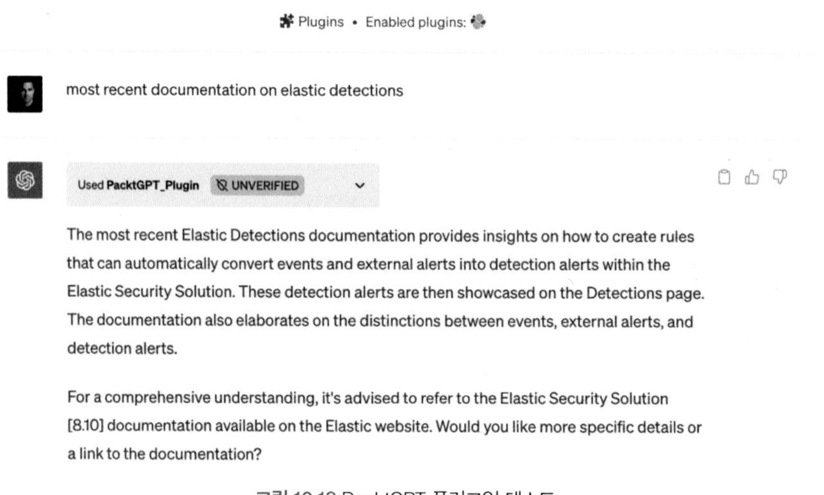

그림 10.18 PacktGPT 플러그인 테스트

엘라스틱과 Embedchain의 통합 덕분에 이제 여러분은 챗GPT가 학습하는 맥락을 제어할 수 있게 됐습니다!

요약

이 장을 마무리하면서 챗GPT에 동적 맥락을 통합하는 과정에서 다뤘던 광범위한 주제들을 되짚어 보는 것이 중요합니다. 대규모 언어 모델의 복잡성, 엘라스틱서치의 거대한 잠재력, 그리고 맥락이 제공하는 정보의 강력함을 살펴봤습니다.

최신 엘라스틱 문서를 동적으로 가져오기 위한 챗GPT 플러그인 개발은 정적 지식과 실시간 데이터의 결합이 정점에 이른 것을 보여줍니다. 최신 정보를 활용해 접근하고, 이해하며, 응답하는 능력은 사용자와 챗봇 간 상호 작용의 본질을 바꿔 상호 작용을 더욱 시기적절하고 관련성 높으며 영향력 있게 만듭니다.

하지만 이 마지막 장에서 다룬 내용은 거대한 가능성의 영역에서 단지 하나의 적용 사례일 뿐입니다. Embedchain과 같은 도구를 통해 개발자와 관심 있는 사람 모두가 실시간 데이터 소스와 통합했을 때 대화형 AI의 한계를 혁신하고 실험하며 확장할 수 있는 문이 활짝 열렸습니다.

이 책에서 방대한 영역을 다뤘지만 기술은 끊임없이 발전합니다. 오늘 보는 것이 내일 변할 것입니다. 도구와 기술, 그리고 모범 사례는 계속해서 진화할 것입니다. 그러나 실시간 정보를 깊이 있고 민첩하게 통합하는 것은 언제나 차세대 대화형 AI의 핵심이 될 것입니다.

엘라스틱의 새로운 미니 사이트인 엘라스틱서치 랩[10]을 둘러보며 엘라스틱과 함께 벡터 검색 여정을 계속할 것을 강력히 권장합니다.

이 책을 마무리하면서 이제 독자 여러분에게는 그동안 배운 지식과 인사이트, 그리고 도구를 활용해 AI 대화 분야에서 다음 단계의 성과를 만들어낼 책임이 있습니다. 앞으로 나아가며 생각의 폭을 넓히고, 호기심을 유지하며, 무엇보다 학습을 절대로 멈추지 않는 것이 중요합니다.

10 https://www.elastic.co/search-labs

부록

엘라스틱 가이드 GPT 만들기

부록

2024년 3월 19일에 챗GPT의 플러그인 서비스가 종료됐습니다. 대신 OpenAI는 특정 목적에 맞게 GPT를 개인화할 수 있는 GPTs 서비스를 출시했습니다. GPTs 서비스를 통해 GPT를 쉽게 만들 수 있고, 지식 및 Action API 설정으로 GPT가 강력한 기능을 수행할 수 있습니다.

부록에서는 10장의 '엘라스틱 가이드 조회 API'를 플러그인 대신 GPTs를 활용해 '엘라스틱 가이드 GPT'를 만들어보겠습니다. 먼저, 엘라스틱 가이드 조회 API 서비스를 구동하고, 이를 public 도메인으로 설정해야 합니다.

깃허브 저장소 `chapter10` 폴더의 파이썬 프로그램[1]에서 환경 변수(openai_api, cloud_url, cloud_id, cloud_user, cloud_pass)를 설정한 후 프로그램을 구동합니다. 프로그램이 정상적으로 작동한다면 브라우저에서 'http://127.0.0.1:5001/search?query=detections'를 입력하여 다음과 같이 데이터를 조회할 수 있습니다.

1 https://github.com/wikibook/vector-search/blob/main/chapter10/PacktGPT_Plugin/app.py

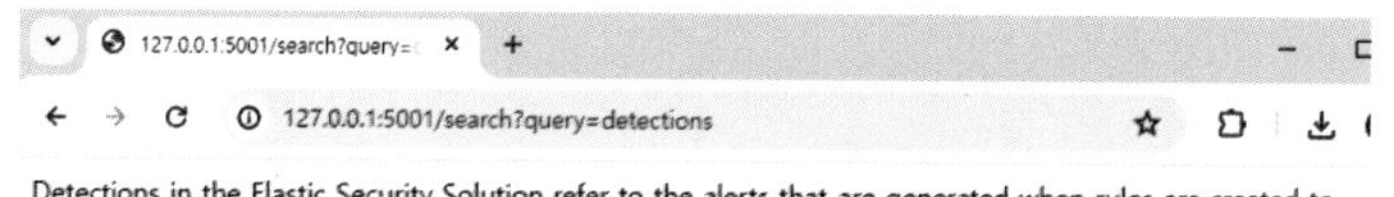

A.1 엘라스틱 가이드 조회 API 확인

다음으로 ngrok[2] 애플리케이션을 설치합니다. 설치 후, `ngrok http http://127.0.0.1:5001/` 명령을 실행하여 로컬 서버를 외부에 노출합니다. 정상적으로 실행되면 다음과 같은 화면을 볼 수 있습니다. ngrok 이외에 다른 터널링 애플리케이션을 사용할 수도 있습니다.

A.2 ngrok으로 로컬 서버 외부 노출

여기까지 준비되면 챗GPT에 로그인합니다. 다음 그림과 같이 왼쪽 메뉴에서 **Explorer GPTs**를 클릭합니다. 참고로 GPTs를 사용하려면 Plus 유료 구독이 필요합니다.

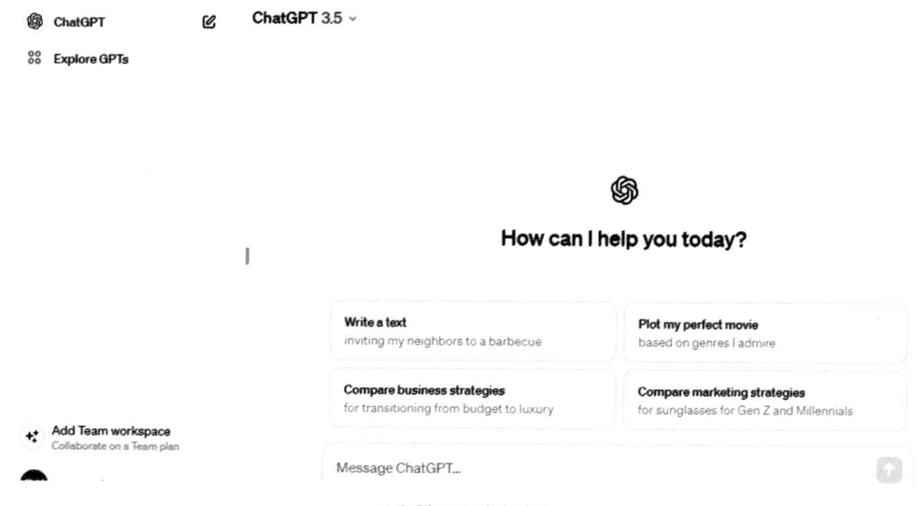

A.3 챗GPT 메인 화면

2 `https://ngrok.com/`

다음 그림과 같이 GPTs 화면이 표시됩니다. 오른쪽 상단에 있는 Create 버튼을 클릭합니다.

My GPTs
+ Create
GPTs
Discover and create custom versions of ChatGPT that combine instructions, extra knowledge, and any combination of skills.
Search GPTs
최상위 선택 항목 DALL·E Writing Productivity Research & Analysis Programming Education

A.4 GPTs 첫 화면

다음과 같이 GPT를 만드는 GPT Builder 화면이 표시됩니다. GPT Builder가 어떠한 GPT를 만들 것인지 물어봅니다. 하단 메시지창에 "Retrieve information from the most recent ElasticSearch documentation"라고 입력합니다.

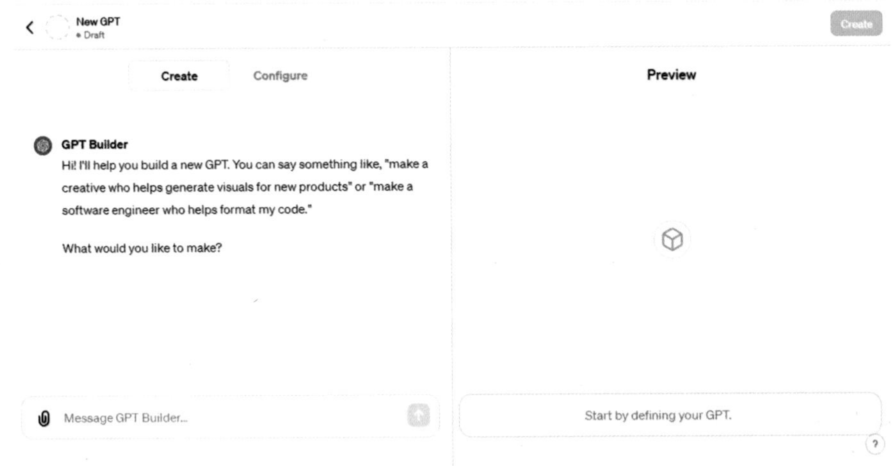

A.5 GPT Builder 화면

GPT Builder는 "Elasticsearch Assistant"라는 GPT 이름을 추천해 줍니다. 이 이름을 그대로 사용하기 위해 "please use it as is."라고 대답합니다.

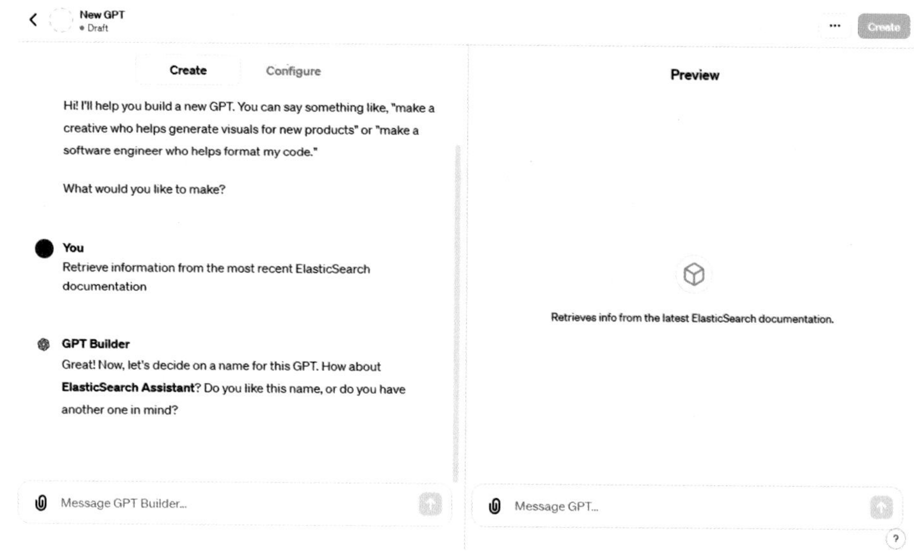

A.6 GPT Builder가 GPT 이름을 추천하는 모습

잠시 후, 이름과 내용에 어울리는 GPT 프로필 이미지를 생성합니다. 이미지가 마음에 드는지, 변경할지 물어보면, 그대로 사용하기 위해 "I like it"이라고 대답합니다.

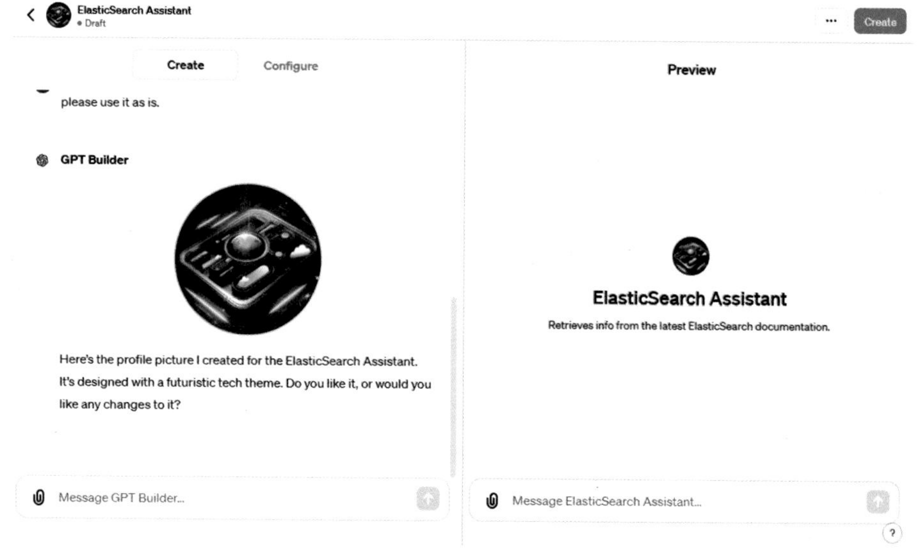

A.7 GPT 프로필 이미지 생성 결과

왼쪽 상단의 Configure 버튼을 클릭하면, 현재까지 만든 GPT 설정을 확인할 수 있는 화면이 표시됩니다.

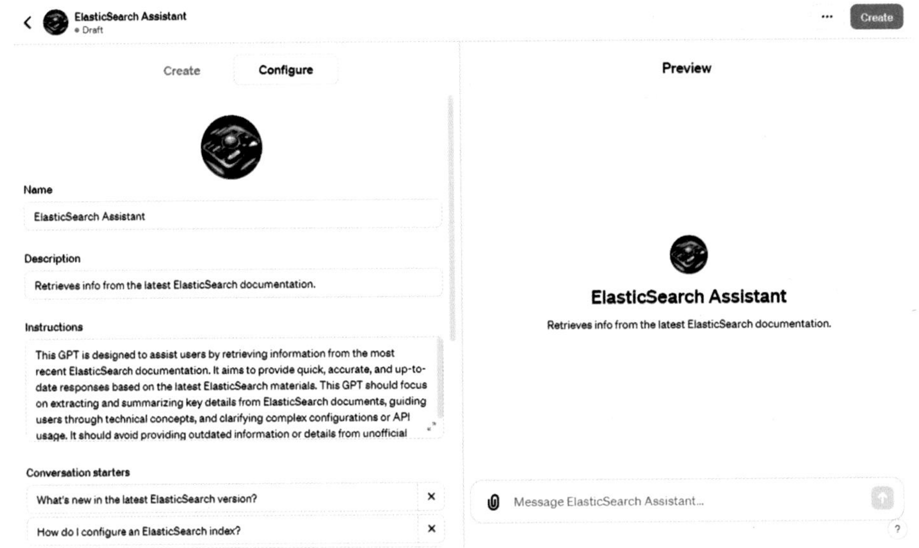

A.8 GPT 세부 설정(Configure) 화면

각 항목별 내용은 다음과 같습니다.

- Name: GPT의 이름을 입력하는 부분입니다.
- Description: GPT의 설명을 입력합니다.
- Instructions: GPT의 동작 방식과 기능, 피해야 할 행동에 대한 지침과 가이드라인을 작성합니다.
- Conversation starters: 사용자가 대화를 시작할 수 있는 프롬프트 예시문을 설정합니다.
- Knowledge: GPT가 답변에 참고할 수 있도록 자료를 업로드할 수 있습니다. **Upload files** 버튼을 클릭하여 파일을 업로드할 수 있습니다.
- Capabilities: 웹 브라우징, DALL · E 이미지 생성, 코드 인터프리터(Code Interpreter) 기능을 활성화하여 GPT가 답변할 때 추가적인 기능을 수행하게 할 수 있습니다.
- Actions: GPT가 타 시스템의 API를 사용할 수 있도록 설정하는 부분입니다. 이미 플러그인을 만든 경우, 기존 매니페스트를 사용하여 GPT 액션을 정의할 수도 있습니다. Actions에 대한 자세한 내용은 openAI 가이드 문서 페이지[3]에서 확인할 수 있습니다.

3 https://platform.openai.com/docs/actions/introduction

아래로 스크롤하고 하단에 있는 **Create new action** 버튼을 클릭하면 다음과 같이 Action 설정 화면이 표시됩니다.

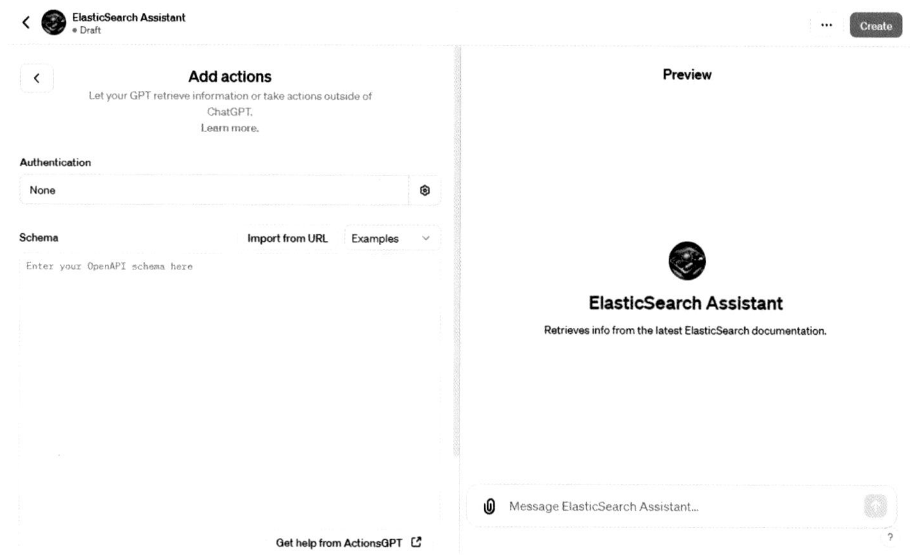

A.9 GPT Action 정의 부분

Authentication 항목의 설정 아이콘을 클릭하면 팝업 창이 열리는데, 거기서 다음 값을 입력합니다.

- Authentication Type: API Key
- API Key: 1
- Auth Type: Custom
- Custom Header Name: ngrok-skip-browser-warning

설정을 완료한 후 **Save** 버튼을 클릭합니다. 이 설정은 일반적으로 API 인증을 위해 사용됩니다. 그러나 ngrok 도메인으로 접속할 때 나타나는 안내 페이지 때문에 GPT가 API를 직접 호출할 수 없으므로 특별히 이를 설정합니다.

Authentication

Authentication Type
None API Key OAuth
API Key
•
Auth Type
Basic Bearer Custom
Custom Header Name
ngrok-skip-browser-warning
Cancel Save

A.10 Action 인증 설정 팝업

다음으로 Schema 항목에 openapi 명세를 작성합니다. 깃허브 저장소 chapter10 폴더 내 openapi.yaml[4] 파일 내용을 복사하여 붙여 넣은 후, 'PLUGIN_HOSTNAME' 부분을 ngrok 도메인 주소로 변경합니다.

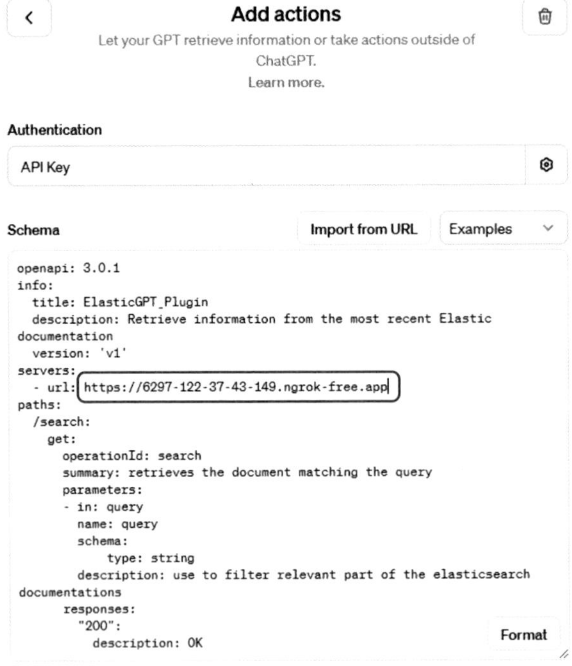

Add actions
Let your GPT retrieve information or take actions outside of ChatGPT.
Learn more.
Authentication
API Key
Schema
Import from URL
Examples
openapi: 3.0.1
info:
title: ElasticGPT_Plugin
description: Retrieve information from the most recent Elastic documentation
version: 'v1'
servers:
- url: https://6297-122-37-43-149.ngrok-free.app
paths:
/search:
get:
operationId: search
summary: retrieves the document matching the query
parameters:
- in: query
name: query
schema:
type: string
description: use to filter relevant part of the elasticsearch documentations
responses:
"200":
description: OK
Format

A.11 API Schema 설정하기

4 https://github.com/wikibook/vector-search/blob/main/chapter10/PacktGPT_Plugin/openapi.yaml

입력이 완료되면 Available actions의 목록에서 /search API를 확인할 수 있습니다. 테스트를 위해 **Test** 버튼을 클릭합니다.

Available actions

Name	Method	Path	
search	GET	/search	Test

A.12 Available actions(API) 목록

오른쪽 대화창에서 GPT가 API 호출 테스트를 합니다. 접속 허용을 위해 **Always Allow** 버튼을 클릭합니다.

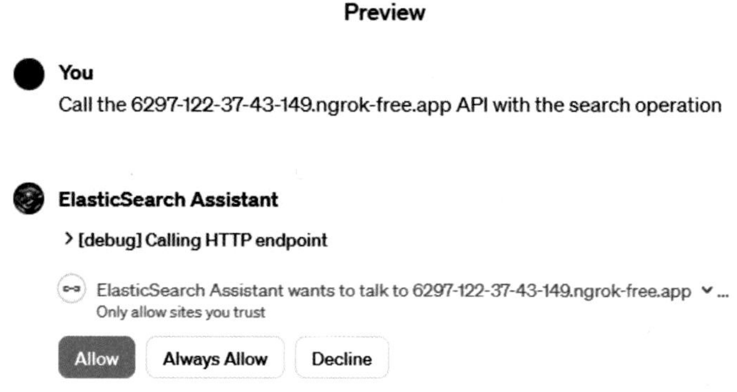
Preview
You
Call the 6297-122-37-43-149.ngrok-free.app API with the search operation
ElasticSearch Assistant
> [debug] Calling HTTP endpoint
ElasticSearch Assistant wants to talk to 6297-122-37-43-149.ngrok-free.app
Only allow sites you trust
Allow
Always Allow
Decline

A.13 GPT가 API 호출 테스트 시도

접속에 성공하면, "Talked to 6297-122-37-43-149.ngrok-free.app"와 같은 메시지가 나타나고, 'Elasticsearch' 키워드로 API를 수행한 결과를 바탕으로 생성된 응답을 보여줍니다.

Preview

You
Call the 6297-122-37-43-149.ngrok-free.app API with the search operation

ElasticSearch Assistant
> [debug] Calling HTTP endpoint
> [debug] Calling HTTP endpoint
> [debug] Response received

Talked to 6297-122-37-43-149.ngrok-free.app

The search operation in the 6297-122-37-43-149.ngrok-free.app API for "indexing" provides the following information:

Indexing in Elasticsearch involves adding and organizing documents. The process consists of several stages, including coordinating, primary, and replica stages. These stages can be distributed across multiple nodes within a cluster. The indexing of documents can introduce significant system load, affecting both memory and CPU usage. Additionally, indexing pressure can increase due to external operations.

A.14 API 호출 성공 후 응답을 출력하는 모습

오른쪽 상단의 **Create** 버튼을 클릭하면, Share GPT 팝업에서 GPT 공유 옵션을 설정할 수 있습니다. Only me를 선택하고 **Share** 버튼을 클릭합니다.

Share GPT ×

Only me
Anyone with the link
Publish to GPT Store

Share

A.15 GPT 공유 옵션 설정 팝업

GPT가 정상적으로 생성되면 "Published!"라는 메시지가 나타납니다. **View GPT** 버튼을 클릭하면 생성한 GPT를 볼 수 있습니다.

Share GPT ×

Published!
https://chat.openai.com/g/g-G7ulNLgK8-elastics...

View GPT

A.16 GPT 공유 완료 메시지

다음과 같이 엘라스틱서치 최신 문서를 조회하는 GPT를 완성했습니다.

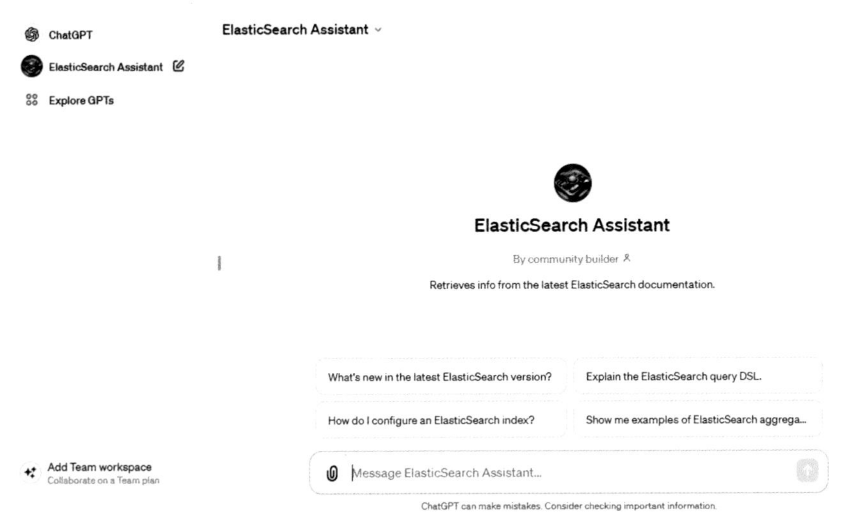

A.17 엘라스틱서치 가이드 문서 조회 GPT 화면

최신 엘라스틱서치 문서에 관한 질문을 GPT에 하면, GPT는 엘라스틱서치 클라우드에서 데이터를 검색하고 Embedchain을 이용해 다음 예시처럼 답변합니다. 이 방법을 통해 데이터 기반의 DCL을 구축할 수 있습니다.

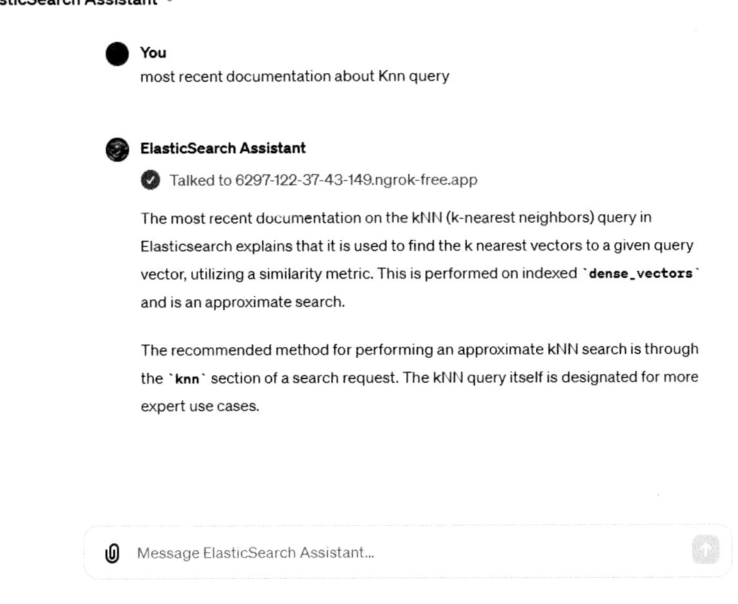

A.18 ElasticSearch Assistant GPT가 엘라스틱서치 문서에 관한 질문에 답변하는 모습

기호

A – E

F – L

M – R

S – Z

ㄱ – ㄹ

ㅁ – ㅅ

ㅇ – ㅈ

ㅊ – ㅎ

Memo